Corina Bucher ▪ Christoph Kolumbus

ABB. 1: Dieses wohl authentischste Kolumbus-Porträt, ein kleinformatiges Ölbild mit der Aufschrift COLOMBVS LYGUR NOVI ORBIS REPTOR, wird dem italienischen Maler Bartolomeo Suardi (1465–1530) zugeschrieben (Como, Museo Civico)

CORINA BUCHER

Christoph Kolumbus

Korsar und Kreuzfahrer

Lizenzausgabe für die Wissenschaftliche Buchgesellschaft

Bestellnummer 18952-3

Die Herausgabe des Werkes wurde durch die Vereinsmitglieder der WBG ermöglicht.

Gedruckt auf säurefreiem und alterungsbeständigem Papier
Umschlagmotiv: Landung des Kolumbus (Guanahani, 12. Oktober 1492).
– Kupferstich von Theodor de Bry (1528–1598). Aus: H. Benzoni, Historien.
In: America pars quarta, Frankfurt a. M. 1594 (4. Buch des de Bry'schen Reisewerkes), Tafel 9. Bild: akg-images
Umschlagmotiv: Christopher Columbus by José Roldan.
Bild: © Archivo Iconographico, S. A./CORBIS
Umschlaggestaltung: Peter Lohse, Büttelborn
Gestaltung und Satz: Johannes Steil, Karlsruhe
Redaktion: Susanne Gernhäuser-Schmauder, Ravensburg
Printed in Germany

www.wbg-darmstadt.de

Inhalt

Einleitung 7

I. Mysteriöse Ursprünge
Zeittafel 12 • Widersprüchliche Geburtsjahre 13 • Rätselhafte Herkunft 14 • Die Colombos zu Genua 23 • Krieg um Neapel 27 • Auf Kaperfahrt 30 • Eine Reise in die Levante 34 • Verlorene Heimat 35

II. Unter Korsaren
Zeittafel 40 • Verschwundene Dokumente 41 • Die französischen Korsaren Colombo 43 • Ludwig XI. die Spinne 47 • Columbus Archipyrata im Krieg der Rosen 51 • Collumbus in der Meerenge von Gibraltar 55 • Genua wechselt die Fronten 57 • Erbfolgekrieg um Kastilien 59 • Die Schlacht am Kap von San Vicente 61 • Hintergründe einer Seeschlacht 64 • Widerlegungsversuche 68

III. Lusitanien und Andalusien
Zeittafel 72 • Felipa Moñiz Perestrello 73 • Heinrich der Seefahrer und die maritime Expansion Portugals 76 • Expedition nach *oltra Tile* 80 • Legende und Legitimation 83 • Die Briefe des Paolo dal Pozzo Toscanelli 89 • Kolumbus und König Johann II. 93 • Die Vertreibung der Veteranen 96 • Christoph Kolumbus in der Reconquista 100

IV. Las Indias
Zeittafel 110 • Die erste Reise (1492–1493) 111 • Die zweite Reise (1493–1496) 137 • Dritte Reise und Entmachtung (1500) 148 • Stürme der Endzeit: die letzte Reise (1502–1504) 152

V. Das heilige Grab zu Jerusalem
Zeittafel 164 ▪ Kolumbus – ein Häretiker? 165 ▪ Das Buch der Prophezeiungen 166 ▪ Religiöse Vielfalt 168 ▪ Spätmittelalterlicher Messianismus 170 ▪ Endzeiterwartung und Mission 172 ▪ Das Gold Salomos 176 ▪ Das irdische Paradies 179 ▪ Der Neue David 182 ▪ Jiménez de Cisneros 184 ▪ Endziel Jerusalem 186 ▪ Rätselhafte Unterschrift 188 ▪ *Milites Christi* 193 ▪ Das religiöse Weltbild des Kolumbus im Spiegel der Nachwelt 197

VI. Überlieferung und Zensur: Die Erben
Zeittafel 200 ▪ Kein Grab für Kolumbus 201 ▪ Antonio Gallos *commentariolum* 203 ▪ Die Kolumbinische Tradition 204 ▪ Hernando Colón (1488–1539) 209 ▪ Historie del S. D. Fernando Colombo 215 ▪ Alfonso Ulloa, Glücksritter und Übersetzer 219 ▪ Luís Colón (1522–1572) 224 ▪ Bartolomé de Las Casas: Anwalt der Indios 228

Nachwort 239

Anhang
Stammtafel der Familie Colón 246 ▪ Die Kolumbus-Geschichtsschreibung 247 ▪ Anmerkungen 254 ▪ Literatur 272 ▪ Namenregister 284

Einleitung

Im Jahr 1985 begann ich mich mit Christoph Kolumbus und seiner Zeit auseinander zu setzen. Ich hatte damals noch keine Vorstellung davon, wonach genau ich suchte, und wusste auch nicht, womit ich es zu tun bekommen würde. Ich vermutete lediglich, dass etwas an dem herkömmlichen Entdeckerbild nicht stimmen konnte: Ein Genueser Weberjunge, der seiner Zeit weit voraus war, indem er die Kugelform der Erde behauptete und den konservativen Klerus vor den Kopf stieß – dieses Bild widersprach dem, was ich damals bereits über die Lebensrealitäten des 15. Jahrhunderts wusste.

In Sevilla stieß ich bei Recherchen in der Bibliothek der *Escuela de Estudios Hispano-Americanos* unverhofft auf einen anonymen, mit Schreibmaschine getippten Vortrag. Er war an den Direktor der *Real Academia de la Historia* zu Madrid gerichtet und datierte wohl aus den vierziger oder frühen fünfziger Jahren des 20. Jahrhunderts. Der Autor des Vortrags wollte eine Herkunft des Cristóbal Colón (Christoph Kolumbus) aus dem spanischen Asturien beweisen. Doch nicht dieses Ziel, sondern die Art und Weise, wie er dabei auf die Seekriege des 15. Jahrhunderts einging, weckte mein Interesse. Ausführlich wurden Chronisten wie Alonso Fernández de Palencia und Mosén Diego de Valera etc. zitiert und mit den betreffenden Aussagen des Kolumbus-Sohnes Hernando Colón verglichen. Plötzlich wurde hier ein Kontext lebendig, der im Laufe der Zeit aus etwelchen Gründen ausgeblendet worden war. Hinter der Fassade des ‚offiziellen' Entdeckers von Amerika tauchte ein spätmittelalterlicher Mensch und Seefahrer auf, der – mehr als es der Nachwelt vielleicht behagte – in die Wirrnisse seiner Zeit verstrickt war.

In der Folgezeit ließ mich der Lebenslauf des Christoph Kolumbus nicht mehr los. Um seinen Werdegang besser fassbar zu machen, suchte ich in spanischen, italienischen und französischen Bibliotheken und Archiven nach Details und „Puzzlestücken". Langsam reihte sich Stück an

Stück, und es ergab sich das Bild eines Seefahrers, der durch und durch im ausgehenden Spätmittelalter verhaftet schien. So entstanden die Kapitel dieses Buches – Versuche, dem Phänomen Kolumbus auf der Grundlage der Quellen gerecht zu werden.

Wer Christoph Kolumbus auf die Spur kommen und ergründen will, was ihn dazu motivierte, die vier Reisen über den Atlantik zu wagen, der sollte sich zuerst seiner Lebensumstände und Perspektiven bewusst werden: In welcher Situation befand sich Europa damals, welche politischen Konstellationen prägten es und welche Ausgangslage ergab sich daraus? Zu Lebzeiten des Genueser Seefahrers gab es beispielsweise noch keine Nationalstaaten im heutigen Sinn. Norditalien bestand aus zahlreichen Republiken, Herzogtümern, Markgrafschaften, und die Sozialstrukturen des Mittelalters (Lehensabhängigkeit, Macht einzelner Familien) waren im 15. Jahrhundert noch tragender, bindender und verpflichtender als die Zugehörigkeit zu einem Staatsgebilde.

„Oh ihr Genuesen, Menschen verschiedensten Schlages!" Dieser Ausruf Dante Alighieris zur Geburtsstadt Kolumbus' weist auf die heterogene Zusammensetzung einer Hafenstadt hin, die seit den ersten Kreuzzügen Pilger und Einwanderer verschiedenster Herkunft aufnahm und beherbergte. Aus der späteren Perspektive eines Christoph Kolumbus dürften diese Worte wie eine Vorahnung zukünftiger Verhängnisse geklungen haben. Denn die Vormachtstellung der einst ruhmvollen Metropole war in der zweiten Hälfte des 15. Jahrhunderts längst zerfallen. Blutige Machtkämpfe, Fremdherrschaft, soziale Spannungen und politische Unruhen gehörten zur Tagesordnung. Im Gegensatz zur Republik Venedig, die diplomatische Beziehungen zum Osmanischen Reich pflegte und sich dadurch am lukrativen Handel mit orientalischen Luxusprodukten bereichern konnte, hatten die Genuesen am Ende des 15. Jahrhunderts ihre letzten Kolonien und damit auch ihren Einfluss im östlichen Mittelmeer verloren.

Die italienische Historiographie des ausgehenden 19. Jahrhunderts präsentierte den Entdecker mehr oder weniger losgelöst von den politischen Zuständen seiner Geburtsstadt. Die geschichtlichen Ereignisse der frühen Neuzeit dürften das Ihrige dazu beigetragen haben. Der Flottenkommandant Andrea Doria war in der ersten Hälfte des 16. Jahrhunderts nämlich zum Admiral des spanisch-habsburgischen Kaisers aufgestiegen und hatte in Genua eine Oligarchie errichtet. Dabei hatte er nach einer Verschwörung die Adelsfamilie Fieschi – Lehnsherren und Verbündete der Familie Colombo – im Jahr 1547 mit einer blutigen *Vendetta* aus der Stadt vertrieben. Seine Nachkommen, die heute noch mit großem Grundbesitz in Genua residieren, konnten folglich kein allzu großes Interesse an der Erforschung der Colombos, der Familie Kolumbus', gehabt haben. Solche und ähnliche Hintergründe lassen erahnen, wieso es im Laufe der Zeit immer mehr Gründe gab, die Spuren historischer Realitäten zu verwischen – zu Gunsten einer in mancher Hinsicht „gefälligeren" Sicht der Vergangenheit.

Auch in Spanien hält man bis heute unbeirrt an einem Idealbild fest, das bis ins späte 19. und frühe 20. Jahrhundert zurückreicht. Der Madrider Historiker Rumeu de Armas – übrigens der wahrscheinlichste Verfasser des eingangs erwähnten Vortrags und Schreibens – stellte sich noch zu Beginn der 1990er-Jahre vehement gegen eine Aufarbeitung der frühen Lebensjahrzehnte des Kolumbus und postulierte, diese müssten als „unlösbares Rätsel" in die Geschichte eingehen; auch warnte er vor „Polemiken", die sich zwangsläufig aus einer Beschäftigung mit gewissen Quellen ergäben.[1]

Im Zuge des 500-jährigen Gedenkens der Entdeckung Amerikas 1992 wurde Christoph Kolumbus als Symbolfigur des europäischen Kolonialismus' und Imperialismus' quasi vom Sockel gestürzt. Die amerikanische Anti-Jubiläums-Bewegung stellte ihn wegen Völkermords bzw. Holocausts an den Pranger und sah ihn als Wegbereiter der Zerstörung eines paradiesisch-naturbelassenen Amerika.[2] Die Polemik, die sich ausschließlich an den Folgen der Entdeckungsfahrten orientierte und nicht nach den Ursachen fragte, war allerdings von geringer Nachhaltigkeit. Nicht nur, dass dabei die Sichtweise europäischer Mediävisten, die in der Entdeckung Amerikas eine „produktive Krise des europäischen Spätmittelalters" sahen, nicht beachtet wurde.[3] Man hatte es, so ein Kritiker, auch unterlassen, vermeintliche „Fakten" historisch zu überprüfen, und dies allein der politischen Agenda wegen. Bereits Friedrich Nietzsche hatte ein solches Vorgehen, „die Vergangenheit zu richten und zu vernichten", aufs Schärfste verurteilt, dies sei ein Kennzeichen für „gefährdete Menschen und Zeiten". Doch wenn Polemik und Verurteilung im Horizont gegenwärtiger Diskurse ungeeignete Mittel sind, was bietet sich im Falle des Entdeckers von Amerika stattdessen an? Der Historiker Hans-Jürgen Goertz schlug vor, den Menschen im Kontext seiner Zeit wieder von Neuem zum Ausgangspunkt der Untersuchung zu machen; dies gelte nicht zuletzt für Christoph Kolumbus und seine Entdeckungsfahrt: „Warum Columbus nach Westen segelte, um eines Tages Indien zu erreichen, das doch im Osten liegt, kann erklärt werden [...] Warum er überhaupt aufbrach, warum gerade er es war, was ihn dazu veranlasste, den Plan der Weltumseglung zu fassen und mit Energie und Wagemut voranzutreiben und auszuführen, das lässt sich [...] nur aus seinen Lebensumständen und seiner Gesamtpersönlichkeit heraus verstehen."[4]

Bekanntlich gibt es die historische Wahrheit nicht. Es kann sich deshalb auch in diesem Buch lediglich um Versuche einer Annäherung handeln. Quellen und Literatur – von vereinzelten Notariatseinträgen und Prozessakten aus dem 15. Jahrhundert über Kolumbus' Schriften (Fragmente, Briefe und Tagebücher) bis hin zu den Chroniken und der Kolumbus-Historiographie – ergeben, im übertragenen Sinn, ein Relief: Fragmente treten plastisch aus dem Hintergrund hervor, Feinstoffliches zeigt sich auf einer rauen Oberfläche. Dieses Nebeneinander und Ineinander ist einem impressionistischen Gemälde vergleichbar, das erst aus der Distanz betrachtet ein Bild ergibt.

Die Andersartigkeit, das Fremde und Unbekannte jener Zeit soll dabei nicht ausgeblendet werden, sondern – im Gegenteil – ins Zentrum des Interesses rücken. Dazu gehört z. B. die religiöse Weltsicht des Kolumbus oder auch, dass der Entdecker sein Projekt gegen Lebensende in einen endzeitlichen und prophetischen Kontext stellte. Kolumbus' Aussagen weisen auf einen Seefahrer, der sich seiner Bedeutung sehr wohl bewusst war und seine „Entdeckungsfahrt" in den Kontext eines Jahrhunderte alten, religiös-politischen Programms stellte. Aber auch die Schwierigkeiten der Nachfolger und Anhänger des Kolumbus, ihre bzw. des Seefahrers Sicht der Dinge publik zu machen, verdienen betrachtet zu werden: Sie erhellen die Hintergründe, die zu der späteren, stark polarisierten Einschätzung des Seefahrers führten.

I. Mysteriöse Ursprünge

Zeittafel

ca. 1440 Geburt von Christoph Kolumbus in Genua. Er ist der älteste Sohn von Domenico Colombo und Susanna Fontanarossa; Kolumbus hat drei Brüder und eine Schwester. Zwei seiner Brüder, Bartolomeo und Giacomo, begleiten ihn später nach Übersee.
1447 Machtübernahme in Genua durch die Anhänger René von Anjous, des Grafen von der Provence
1461 Vertreibung der Franzosen aus Genua; die Colombos leben fortan in Savona.
1466 Aufstand der Katalanen gegen Ferdinand von Aragon: Sie bieten René von Anjou die Krone an.
1474 Kolumbus wird Kapitän eines gegen Aragon kämpfenden Korsarenschiffs. Er segelt unter der Flagge von René von Anjou.
1479 Frieden zwischen Ferdinand von Aragon und René von Anjou
1480 René von Anjou stirbt. Die Provence und damit auch Neapel fallen an die französische Krone.

Widersprüchliche Geburtsjahre

Christoph Kolumbus wurde 1451 geboren und entdeckte auf dem Zenit seines Lebens mit 41 Jahren Amerika – so steht es in jedem Nachschlagewerk. Älteren biographischen Lexika kann man allerdings ein früheres Geburtsdatum entnehmen, und wenn man sich gar bemüht, den Aussagen von Kolumbus' Zeitgenossen Gehör zu schenken, dann wäre er bereits ungefähr 56 Jahre alt gewesen, als er den Atlantik zum ersten Mal überquerte. Nun waren Altersangaben im 15. Jahrhundert stets vage. Damals gab es noch keine Geburtsregister im heutigen Sinn, und der Seefahrer kannte das genaue Datum seiner Geburt womöglich selbst nicht.

Als Kolumbus im Jahr 1506 starb, war er von den Strapazen seiner langen Reisen geprägt. Er litt an einer schweren Form der Gicht und konnte sich kaum mehr bewegen. Der Spanier Andrés Bernáldez schreibt, dass der Admiral ein überdurchschnittlich hohes Alter erreicht habe, er sei nämlich in *senectute bona* (gutem Greisenalter) von plus minus *setenta años* (siebzig Jahren) gestorben.[1] Nimmt man diese Aussage ernst, so ergibt sich daraus ein Geburtsjahr um 1436. Der Entdecker wäre demnach mit etwa fünfzig Jahren nach Spanien gekommen, hätte erst mit Mitte/Ende Fünfzig Amerika bzw. *las Indias* (die Indien) entdeckt und am Ende seiner letzten Reise gar das stattliche Alter von rund siebzig Jahren erreicht. Diese (ungefähre) Altersangabe galt über Jahrhunderte als glaubwürdig, und selbst die kritischen Kolumbusforscher der ersten Stunde: Navarrete, Humboldt, Wiliamson, Washington Irving, Fiske usw., die zur Zeit der Aufklärung das Leben des Entdeckers zu erforschen begannen, gingen davon aus. Bernáldez gilt noch heute als glaubwürdiger Zeitgenosse: Er war Hofchronist und kannte Christoph Kolumbus persönlich.

In der zweiten Hälfte des 19. Jahrhunderts kamen Zweifel an Bernáldez' Altersangabe auf, man erwog einen Abschreibfehler. Tatsächlich hatte man Angaben in Briefen und Chroniken gefunden, die auf einen späteren Jahrgang hinweisen. In einem Brief des Jahres 1501 schreibt Kolumbus nämlich, dass er schon in *muy pequeña hedad* (sehr jungem Alter) mit der Seefahrt begonnen habe und dass er diese Kunst nunmehr schon seit vierzig Jahren ununterbrochen ausübe[2] – also seit 1461. Hernando Colón, der jüngere (uneheliche) Sohn und erste Biograph von Kolumbus, fügt hinzu, er habe gehört, dass sein Vater bereits mit 14 Jahren mit der Seefahrt begonnen habe.[3] Diese beiden Aussagen führten dazu, als Geburtsjahr 1447 bzw. 1446 zu errechnen. Man hätte tatsächlich von einem noch früheren Datum ausgehen können, denn Kolumbus begann wohl erst einige Jahre nach dem 14. Lebensjahr regelmäßig zur See zu fahren.

Diese Aussagen aus dem frühen 16. Jahrhundert deuten alle auf ein Geburtsjahr von plus minus 1440 hin, wobei den frühen 1440er-Jahren, also von 1442 bis 1444, die größte Wahrscheinlichkeit zukommt. Trotz der Authentizität der Aussagen, die aus dem direkten Umfeld von Kolumbus stammen, kam es zu Beginn des 20. Jahrhunderts zu einer weiteren „Verjüngung" des berühmten Admirals – und zwar aufgrund einer Handschrift, die 1904 unter alten Notariatspapieren gefunden wurde. Darin steht, Kolumbus sei am 25. August 1479 ungefähr 27 Jahre alt gewesen. Mit einer anderen Quelle kombiniert, die die Volljährigkeit bekräftigt („über 19 Jahre alt"), wurde die Geburt auf die Zeitspanne zwischen dem 25. August und dem 31. Oktober des Jahres 1451 datiert.[4] Doch weil dieses Dokument im Widersprich zu allen anderen Aussagen steht, bleibt das Geburtsdatum letztlich ungewiss.

Rätselhafte Herkunft

Ungewissheit besteht auch bezüglich der Herkunft von Christoph Kolumbus. Die Frage nach den Ursprüngen der Familie wurde oft gestellt und ebenso oft kontrovers beantwortet: Dem Entdecker Amerikas wurden neben der genuesischen auch eine korsische, französische, spanische, katalanisch-jüdische, griechische und portugiesische Abstammung zugeschrieben. Weshalb kam es im Laufe der Zeit zu solch unterschiedlichen Ansichten und was geht aus den Quellen hervor? Andrés

Bernáldez bezeichnet den Seefahrer etwas vage als „Mann aus dem Lande Genua".[5] In einem königlichen Protokoll des Jahres 1491 heißt es, dass die spanische Krone mit dem „Genuesen Christoph Kolumbus, der aus Savona" stamme, verhandelt habe.[6] Dies deutet darauf hin, dass Christoph Kolumbus ein Genuese mit Wohnsitz in Savona war. Dokumente aus Genueser Archiven bestätigen: Die Familie Colombo musste im Jahr 1461 von Genua nach Savona übersiedeln. Christoph Kolumbus spricht allerdings nie von Savona, sondern vielmehr davon, dass er in der „edlen und mächtigen Seestadt" Genua geboren sei[7]; er betrachtete Genua zweifelsohne als seine Heimat.

Hernando Colón suchte zu Beginn des 16. Jahrhunderts in der Republik Genua nach dem Ursprung seiner Familie, nach verbleibenden Verwandten und Spuren des Geschlechts. Seine Recherchen vor Ort blieben allerdings erfolglos. Die einen, so Hernando, hätten ihm gesagt, Kolumbus stamme aus Genua, die anderen, er komme aus Savona und wiederum andere hätten ihn darauf hingewiesen, dass es in Piacenza etliche adlige Vertreter der Familie Colombo gebe. Konkrete Spuren habe er nicht finden können, auch nicht in den kleineren ligurischen Ortschaften Nervi, Cugureo und Bugiasco. Herkunft und Ursprung seines Geschlechts und seiner Familie müssten wohl wie vieles andere im Leben seines Vaters als *misterio* (Rätsel) bezeichnet werden.[8]

Dass Hernando auf keine konkreten Spuren wie z. B. Verwandte stieß, ist wenig verwunderlich: Kolumbus' Brüder Bartolomeo und Giacomo hatten schon Jahrzehnte zuvor die Republik verlassen und die Eltern, Domenico Colombo und Susanna Fontanarossa, waren verstorben. Allfällige Nachkommen waren verarmt oder, wie einer von Kolumbus' Cousins, nach Kastilien oder Übersee nachgezogen. Hernando war auf die Aussagen einzelner Zeitgenossen angewiesen, und diese wussten offensichtlich nicht mehr viel.

Um Nachforschungen zu betreiben, hätte er Einblick in die Register der Städte Genua und Savona nehmen müssen. Doch öffentliche Archive im heutigen Sinne existierten damals noch nicht. Vielleicht kamen Hernando die fehlenden Resultate sogar gelegen. Denn in jener Zeit beliebten selbst Renaissance-Fürsten aus bekannten Geschlechtern ihren Lebenslauf und ihren Aufstieg zu Ruhm und Macht gern mit obskuren Ursprüngen zu untermalen.

Christoph Kolumbus führte den Beinamen *de Terrarubea* bzw. *de terra Rubra*. Auch sein Vater Domenico sowie sein Bruder Bartolomeo schmückten sich mit der adlig klingenden Herkunftsbezeichnung *vom roten Land*.[9] Worauf dieser Beiname hindeutet, ist bis heute unklar; die genuesische Historiographie verortet *terra Rubra* im Hinterland von Genua, doch konkrete Dokumente aus der Epoche fehlen. Sicher ist nur, dass in Spanien anfänglich niemand an einer adligen Herkunft des Entdeckers zweifelte. Hernando Colón spricht zu Beginn seiner Chronik sogar etwas hochgestochen von *sangre illustre* und behauptet, dass die Vorfahren vom „heiligen Blut Jerusalems" abstammten.[10] Das klingt nach einer kreuzritterlichen Abstammung – eine Aussage, die Hernando Colón von seinem Vater übernommen haben könnte.

Christoph Kolumbus selbst machte bezüglich einer (kreuzritterlichen) Herkunft allerdings keine konkreten Angaben. Dafür wies er mehrmals auf eine enge Beziehung – ja sogar Verwandtschaft – zu dem alten Genueser Adelsgeschlecht Fieschi hin: Nach der Strandung auf Jamaika 1504 (siehe S. 157f.) schickte er einen Vertrauensmann namens Bartolomeo Fieschi mit einem Kanu auf die Insel Española (= Haiti bzw. Santo Domingo), um von dort Hilfe zu erbitten. In seinem Begleitschreiben bezeichnete Kolumbus Fieschi als Abkömmling „einer der wichtigsten Familien Genuas" sowie als einen, der mit ihm „verwandt" sei.[11] In den Jahren vor seinem Tod nahm der Entdecker Kontakt auf zu Gian Luigi Fieschi dem Älteren. Dieser war der Graf von Lavagna, einer großen, südlich von Genua gelegenen Grafschaft.

Nach Kolumbus' Tod verfasste der Vorsitzende der Genueser *Banco di San Giorgio*, Antonio Gallo, einen Nachruf, der jedwelchen derartigen Beziehungen zum Adel zu widersprechen schien. So strich Gallo in seinem *commentariolum* 1506 ganz im Gegenteil eine sozial niedere Abstammung der Colombos hervor: Der Vater wie auch die Söhne seien Weber gewesen und hätten eine bescheidene Schulbildung gehabt.[12] Obwohl Gallo nicht gerade als objektiver Zeitgenosse gelten kann, wurden seine Aussagen von der Nachwelt ernst genommen, so ernst, dass sie in die Kolumbusforschung eingingen und die Vita des Entdeckers bis heute prägen. Die Laufbahn eines Weberjungen aus bescheidenem Hause, dem dank einer großen Vision eine beispiellose Tat geglückt war, das entsprach dem Idealbild des späten 19. und frühen 20. Jahrhunderts. Noch heute findet sich die Vorstellung, Kolumbus habe eine arme, aber glückliche Kindheit hinter dem Webstuhl verbracht.[13] Diese Einschätzung hatte für die so genannte Genueser Schule den Vorteil, dass sich die (aussichtslose) Suche nach einem ligurischen Adelsgeschlecht Colombo erübrigte. Eine Zuordnung zu einem niedrigeren Stand wurde schlussendlich auch in Spanien vertreten.[14]

Aus Handschriften der Archive Genuas und Savonas geht hervor, dass Christoph Kolumbus' Vater Domenico von Beruf Weber war: Zumindest hatte er sich im Wollhandel betätigt und wird gegen Lebensende als Vertreter der savonesischen Weberzunft erwähnt. Allerdings gibt es auch Dokumente – darunter Urkunden –, die Kolumbus' Vater als Lehnsträger bezeichnen. Und zwar des altehrwürdigen Klosters von Santo Stefano, einem Verwaltungsbezirk der oben erwähnten Familie Fieschi. Domenico Colombo und sein Bruder Antonio waren keine Unbekannten: Sie trugen in der Mitte des 15. Jahrhunderts in Genua tatkräftig dazu bei, dass die Dynastie der französischen Anjou an die Macht kam. Das Recht, Waffen zu tragen, war damals aber für „reine" Handwerker ausgeschlossen. Auch Christoph Kolumbus' frühe Stellung als Kapitän sowie die militärische Erfahrung seines Bruders Bartolomeo sprechen eher gegen eine niedere Herkunft. Die Wollverarbeitung war eine „boomende" Wirtschaftsbranche: Sie beschäftigte breite Kreise der Bevölkerung. Von manchen, ursprünglich adligen Familien ist bekannt, dass sie seit Beginn des 14. Jahrhunderts den mächtiger werdenden Zünften beitraten und sich in der Textilproduktion betätigten. Wieso nicht auch die Colombos?

In der Kolumbusforschung wurde mehrfach die These aufgestellt, Kolumbus sei lange Zeit Analphabet gewesen. Allerdings konnte dies nie erhärtet werden, im Gegenteil: In mehreren seiner Bücher finden sich Randnotizen und Skizzen aus der Zeit vor 1492, die einen sehr gewandten Umgang mit der Feder zeigen: so beispielsweise in *Ymago Mundi* von Pierre d'Ailly, in der *Historia Rerum Ubique Gestarum* von Enea Silvio de' Piccolomini (Papst Pius II.) sowie im Reisebericht des Venezianers Marco Polo.[15] In letzterem sind zusätzlich sechs Seiten eingebunden, auf denen Kolumbus' eine „Planisphäre" (Kugel) eingezeichnet sowie einen Brief von Paolo dal Pozzo Toscanelli kopiert hatte. Kolumbus verfügte über Kenntnisse in Astronomie, Mathematik und Nautik

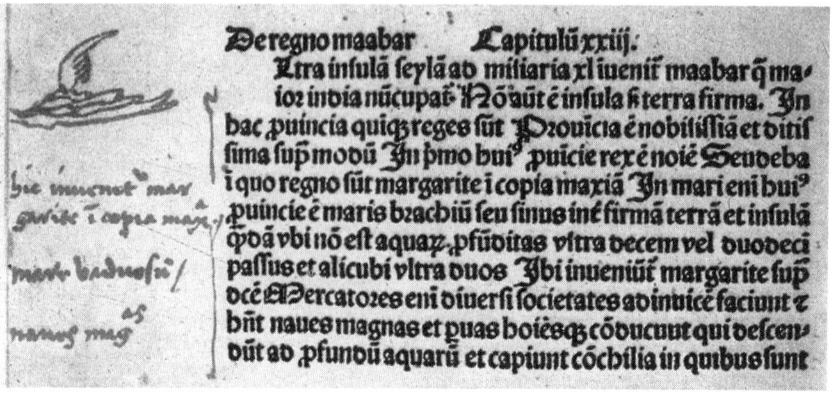
De regno maabar Capitulū xxiij.
Ultra insulā seylā ad miliaria xl inueniť maabar q̄ ma-
ior india nūcupat. Nō aūt ē insula ſ; terra firma. In
hac puincia quinq; reges sūt Prouicia ē nobilissiā et ditis
sima sup modū In pmo hui⁹ puicie rex ē noie Seudeba
i quo regno sūt margarite i copia maxiā In mari eni hui⁹
puincie ē maris brachiū seu sinus inť firmā terrā et insulā
q̄dā vbi nō est aquaꝝ pfūditas vltra decem vel duodeci
passus et alicubi vltra duos Ibi inueniūť margarite sup
dcē Mercatores eni diuersi societates ad inuicē faciūt ⁊
hnt naues magnas et puas hoīesq; cōducunt qui descen-
dūt ad pfundū aquarū et capiunt cōchilia in quibus sunt

ABB. 2: Randnotiz von Kolumbus zum Reisebericht von Marco Polo 1485 (Biblioteca Colombina, Sevilla)

und besaß Bücher mit Seltenheitswert. Er beherrschte zahlreiche Sprachen und kannte Werke von Autoren wie Ptolemäus, Flavius Josephus, Augustinus, Isidor von Sevilla, Alfraganus, Joachim di Fiore, um nur einige zu nennen.[16] Zudem war er bereits in seiner Zeit als Vielschreiber bekannt und verfügte über eine große Bibliothek, die auf dem Gebiet der Kosmographie die Büchersammlung des Seefahrers Amérigo Vespucci übertraf und angeblich sogar das Archiv König Ferdinands von Aragon in den Schatten stellte.[17] Daraus ergibt sich nicht das Bild eines Ungebildeten, vor allem nicht in einer Zeit, in der selbst die Vertreter des Hochadels noch lange nicht alle schreiben und lesen konnten. Auch fällt auf, dass der Seefahrer Zugang zu den wichtigsten Königshöfen Europas hatte. Anscheinend problemlos konnte er beim portugiesischen König vorsprechen und wurde von Königin Isabella von Kastilien zur Audienz geladen; sein Bruder Bartolomeo lebte jahrelang am englischen und französischen Königshof. Kolumbus heiratete zudem in die höchsten Kreise des alten portugiesischen (Kreuz-)Ritteradels ein (siehe Kapitel III).

Weshalb konnte Hernando Colón nun aber den Herkunftsort seines Geschlechts, das so unbedeutend nicht gewesen sein konnte, nicht mehr ausfindig machen? Stammten die Colombos ursprünglich gar nicht aus Genua, gehörten sie zu den zahlreichen Immigranten, die die Hafenstadt zur Zeit der Kreuzzüge aufgenommen hatte?

Die erste Sammlung von Schriften und Dokumenten von und über Christoph Kolumbus trägt den Titel *Codice Colombo-Aemricano.* Sie wurde im Jahr 1823 von der Stadt Genua publiziert.[18] In Bezug auf den Geburtsort des Entdeckers findet sich darin auszugsweise ein Dokument des Notars Giovanni de Camerana[19], aus dem hervorgeht, dass sich *extra portam Sant' Andrea* (außerhalb des Stadttors von Sant' Andrea) – am selben Ort also, wo Kolumbus' Vater Domenico ein Anwesen mit Haus, Laden, Brunnen und Garten besaß und wo Christoph Kolumbus auch aufwuchs – bereits im frühen 14. Jahrhundert zwei Colombos hatten registrieren lassen.[20] Es handelte sich um einen Giacomo Colombo, der angab, Sohn eines *Guglielmo* und von Beruf *lanajuolo* (Wollhändler, Wollarbeiter) zu sein, sowie um dessen Sohn Giovanni Colombo.[21]

Diese Einträge – sie datieren auf den März 1311, den Juni 1321 und den Februar 1329 – sind heute unbekannt, ja, sie gehören nicht einmal mehr zu den zahlreichen Dokumenten, die in der *Sala Colombiana*, einer Spezialabteilung des Genueser Staatsarchivs, aufbewahrt werden. 1894 wurden diese Akten ein letztes Mal vom Genueser Archivar Cornelio Desimoni erwähnt, danach verschwanden sie aus dem „Kanon" der biographisch relevanten Kolumbus-Dokumente. Offensichtlich begann man sich gegen Ende des 19. Jahrhunderts daran zu stören, dass die Colombos „nur" Immigranten waren.

Nimmt man die Registrierung der Colombos im frühen 14. Jahrhundert ernst, muss man sich fragen: Woher könnten diese Colombos gekommen sein? Wie ein erster Blick in einschlägige Geschlechter-Verzeichnisse zeigt, stammt der Familienname mit dem Wortstamm „Colomb" aus dem französischen Sprachraum; er tritt hier viel früher und gehäufter auf als in Italien. Das gilt ganz besonders für die Grafschaft Savoyen. In diese Richtung weisen auch die Aussagen eines gewissen Baldassare Colombo aus Cuccaro. Das war ein Adliger aus der Grafschaft Montferrat im heutigen Piemont, der nach dem Tod des letzten männlichen Kolumbus-Nachkommen in der zweiten Hälfte des 16. Jahrhunderts nach Spanien reiste, um hier um die Erbschaft des Seefahrers zu prozessieren.[22] Dass sein gerichtlicher Vorstoß berechtigt war, ist kaum anzunehmen. Interessant ist in diesem Zusammenhang jedoch, dass Baldassare Colombo Nachforschungen betrieben hatte und in Spanien zu Protokoll gab, die ligurischen Colombos hätten ihre Wurzeln im nördlich der Alpen gelegenen Savoyen, dem ehemaligen Burgund: Solches gehe aus einer Urkunde des Ritterordens vom heiligen Mauritius aus dem Jahr 1574 hervor, ein Orden, der 1434 in Ripaille am Genfersee gegründet worden war.[23]

Im 19. Jahrhundert wurden größte Anstrengungen unternommen, um Abstammung, Herkunft etc. von historisch bedeutsamen Figuren zu ergründen. Dies galt ganz besonders auch für Christoph Kolumbus. Die französischen Genealogen, die sich Ende des 19. Jahrhunderts mit der Frage nach den möglichen Vorfahren Kolumbus' befassten und die einschlägigen Namens- und Geschlechterverzeichnisse durchforsteten, beschränkten sich allerdings strikt auf die Grenzen des französischen Nationalstaats am Ende des 19. Jahrhunderts – und dazu gehörte ein großer Teil des einstigen Herzogtums Savoyen nicht mehr. Sie kamen zum Schluss, dass die Colombos im 14. Jahrhundert von Bordeaux bis nach Genua eingewandert sein müssten.[24] Sie griffen also auf weit entlegene Gebiete Frankreichs zurück und ließen dabei etliche, näher an Genua gelegene Länder des französischen Sprachraums außer Acht.

Savoyen ging im 15. Jahrhundert über die Grenzen des heutigen Frankreich bei weitem hinaus: Es erstreckte sich von Nizza bis nördlich der Alpen. Und in diesem Teil gibt es außergewöhnlich viele, zum Teil bis ins Hochmittelalter zurückgehende Familien mit dem Wortstamm Colomb. Es handelt sich um die Familien Colomb, Collomb, Colombier und Colombet aus der Waadt und Neuchâtel sowie um die Geschlechter Collombin und Collombey aus dem Unterwallis. Dabei fällt insbesondere die Familie de Columberio bzw. de Columberiis aus der Ortschaft Collombey im Rhonetal auf, ein Gebiet, das 1814 von Frankreich an die Eidgenossenschaft abgetreten worden war. Diese Familie wanderte wenige Jahre vor dem oben erwähnten Auftauchen von Giacomo (Sohn Guglielmos) und Giovanni Colombo aus. Ein gewisser Guillaume, Sohn einer Adligen namens Agnes von Collombey und eines Junkers Jacques von Saillon, hielt sich bereits 1295 *extra patriam Sedunum*, außerhalb des Bistums von Sion, auf, und dessen Bruder Jean wurde zum letzten Mal im Jahr 1322 erwähnt; auch er verschwand, ohne in einem der örtlichen Sterberegister eingetragen zu sein.[25] Waren Guillaume und Jean nach Genua emigriert? Könnte es sich bei Guglielmo um den Vater jenes Giacomo Colombo handeln, der sich im Weberbezirk außerhalb des Stadttors von Sant' Andrea registrieren ließ?

Derartige Abstammungen lassen sich kaum je restlos klären. Dennoch gibt es ein paar Punkte, die im Hinblick auf einen möglichen Zusammenhang der Geschlechter dies- und jenseits der Alpen erwähnenswert sind. Da gibt es z. B. die Aussage von Hernando Colón, dass der Stammvater der Familie namens Colone in grauer Vorzeit von den Römern mit allerlei Würden – u. a. mit dem Adler – ausgezeichnet worden sei.[26] Diese Adler-Würde weist auf den Status eines *aquilifer* bzw. eines römischen Unteroffiziers hin, dem die Aufgabe zukam, im Feld das Legionszeichen zu tragen. Dieser Bezug zur Antike ist für die Zeit nichts Ungewöhnliches; ja, die Stilisierung der (noblen) Abkunft und Verlängerung der Ahnenreihe in die Vergangenheit war gang und gäbe; im Zusammenhang mit dem Geschlecht Collombey fällt jedoch eine Abweichung im Siegelwappen auf: Statt der Taube (*Colomb*) ist hier ein Adler (*aquila*) zu sehen und zwar einer, der an das römische Legionsemblem erinnert.[27] Auffallend ist aber insbesondere die zeitliche Übereinstimmung der Auswanderung bzw. des Auftauchens der Colombos in Genua am Ende des 13. und zu Beginn des 14. Jahrhunderts und es stellt sich die Frage: Welche Verbindungen zwischen Genua und diesem Teil Savoyens, der ursprünglich zum ligurischen Sprachraum gehörte, bestanden im frühen 14. Jahrhundert? Und welche Besonderheiten in der Geschichte des Rhonetals sind in Zusammenhang mit dem Geschlecht de Columberio erwähnenswert?

ABB. 3: Das Siegelwappen der Collombey mit Adler (*Armorial vaudois*, 1934–36, Bd. 1, S. 140, Fig. 424)

Die Ortschaft Collombey liegt kurz vor der Einmündung der Rhone in den Genfersee und war ursprünglich ein Stützpunkt auf felsigem Grund – das keltische *Col-lum-ber-iü* bedeutet so viel wie „fester Ort am Wasser". Die Tradition von Christoforus-Prozessionen in der Nähe weisen darauf hin, dass hier einst Reisende, Pilger und Kaufleute gegen Entgelt über die Rhone gesetzt wurden. Im Jahr 1131 wurde in Collombey erstmals ein Ritter Ulrich erwähnt. Bekannt ist auch, dass dessen

Nachfolger in der Folge für die Sicherung der Wege in Richtung Großer Sankt Bernhard zuständig waren: Sie kontrollierten die Strecke von Collombey bis nach Saint Maurice d'Agaune, einem frühmittelalterlichen Heiligtum, das in römischer Zeit Acaunum bzw. Agaunum geheißen hatte; von Saint Maurice führte dann der Weg hinauf über den Pass des Großen Sankt Bernhard und hinunter ins italienische Aostatal. Die Abtei Saint Maurice, zu der die Familie de Columberio Wegerechte besaß, ist heute das älteste Kloster Europas und war bis ins Hochmittelalter ein kulturelles Zentrum von großer Ausstrahlung.[28]

Im 13. Jahrhundert begannen die Grafen von Savoyen ihre Machtposition im Rhonetal auszubauen – mit der Folge, dass es an der Wende vom 13. zum 14. Jahrhundert zu einer Auswanderungswelle des einheimischen Adels kam: Feudalherren veräußerten ihren Besitz und verließen das Land fluchtartig. Das Machtvakuum, das dadurch entstand, versuchte der Graf von Savoyen auszufüllen, indem er loyale Adlige aus dem italienischen Aostatal ansiedelte. Auch der Herzog von Mailand mischte sich ein. Galeazzo II. Visconti hatte von seiner Frau Blanche von Savoyen im Jahr 1350 den kleinen Bezirk Monthey als Mitgift erhalten; nun begann er sich um den Unterhalt der Straßen zu kümmern mit dem Ziel, dass die Kaufleute der Lombardei hier ungehindert ihre Waren transportieren konnten.

Der Exodus des Walliser Adels am Ende des 13. Jahrhunderts macht eine Auswanderung der de Columberios wahrscheinlich. Sie verkauften im Jahr 1304 ihre einträglichen Wegerechte bis Saint Maurice an den Grafen von Savoyen, und es ist nicht auszuschließen, dass sie nach Norditalien emigrierten. Die Hafenstadt Genua übte zu Beginn des 14. Jahrhunderts eine große Anziehungskraft aus, denn sie war mächtig und besaß damals noch bedeutende Stützpunkte im östlichen Mittelmeer sowie im Schwarzen Meer.

Kolumbus' Familie war gemäß Bartolomeo Senarega, dem Kanzler der Republik Genua (um 1500), in einem sehr frühen Produktionsabschnitt der Textilherstellung tätig, im Bereich des Kämmens und Hechelns der rohen Wolle; hier waren gute Kontakte zu den Schurwoll-Lieferanten vonnöten. Die Schafwolle, die ins Weberquartier der Porta di Sant' Andrea geliefert wurde, wurde zeitweise von sehr weit herbeitransportiert, so auch aus Friburg im Üchtland, das im 13. Jahrhundert eine

Hochburg der Schafzucht und Schurwollproduktion war. Von hier aus hatte sich ein Fernhandel entwickelt, der sich bis nach Spanien und Flandern erstreckte und regelmäßig die Webereien Norditaliens bediente. Da der Transport nach Italien durch die von den de Columberio kontrollierte Wegstrecke im Unterwallis verlief, könnten Angehörige oder Gefolgsleute des Geschlechts bis zum Destinationsort der Güter gelangt sein, nämlich bis nach Genua.

Ließe sich Christoph Kolumbus tatsächlich auf dieses Geschlecht und Gebiet zurückverfolgen, so erschiene Hernando Colóns Aussage, in den Adern seiner Ahnen sei das heilige Blut Jerusalems geflossen, nicht mehr ganz so abwegig. Denn das Wallis bewahrte bis in die Neuzeit hinein eine ausgeprägte Kreuzzugsmentalität. So findet sich bei manchem Bewohner – wie übrigens auch im Testament von Christoph Kolumbus – die Verfügung, das gesamte Erbe sei in einen neuen Kreuzzug zur Befreiung Jerusalems zu investieren.[29] Auch nahmen die Untertanen des Bistums Sion überdurchschnittlich häufig an Reisen ins Heilige Land teil. Ein Initiator und Financier der Kreuzzüge – Henry I. von Troyes, seines Zeichens Graf von der Champagne – hatte zwischen dem ersten und zweiten Kreuzzug das untere Rhonetal mit Hilfe großzügiger Schenkungen „kolonisiert".[30] Vom Berg des Jupiter (*Mons Jovis*) in den Großen Sankt Bernhard umbenannt, sollte die Wegstrecke von nun an Frankreich und Burgund den Zugang zur Lombardei öffnen.

Trotz der Verbindungen dies- und jenseits der Alpen liegt es in der Natur der Sache, dass eine Blutsverwandtschaft zwischen den Colombos und den de Columberio aus Collombey letztlich hypothetisch bleibt. Wenden wir uns deshalb dem konkreteren Umfeld des jungen Christoph Kolumbus zu und der politischen Ausrichtung der Familie Colombo.

Die Colombos zu Genua

Der Vater des Entdeckers von Amerika hieß Domenico Colombo. Das geht aus zwei Handschriften der Jahre 1470 und 1472 hervor, in denen als dessen Sohn ein Christoforo Colombo genannt wird. Domenico Colombo taucht in mehreren Dutzend Dokumenten, in Verträgen, Akten und notariellen Einträgen auf. Das älteste Dokument zu seiner Person datiert auf das Jahr 1429; es handelt sich um einen Lehrvertrag für den damals erst elfjährigen Domenico, unterzeichnet von einem Gerardo di Brabante d'Allemagna (Lehrmeister) und von Kolumbus' Großvater Giovanni Colombo. Letzterer gibt an, aus Mocònesi zu kommen und in Quinto zu wohnen. Mocònesi ist eine Ortschaft im oberen, südöstlich

Die Stadt Genua, in Italien auch *la superba* (die Stolze, Prächtige) genannt, besitzt einen großen natürlichen Hafen und ist eingebettet in die steilen Abhänge des Apennins. Die Geschichte der Stadt Genua im Mittelalter ist eine Geschichte des Auf- und Abstiegs: Im Laufe der Kreuzzüge stieg die Republik Genua zur führenden Seemacht Europas auf: Nachdem die Genuesen über die Sarazenen (Moslems arabischer Herkunft) auf Sardinien und Korsika gesiegt hatten, kam es zu genuesischen Niederlassungen in Syrien, Palästina, Kleinarmenien, Ägypten, Konstantinopel und am Schwarzen Meer. Im östlichen Mittelmeer waren Chios, Lesbos, Samos und zeitweise auch Zypern fest in genuesischer Hand. Genua war eine pulsierende Metropole für Kreuzfahrer, Pilger, Händler, Adlige, Reeder, Handwerker und Kaufleute aller Herren Länder. Die Kolonien der Republik Genua gingen nach einer entscheidenden Niederlage gegen Venedig 1380 und dem Fall Konstantinopels 1453 allerdings wieder verloren. Zunehmend machte sich der Einfluss fremder Mächte bemerkbar. Im 15. Jahrhundert wurde die Hafenstadt zu einem begehrten Stützpunkt für den Krieg um Sizilien-Neapel. Die Uneinigkeit des Genueser Adels machte es sowohl den südfranzösischen Anjou als auch den spanischen Aragonesen bzw. den Katalanen leicht, Truppen einzuschleusen. Alte Geschlechter wie die Fieschi, Grimaldi und Fregoso vertraten die Interessen Frankreichs und der Provence sowie des Volkes (Popolari-Partei).

von Genua gelegenen Fontanabuona-Tal, aus dem auch Kolumbus' Mutter Susanna Fontanarossa stammte. Henry Harrisse, Doyen der Kolumbusforschung im 19. Jahrhundert, schloss daraus, dass Kolumbus' Großvater ein einfacher Bauernsohn war. Doch in der Quelle fehlt eine Berufsangabe. Wie später sein Sohn Domenico könnte auch schon Giovanni im Dienst der Adelsfamilie Fieschi gestanden haben, der die Grafschaft von Lavagna im Süden von Genua gehörte.

Der Süden Liguriens diente im 15. Jahrhundert häufig der Rekrutie-

ABB. 4: Die Stadt Genua (Hartmann Schedel, *Liber Chronicarum*, Nürnberg 1493)

rung von Streitkräften für Invasionen der Hafenstadt Genua. Franzosen, Mailänder und Genueser Familien besetzten abwechselnd Portofino, rüsteten hier Schiffe aus und rekrutierten Söldner. Luigi Fieschi der Ältere, der mit Kolumbus angeblich verwandte Graf von Lavagna, unterstützte die guelfischen Fregosos und Campofregosos. Dank eines Militärbündnisses mit dem französischen König und der aktiven Unterstützung des reichen Reeders Jacques Coeur (ca. 1395–1456) gelang es diesen zu Beginn des Jahres 1447, den Dogen Bernanbò Adorno – einen Statthalter Aragons – zu stürzen und in Genua die Macht zu ergreifen.

Kolumbus' Vater Domenico und dessen Bruder Antonio Colombo hatten zu diesem Sieg offensichtlich beigetragen. Wie einer Urkunde vom Februar 1447 zu entnehmen ist, dankte ihnen der neue Doge von Genua, Giano Campofregoso, wenige Wochen nach dem Umsturz für ihre treuen Dienste und belohnte sie mit lukrativen Kustodien, der Bewachung zweier wichtiger Stadttürme: dem landeinwärts gerichteten Stadtturm von Olivella und dem Hafenturm Capo di Faro. Die beiden Brüder wurden drei Jahre später in ihrem Amt bestätigt. Bereits 1440 hatte Domenico von Matteo Fieschi, dem Verwalter des Klosters Santo Stefano, ein Haus nahe des Palazzo di Pammatone im Stadtquartier von Olivella als Erblehen erhalten. Und im Jahr 1455 konnte er mit seiner Familie ein Haus mit Garten und Laden im Genueser Stadtteil Ponticelli beziehen.

Die Ära der Fregoso-Dogen (1447–1461) war für die Anhänger Frankreichs bzw. der Anjou eine Blütezeit. Der französische König schickte namhafte Besucher in die Stadt und eröffnete in Genua eine prunkvolle Botschaft. Jacques Coeur wurde zum Finanzminister ernannt – der gebürtige Kaufmannssohn aus Bourges nutzte seinen Reichtum und seine Zugriffsmöglichkeit auf die Finanzen des Languedoc und rüstete eine stattliche Armada aus.[31] Die Präsenz dieser Flotte im Hafen von Genua und die Aufbruchstimmung in der Seefahrt dürften die Kindheit von Christoph Kolumbus nachhaltig geprägt haben.

Die Jahre des sozialen Ansehens und finanziellen Wohlergehens der Familie waren allerdings gezählt: 1461 kam es zum Sturz der Fregoso-Dogen und zur blutigen Vertreibung der Besatzungstruppen. In den bürgerkriegsähnlichen Wirren verloren tausende ihr Leben. Die Colombos mussten Genua verlassen und nach Savona ziehen, das sich als Exil für alle anbot, die weiterhin bereit waren, ihre Dienste René von Anjou, dem Grafen von der Provence, zur Verfügung zu stellen. Die Tatsache, dass Kolumbus' Familie auf Seiten der frankreichtreuen Guelfen gekämpft hatte, könnte übrigens die Sprache des Seefahrers erklären: Kolumbus schrieb tatsächlich nie in Italienisch, selbst dann nicht, wenn er an einen ‚Landsmann' wie Paolo dal Pozzo Toscanelli schrieb. Vielmehr verfasste er sämtliche Briefe in einem Hochkastilisch, das von französischen Begriffen durchzogen war wie: *consumaçion*, *demonstracion*, *ensolver*, *rompir*, *defensible*, *incomperable*, *palpable* etc.[32]

Nach der Vertreibung aus Genua und der Übersiedlung nach Savona geriet die Familie Colombo zunehmend in finanzielle Schwierigkeiten. Hernando Colón erwähnt, dass die Familie aufgrund der Kriege der Lombardei in Armut und Not geraten sei. Kolumbus' Vater verschuldete sich zwischen 1464 und 1469 hoch und wurde während eines Aufenthalts in Genua sogar verhaftet.[33] Wieder auf freiem Fuß, begab er sich im September 1470 nach Savona zu seiner Frau Susanna, den Söhnen Christoph, Bartolomeo, Giacomo, Pellegrino und der Tochter Bianchinetta. Domenico Colombo stieg in der Folge neben dem erwähnten Beruf als Weber in den Käse- und Weinhandel ein und versuchte auch, sich und seine Familie als *tabernarius* (Schankwirt) über Wasser zu halten. Aber die Zeiten waren schwer und Domenico musste bald Häuser und Grundstücke veräußern, darunter auch Vermögenswerte seiner Frau Susanna. Christoph Kolumbus verbürgte sich in dieser Zeit als ältester Sohn mehrmals für seinen Vater.

In Savona war der Import von Rohwolle aus dem Hinterland längst versiegt. Der so genannte *circum*-europäische Seehandel, der Waren auf dem Seeweg vom Mittelmeer um die Iberische Halbinsel über den Atlantik bis in die Nordsee und retour brachte, hatte der Familie Colombo im Laufe der Zeit die existenzielle Grundlage als Weber entzogen. Schiffsladungen mit kostengünstiger, englischer Schurwolle überschwemmten die Märkte der Hafenstadt Genua.

Als Domenico 1496 in Savona starb, hinterließ er eine mit Schulden belastete Erbschaft. Seine Söhne konnten finanziell allerdings nicht mehr belangt werden, sie befanden sich damals schon längst in Spanien. Die Gebrüder Colombo hatten nie als Weber gearbeitet, sondern sich zu Seefahrern ausbilden lassen, die sich auf ihre eigene Weise am *circum*-europäischen Seehandel zu bereichern suchten, der, wie auf der Karte zu Europa um 1470 (Abb. 10) nachvollziehbar ist, vom Mittelmeer bis in die Nordsee führte.

Krieg um Neapel

Wo sich die Söhne von Domenico Colombo als Seefahrer zunächst verdingten, ist unbekannt. Erste Erfahrungen dürfte Christoph Kolumbus schon in den sechziger Jahren des 15. Jahrhunderts gemacht haben. Zu Beginn der siebziger Jahre befand er sich bereits als Kapitän bzw. *maître de navire* in der Flotte Renés von Anjou, des Grafen von der Provence. Letzterer wollte in Süditalien seine Erblande zurückerobern und konnte Seeleute wie die Gebrüder Colombo gut gebrauchen.

ABB. 5: René von Anjou, der Graf von der Provence (Miniatur, Bibliothèque Nationale, Paris)

Die Dynastie der Anjou war aus einer Seitenlinie der französischen Kapetinger hervorgegangen. Sie hatte zu Beginn des 12. Jahrhunderts ein Reich besessen, das sich von Schottland über Westfrankreich bis an die Grenze Spaniens erstreckte. Dieses so genannte Angevinische Großreich zerfiel im Spätmittelalter in verschiedene Gebiete; am Ende des 15. Jahrhunderts gehörten zu den verbleibenden Erblanden noch die Loire, die Provence, Lothringen sowie Teile Ungarns und Polens. Im Jahr 1442 starb Jeanne II. von Anjou, die Königin von Neapel-Sizilien, kinderlos. Die Krone hätte an René von Anjou übergehen sollen. Doch Rom, das die „Babylonische Gefangenschaft" des Papstes zu Avignon noch nicht verwunden hatte, verweigerte dem Grafen von der Provence sein Erbrecht und verhalf stattdessen dem aragonesischen König Alfons V. zur Krone Süditaliens. Aragon gelang es, sich in Neapel und Sizilien festzusetzen und den Grafen von der Provence eineinhalb Jahrzehnte lang von Süditalien fernzuhalten. Das Königreich Neapel-Sizilien wurde wegen des Nordafrika- und Levantehandels immer bedeutender, zudem war die Krone Jerusalems mit diesem Königreich verbunden. Deshalb zögerte René nicht, seine Erblande bei der ersten sich bietenden Gelegenheit zurückzuerobern.

Als der König von Aragon im Jahr 1459 starb, entschloss sich René von Anjou zu handeln. Er schickte seinen Sohn Johann II., den in Genua stationierten Herzog von Lothringen und Titularherzog von Kalabrien, nach Neapel. Johann von Kalabrien wurde von der genuesischen Flotte eskortiert und es ist – je nach Festlegung des Geburtsjahrs – nicht auszuschließen, dass der junge Christoph Kolumbus in untergeordneter Stellung mit von der Partie war. Die Expedition zur Eroberung Neapels endete in einem Desaster. Nach einem Sieg bei Sarno im Juli 1460 zögerte der junge Herzog, Neapel einzunehmen, wo sich Ferdinand von Aragon verschanzt hatte. Unterdessen aber erreichten sechs katalanische Galeeren die Stadt Genua, und es kam zum bereits erwähnten blutigen Aufstand des Jahres 1461, in dessen Folge auch die Familie Colombo aus der Stadt vertrieben wurde.

Das Bündnis zwischen Genua und der Provence ging in die Brüche, antifranzösische Ressentiments machten sich in der Hafenstadt breit. René von Anjou setzte den Krieg gegen Aragon trotz der Niederlage vor Neapel fort, wobei ihm erneut Genueser Seeleute zu Hilfe kamen. Die Genuesen, darunter auch Kolumbus, versuchten den Nachschub zwischen Aragon und Neapel zu unterbrechen. Im Jahr 1466 erhielten René von Anjou und seine Korsaren zusätzliche Unterstützung durch aufständische Katalanen; diese erhoben sich gegen die Thronfolge des unehelichen Ferdinand von Aragon und boten René die Krone Kataloniens an. Der Graf von der Provence nahm das Angebot dankend an, musste sich jedoch zunächst der neutralen Haltung seines Neffens Ludwig XI. von Frankreich vergewissern, der (noch) in einem militärischen Bündnis mit Aragon stand.[34]

Die Korsaren waren die Freibeuter der Mittelmeerländer. Der Begriff stammt aus dem 15. Jahrhundert und geht auf *cursarius*, *cursus* (lateinisch für Lauf, Rennen) zurück; im Unterschied zu den Piraten, die später in der Karibik auch Flibustier oder Bukanier genannt wurden, verstießen die Korsaren gegen kein Gesetz. Ihr Recht, feindliche Schiffe und Handelsflotten zu kapern, orientierte sich an den damals noch gültigen Seekriegsrechten aus der Kreuzzugszeit. Durch das Mitführen eines Kaperbriefes war es ihnen in Kriegszeiten erlaubt, unter feindlicher Flagge fahrende Schiffe anzugreifen und zu plündern; die Kaper konnte aus der konfiszierten Fracht oder aus ganzen Schiffen bestehen. Güter, die von befreundeten Mächten stammten, mussten nach Schadensersatzklagen zurückgegeben werden. Die Mannschaft eines Korsarenschiffes setzte sich aus Männern unterschiedlicher sozialer, geographischer und sprachlicher Herkunft zusammen. Die Kapitäne stammten oft aus dem verarmten Adel und dem Raubrittertum; sie handelten im Auftrag einer Schutzmacht, in deren Hoheitsgewässer und Häfen sie sich zurückziehen konnten und an deren Küsten sie auch gewisse Privilegien genossen (z. B. das Recht zu fischen, Passagiere und Waren zu transportieren etc.). Im Gegenzug mussten sie einen Teil ihrer Kaper bzw. Prise an den Auftraggeber abgeben. Der Rest wurde an Land verkauft und als Prisengeld gemäß einem zuvor festgelegten Verteilschlüssel zwischen Kapitän und Mannschaft geteilt.

Auf den anfänglichen Erfolg der Anjou im Kampf gegen Ferdinand von Aragon folgte 1470 eine unerwartete Wende: Johann von Kalabrien – Kronprinz des Hauses Anjou – starb 1470 kurz vor einem schon sicher geglaubten Sieg im französisch-aragonesischen Grenzgebiet. Ein gutes Jahrzehnt später starben ein weiterer Sohn Renés sowie dessen einziger Enkel. Damit war das Ende der bedeutenden Herrscherdynastie besiegelt und die Provence fiel an die Krone Frankreichs. Der Tod Johanns führte zu einem vorläufigen Ende der Kriege zu Lande. Doch die Auseinandersetzungen zur See nahmen in der ersten Hälfte der siebziger Jahre eher noch zu. Der alternde Graf von der Provence beschäftigte seine genuesischen Korsaren weiter – bis Ferdinand von Aragon bereit war, die Krone von Neapel, Sizilien und Jerusalem an René zurückzugeben.

Auf Kaperfahrt

Im Januar 1495 spielt Kolumbus in einem Brief an Isabella von Kastilien und Ferdinand von Aragon auf seinen Einsatz im aragonesisch-angiovinischen Erbfolgekrieg an. Offensichtlich wollte er auf seine langjährige Erfahrung und Qualität als Kapitän hinweisen, wenn er erzählt, wie er im Dienst des René von Anjou nach Tunis geschickt wurde, um von dort aus die Galeasse Fernandina zu kapern: „Es geschah mir, dass der König René, den Gott bei sich hat, mich nach Tunis schickte, damit ich die Galeasse Fernandina kapere; doch als ich mich in der Nähe der Insel San Pietro bei Sardinien befand, erfuhr ich, dass sich in Begleitung der besagten Galeasse noch zwei weitere Schiffe sowie eine Karacke befänden. Aufgrund dieser Information begann die Mannschaft zu meutern; sie weigerte sich weiterzusegeln und forderte mich auf, nach Marseille zurückzukehren, um ein zusätzliches Schiff und mehr Leute zu holen."[35] Da es aussichtslos gewesen sei, die Mannschaft von ihrem Entschluss abzubringen, sei er dem Schein nach auf ihr Anliegen eingegangen. Doch habe er das Kompassblatt heimlich in eine andere Richtung gedreht und nach Einbruch der Dunkelheit die Segel setzen lassen. Am folgenden Tag, als die Sonne sich zeigte, habe man bereits das Kap von Karthago bei Tunis erkennen können. Ob Kolumbus die kampfkräftige Galeasse erfolgreich gekapert hat, ist fraglich – er verfügte vermutlich über eine Karacke, ein Schiff, das einer Galeasse klar unterlegen war. Möglicherweise ging es auch nur darum, die Schiffe der Aragonesen von ihrem Kurs abzubringen bzw. an der freien Fahrt nach Süditalien zu hindern.

Die Karacke kam im Mittelmeerraum im Spätmittelalter oft als Transportschiff zum Einsatz. Es handelt sich dabei um ein bis zu 40 Meter langes Segelschiff mit einem Vorderkastell, das bis zu 500 Tonnen Fracht laden konnte. Im Unterboden war genügend Platz sowohl für Handelsware als auch für Beute oder Tiere (Pferde, Hühner, Schweine). Vorder- und Großmast waren mit je ein bis zwei Rahsegeln (rechteckige Segel für den Vorantrieb) bestückt, während am Besanmast hinten ein dreieckiges Latinersegel befestigt war. Die Form des Bugs und Rumpfes war eher bauchig. Noch in der frühen Neuzeit führten die Karacken einen Großteil des Seeverkehrs über den Atlantik. Die Galeasse hingegen war eine Mischung zwischen Segel- und Ruderschiff und wurde in erster Linie zur Kriegsführung gebaut. Galeassen erreichten bereits im 15. Jahrhundert eine Länge von 50 Metern und waren größer als Galeeren (*galea grossa* = ital. für große Galeere). Sie unterschieden sich von der wendigeren Galeere auch durch mehr Tiefgang und Gewicht.

Die Offenheit, mit der Kolumbus sich gegenüber der spanischen Krone zu diesem Gesellenstück aus dem neapolitanischen Erbfolgekrieg bekennt, ist erstaunlich. Denn das gegnerische Schiff, die *galeaça Fernandina*, gehörte eben jenem Ferdinand von Aragon, der jetzt sein königlicher Auftraggeber und Adressat des Briefs war. Kolumbus verfasste das Schreiben 1495, auf dem Höhepunkt seines Einflusses. Er erinnerte König Ferdinand damit daran, dass er in ihm einen erfahrenen Kommandanten hatte, der ihm einst gleichwohl stark zugesetzt hatte.

Die Genuesen hatten für den Grafen von der Provence regelmäßig Beute gemacht und ihm diese verkauft. Die alten Handelsbündnisse zwischen Tunis, Genua und der Provence erlaubten es den Korsaren, sich in die Hoheitsgewässer vor Tunis zurückzuziehen. Erst als Ferdinand von Aragon im Jahr 1474 einen Frieden mit dem tunesischen Emir Abu-Omar-Otman unterzeichnete, konnte dem – in kriegsrechtlicher Hinsicht legalen – Treiben der ligurischen Seefahrer vor der nordafrika-

ABB. 6: Galeere zwischen Sizilien und Tunis (Sebastian Münster, *Cosmographei*, Basel 1550)

nischen Küste ein Riegel vorgeschoben werden. Dass die Korsaren eine nicht unerhebliche Behinderung für Seehandel und Nachschub darstellten, geht auch aus dem Friedensvertrag zwischen René von Anjou und Ferdinand von Aragon hervor. In der Urkunde aus dem Jahr 1479 werden Korsaren aus der Republik Genua nicht nur erwähnt, René von Anjou muss sich explizit dazu verpflichten, den Freibeutern unter keinen Umständen mehr Kaperbriefe auszustellen.[36]

Christoph Kolumbus nennt den Zeitpunkt seiner Kaperfahrt nicht. Der Überfall auf die *galeaça Fernandina* dürfte jedoch noch vor diesem Frieden zwischen Aragon und Tunis im Januar 1474 geplant und durchgeführt worden sein. Gut möglich, dass der spätere Entdecker Amerikas zeitweise auch an der Seite der Katalanen kämpfte. Immerhin kannte sich Christoph Kolumbus an der Küste des französisch-aragonesischen Grenzgebiets gut aus. In einem Brief an die *Reyes Católicos* Ferdinand und Isabella von Spanien vom 6. Februar 1502 gibt er an, die Wind- und Strömungsverhältnisse auf der Route zwischen Cádiz und Neapel entlang der katalonischen Küste und durch den Golf von Narbonne bestens zu kennen.

Die Geschichtsschreibung des ausgehenden 19. Jahrhunderts beurteilte den Wahrheitsgehalt der Kapergeschichte freilich skeptisch. In den dreißiger Jahren des 20. Jahrhunderts entspann sich gar eine regelrechte Kontroverse um die Geschichte. Die Genueser Schule war aus patriotischen Gründen nicht bereit, die Briefpassage als faktisch zu akzeptieren; Kolumbus' Aussage, er sei über Nacht von Sardinien bis nach Tunis gelangt, wurde als völlig abwegig hingestellt.[37] Auch in der spanischen Geschichtsschreibung stießen die Kaperfahrten des Entdeckers für den *bon roi Reynel* und Erzfeind der Krone Aragons aus nachvollziehbaren Gründen auf wenig Anklang. Erst mit dem Erstarken des katalanischen Nationalbewusstseins wurde das Engagement Kolumbus' für den Grafen der Provence positiv bewertet, hatte dieser ja indirekt für die Eigenständigkeit Kataloniens gekämpft![38]

Obwohl die historischen Fakten – Einsatz der Familie Colombo für die Anjous und Verträge Genuas mit dem Emir von Tunis – für die Authentizität des Textes sprechen, zählt die Briefpassage gemäß dem Amerikaner Davidson heute zu den zahlreichen Mythen im Lebenslauf des Entdeckers.[39]

Eine Reise in die Levante

In einem Brief von 1501 macht Kolumbus indirekt auf einen Aufenthalt im östlichen Mittelmeer aufmerksam, denn er schreibt an die Könige Isabella und Ferdinand, dass er seine kosmographische Neugier den „gelehrten Griechen, Juden und Mauren" zu verdanken habe.[40] Der Genueser Seefahrer soll sich in Syrien aufgehalten und sogar mit Sultan Bâjezîd II. zusammengetroffen sein.[41]

Wahrscheinlich ist allerdings einzig eine Reise zur Ägäis-Insel Chios. Als Kolumbus auf seiner ersten Entdeckungsfahrt durch die fremde Inselwelt der Karibik segelte, notierte er nämlich am 12. November 1492 in sein Bordbuch, dass er an einem bestimmten Ort von Juana (Kuba), am „Fluss der Flüsse", größere Mengen der kostbaren Mastix-Pflanze vermute. Er wisse nun aber seit seinem Aufenthalt auf der Insel Chios, dass das Mastix große Gewinne einbringe. Eine einzige Ernte erziele einen Gewinn von rund 50 000 Dukaten.[42]

Mastix wird in den islamischen Ländern noch heute zur Herstellung von Süßigkeiten und Parfüm verwendet. Im Mittelalter diente das Harz der Mastixpflanze zusätzlich der Weihrauch- und Heilmittel-Produktion. Die großen genuesischen Kolonialgesellschaften, die *Maonen*, kontrollierten auf der Ägäis-Insel Chios (vor der Westküste der heutigen Türkei auf der Höhe von Izmir gelegen) den Markt dieses begehrten Rohstoffs. Es gelang ihnen, den Wert von Mastix durch eine strikte Anbaubeschränkung zusätzlich zu steigern. Absatzgebiet waren für die Genuesen die Städte Kleinasiens und Syriens, wo einträgliche Tauschgeschäfte gemacht wurden. Die Insel Chios galt als letzte Station der Handelsschiffe aus Alexandrien und stellte somit eine wichtige Drehscheibe zwischen dem Maghreb und dem Osmanischen Reich dar. Seit der Einnahme Konstantinopels durch die Osmanen 1453 war Chios – eine der letzten genuesischen Kolonien – exponiert und gefährdet zugleich (vgl. die Karte Abb. 10).

Wann und aus welchem Anlass Kolumbus Chios besuchte, ist unbekannt. Für die siebziger Jahre des 15. Jahrhunderts sind zwei genuesische Expeditionen nach Chios dokumentiert, beide ausgerüstet und finanziert von dem Kaufmann Nicolò Spinola. Diese Fahrten kommen für Kolumbus allerdings kaum in Frage; sie fanden im Mai und September der Jahre 1474 und 1475 statt, während Kolumbus offensichtlich im Monat März eine Ernte beobachtet hatte: „Auf der Insel Chios wird das Harz im März gesammelt, doch müsste meiner Ansicht nach in diesen transozeanischen Gegenden, wo ein viel heißeres Klima herrscht, die Ernte im Monat Januar eingebracht werden.“[43]

Möglicherweise segelte Kolumbus im Auftrag des französischen Königs Ludwig XI. nach Chios. Dieser plante in den 1470er-Jahren den Gewürzhandel in der Levante unter seine Kontrolle zu bringen, und zwar mit Hilfe einer großen franco-genuesischen *Compagnie*.[44] Der schwärmerische Tonfall des Seefahrers mit Blick auf gewinnträchtige Geschäfte passt gut zu der *idée fixe* des französischen Königs, um jeden Preis am Orienthandel teilhaben zu wollen. Auf den bedeutendsten Umschlagplätzen der Levante dominierten indes bald die Venezianer, die erklärten Feinde Frankreichs und Genuas.

Verlorene Heimat

Die Beziehung von Kolumbus zu Genua muss eine zwiespältige gewesen sein. Zum einen verbanden ihn angenehme Erinnerungen mit der Hafenstadt, wo er dank des zu jener Zeit noch bestehenden Wohlstands seiner Familie und der prunkvollen Entourage eines Jacques Coeur eine schöne Kindheit erlebt haben dürfte. Andererseits hatte er auch erfahren müssen, was es bedeutete, nach einer militärischen Niederlage ins Exil gehen zu müssen – ohne Aussicht auf Rückkehr.

Kolumbus nahm im Jahr 1502, kurz vor der Abreise zu seiner letzten Entdeckungsfahrt, zu seiner Geburtsstadt Kontakt auf. Er wies den Gesandten Genuas an, seine gesammelten Urkunden von Kastilien an einen geheimen Ort nach Italien zu überbringen. Er schrieb am 21. März 1502 an seinen Vertrauensmann Nicolò Oderico: „Herr: Die Einsamkeit, in der Ihr uns gelassen habt, ist unsäglich. Ich habe den *libro de privilegios* [Buch der Privilegien] dem Herrn Francesco Rivarolo übergeben, damit er es Euch zusammen mit einer weiteren Abschrift der Briefe sende. Ich bitte Euch, Don Diego [Kolumbus' älterer Sohn] mitzuteilen, an welchem Ort und bei welchem Empfänger Ihr das Buch hinterlegen werdet.“[45]

Offensichtlich befürchtete der Seefahrer, die spanische Behörde könnte seine Urkunden während seiner Abwesenheit beschlagnahmen und ließ sie deshalb nach Italien in Sicherheit bringen. Kolumbus sorgte sich im selben Brief aber auch um einen Vertreter der Genueser Familie Fieschi, dessen Ankunft er in Spanien erwartete (die Fieschis waren offensichtlich bereit, dem Entdecker in Kastilien und in Übersee beizustehen). Mit folgenden knappen Worten erteilte Kolumbus seine diesbezüglichen Direktiven: „Wenn Gerolamo di Santo Stefano (Fieschi) kommt, dann soll er auf mich warten und sich mit niemandem einlassen, sonst werden sie ihm abnehmen, was sie nur können, und ihn dann sitzen lassen.“[46]

Wenige Tage später schrieb er einen Brief an die *muy nobles Señores* der Genueser *Banco di San Giorgio*. Er leitete das Schreiben mit den sentimentalen Worten ein: „Obwohl mein Körper hier ist, befindet sich mein Herz immerwährend dort“ – gemeint ist Genua.[47] Um die fehlenden Beziehungen zur Bankenspitze zu kompensieren, unterzeichnete Kolumbus den Brief vom 2. April 1502 mit all seinen Titeln: Erster Admiral des Ozeans, Vizekönig und Gouverneur der Inseln und des Festlandes von Asien und Indien. Interessant an diesem Schreiben ist nun, dass er sich Genua mit dem Versprechen einer Schenkung andienen will: „Und da ich sterblich bin, hinterlasse ich meinem Sohn Diego die Verpflichtung, dass er von allen Einkünften, die sich ergeben werden, Euch dort jedes Jahr und für immer mit dem zehnten Teil des Ganzen unterstütze, zur Auszahlung der Zölle für Korn, Wein und andere Lebensmittel. Wenn dieser zehnte Teil beträchtlich ist, nehmt ihn an, wo nicht, so nehmt meinen guten Willen. Diesen meinen Sohn bitte ich Eurer gütigen Gnade empfehlen zu dürfen.“[48]

Diese Nachricht an die „edlen Herren“ der *Banco di San Giorgio* gelangte direkt in die Kanzlei von Antonio Gallo. Das Versprechen Kolumbus’, der Republik den zehnten Teil aller Einkünfte zukommen zu lassen, wäre gewiss bei manchem Landsmann auf Beifall gestoßen. Doch Antonio Gallo ließ ganze acht Monate ohne Antwort verstreichen.[49]

Über die Gründe, warum der Bankier auf Kolumbus’ Angebot nicht reagierte, lässt sich nur spekulieren. Sicher ist, dass die Regierenden zu

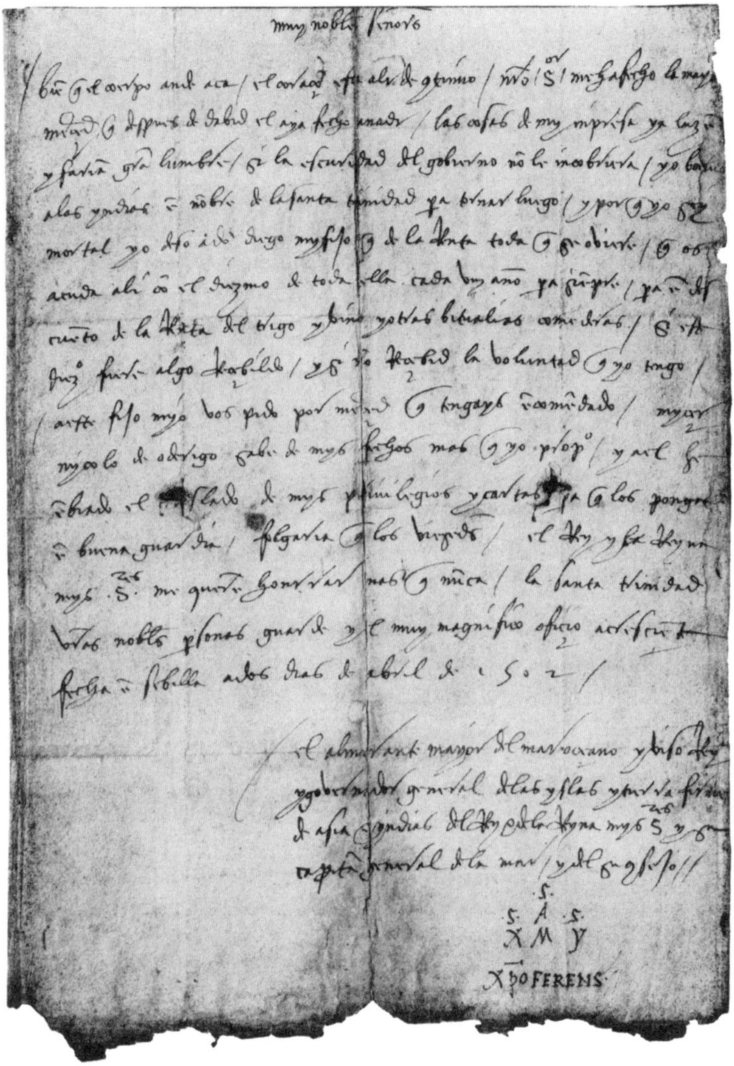
.S.
.S. A .S.
X M Y
XPO FERENS

ABB. 7: Brief von Christoph Kolumbus an die Bank von San Giorgio vom 2.4.1502 (Palazzo Municipale, Genua)

jener Zeit andere Sorgen hatten. Der Einfluss Frankreichs nahm wieder zu und gipfelte wenige Jahre später in der Belagerung Genuas durch französisch-eidgenössische Truppen. Die Einmischung einer Familie, die während der guelfisch-provençalischen sprich französischen Ära Genuas eine aktive Rolle in der Politik gespielt hatte, dürfte zum damaligen Zeitpunkt folglich wenig erwünscht gewesen sein.

Als Christoph Kolumbus 1504 von seiner letzten Reise zurückkehrte und realisierte, dass die noblen Herren der *Banco di San Giorgio* ihm nicht geantwortet hatten, war die Enttäuschung groß. Verärgert schrieb er am 27. Dezember 1504 an den Genueser Botschafter Nicolò Oderico: „Geehrter Herr. Als ich die Reise antrat, von der ich zurückkehre, hatte ich eine lange Unterredung mit Euch. Ich denke, dass Ihr all das in guter Erinnerung habt. Ich glaubte, bei meiner Ankunft Briefe von Euch vorzufinden und überdies eine Person mit mündlichem Auftrage. [...] Über nichts von alle dem habe ich Nachricht. Herr Francesco sagt, dass alles wohlbehalten dort ankam. Wenn dem so ist, dann war es unhöflich von jenen Herren von San Giorgio, nicht zu antworten, und sie haben damit ihren Reichtum nicht vermehrt."[50]

Das Schweigen des Genueser Finanzinstituts hinderte Kolumbus nicht daran, weiter Pläne bezüglich seiner Heimatstadt Genua zu schmieden. Seine Kontaktaufnahme zu den Fieschi lässt ahnen, dass er sich seiner Herkunft sehr wohl bewusst war und unter zunehmender Geheimhaltung persönliche, mitunter politische Ziele verfolgte. Das letzte Wort war in der Republik tatsächlich noch nicht gesprochen. Noch hatten die Fieschi, die einstigen Lehnsherren der Colombos, in der Stadt Genua wichtige Ämter inne. Erst 1547 drehten sich die Machtverhältnisse endgültig zu Ungunsten des traditionsreichen Adelsgeschlechts: Giovanni Luigi Fieschi der Jüngere sollte sich gegen die Oligarchie der Familie Doria erheben und dafür mit seinem Leben bezahlen.

Kolumbus hat sich zwar spät, aber mit Nachdruck um die Gunst seiner Heimatstadt bemüht. Schmerzhaft dürfte ihm bewusst geworden sein, dass er dabei scheiterte und im Grunde genommen ein Heimatloser war. Kolumbus' sentimentale Worte sind jedoch nicht mit den patriotischen Gefühlen des 19. Jahrhunderts vergleichbar, sondern bezweckten konkrete materielle oder gar politische Unterstützung. Was später von der italienischen Geschichtsschreibung als glühende Heimatliebe hochstilisiert wurde, war in erster Linie der durchaus kühl kalkulierte Plan, sich in der Republik Genua neu zu positionieren, um von hier aus in die überseeischen Unternehmungen zu investieren.

II. Unter Korsaren

Zeittafel

1469– Der französische Vizeadmiral Guillaume de Casenove alias Columbus Archipyrata kapert im Ärmelkanal venezianische Galeeren. Im Dienst Ludwigs XI. von Frankreich interveniert er in den englischen Rosenkriegen.

1473 Im Mittelmeer nutzt ein unbekannter „Collumbus" den Waffenstillstand im Krieg um das Roussillon (Aragon-Provence), um die venezianische Flotte vor Almeria in der Meerenge von Gibraltar anzugreifen.

1475 Auf der Iberischen Halbinsel bricht der Erbfolgekrieg um Kastilien aus.

1475 Eduard IV. von York unterzeichnet mit Ludwig XI. den Frieden von Picquigny (1475–1484), damit sind die so genannten Rosenkriege beendet.

1476 Alfons V. von Portugal verliert den Kastilischen Erbfolgekrieg in der Schlacht bei Toro am Duero; als Sieger gehen die Katholischen Könige Isabella und Ferdinand hervor. Die Korsaren „Columbus" treffen in Lissabon ein.

August 1476 Am Kap von San Vicente kommt es zu einer schweren Seeschlacht, in die auch Christoph Kolumbus verwickelt ist. Sein Schiff geht unter, er kann sich jedoch retten. In der Folge geht er nach Portugal.

Verschwundene Dokumente

Christoph Kolumbus' Lebenslauf bis zu seiner Ankunft in Spanien ist kaum dokumentiert. Alles, was wir zur Verfügung haben, sind Aussagen aus der Zeit zwischen dem Entdeckungsjahr 1492 und seinem Tod 1506. Dabei wären gerade ältere schriftliche Quellen interessant. Weshalb, so fragt man sich, gibt es praktisch keine Quellen (Urkunden, Briefe, Berichte, Soldverträge, nautische Aufzeichnungen) aus der Zeit vor 1492?

Eine mögliche Erklärung für das Fehlen derartiger Quellen liefert Kolumbus selbst, und zwar kurz nach seiner Entmachtung durch Francisco de Bobadilla auf der Karibikinsel Española (Haiti, Santo Domingo). Dort hatte er bis in das Jahr 1500 zusammen mit seinem Bruder Bartolomeo als Vizekönig amtiert. In einem Brief desselben Jahres an Doña Juana de la Torres, seine Vertraute am kastilischen Hof, beklagt er sich darüber, dass der spanische Kronbeamte Francisco de Bobadilla in sein Haus eingedrungen sei und alles, was er fand - insbesondere all seine Schriften - konfisziert habe: „Als Bobadilla nach Santo Domingo kam, bemächtigte er sich meines Hauses, ließ sich darin nieder und nahm alles, was er fand, für sich. [...] Jedenfalls ist er mit mir umgegangen, wie noch kein Handelsreisender von einem Seeräuber behandelt worden ist. [...] Am meisten schmerzten mich meine Schriften, die er mir weggenommen hat, ohne dass ich auch nur eine einzige wiedererlangen konnte, und jene Schriften, die zu meiner Entlastung dienen, hielt er ganz besonders versteckt [...]"[1]

Um welche Anklage und Anklagepunkte ging es überhaupt? Wie konnte es so weit kommen, dass ein Vizekönig und Admiral der spanischen Krone von einem Tag auf den anderen in Ketten gelegt und nach Kastilien deportiert wurde? Was wurde ihm vorgeworfen und um welche Art von Entlastungs- oder Belastungsmaterial handelte es sich?

Eine mögliche Antwort auf diese Fragen findet sich bei einem Zeitzeugen, dem Dominikaner und Indianerverteidiger Bartolomé de Las Casas. Er berichtet in seiner umfangreichen *Historia de las Indias*, dass Kolumbus und seine Brüder verdächtigt worden seien, hinter dem Rücken der spanischen Krone Kontakte zu *algún otro rey cristiano* (einem anderen christlichen König) geknüpft zu haben, um diesem dann das begehrte Gold aus *las Indias* zukommen zu lassen.[2]

Dieser Verdacht auf Hochverrat ist gravierend, doch würde er erklären, warum der Kronbeamte die Unterlagen einbehielt. Francisco de Bobadilla hätte nach seiner Rückkehr nach Spanien sein drastisches Vorgehen begründen müssen – nichts wäre geeigneter gewesen, als vor Gericht all die Dokumente vorzulegen, die aus einer Zeit stammten, in der Kolumbus tatsächlich im Dienst „fremder", zum Teil mit Spanien verfeindeter Mächte gestanden hatte. Bereits einfache Soldverträge hätten genügt, um zu beweisen, dass er kein besonders loyaler Diener der spanischen Krone sein konnte. Andererseits ist es eher unwahrscheinlich, dass Kolumbus im Jahr 1500 noch Kontakte zu ausländischen Königen unterhielt. Bekannt ist einzig eine Kontaktaufnahme mit der Republik Genua, der Geburtsstadt des Seefahrers. Christoph Kolumbus schrieb 1498, zwei Jahre vor seiner Verhaftung auf Española, dass sein Sohn und Erbe Diego Colón in dieser Stadt einen Vertreter der Familie unterhalten solle; diesem sei eine Rente zu bezahlen, damit er standesgemäß leben könne, inklusive Haus und Frau. Zudem verfügte er in seinem ersten Testament: „[...] alles Geld, welches er [Diego] von den Einkünften des genannten Majorates ersparen wird, soll er nach Genua senden, um damit in seinem Namen und in dem seiner Erben Schuldbriefe der Bank von San Giorgio zu erwerben, die sechs Prozent abwerfen und die eine sehr sichere Geldanlage darstellen."[3] Offensichtlich befürchtete Kolumbus, dass zukünftige Gewinne aus Übersee in Spanien weder sicher noch gewinnbringend angelegt werden könnten und glaubte in den Genuesen die zuverlässigeren Finanzpartner zu haben.

Doch zurück zu den konfiszierten Dokumenten: Was geschah mit ihnen? Blieben sie auf Española, während Kolumbus nach Kastilien geschafft wurde? Dies ist anzunehmen, denn der Genueser Seefahrer wurde in Kastilien noch im selben Jahr aus der Haft entlassen – vermutlich, weil das Belastungsmaterial für eine Anklage fehlte. Kaum auf freiem Fuß, setzte er alles daran, so schnell wie möglich nach Übersee zurückzukehren. Trotz fehlender Unterstützung seitens der spanischen Krone rüstete er neue Schiffe für seine vierte und letzte Entdeckungsreise (1502–1504) aus. Im Frühjahr 1502 segelte er auf direktem Weg nach Española und ging in Santo Domingo vor Anker. Im Hafen bereitete sich die spanische Flotte gerade auf ihre Rückreise vor. Unter den Passagieren befanden sich auch der Kronbeamte Francisco de Bobadilla sowie Francisco Roldán, der Kolumbus einst als Anführer der meuternden Spanier das Leben schwer gemacht hatte. Beide schifften sich auf der Karavelle von Kolumbus' Vertrauensmann Antonio de Torres ein, die als besonders sicher galt. Doch kurz nachdem die Flotte ausgelaufen war, sank gerade dieses Schiff noch in Sichtweite des Hafens von Santo Domingo.

Kolumbus wurde Augenzeuge des Unglücks und empfand es als Genugtuung für die ihm zugefügte Schmach. Noch im Juni 1505 schrieb er an König Ferdinand von Aragon: „Seit langer Zeit hat unser Herrgott kein so offensichtliches Wunder mehr getan wie dieses, als er den, der mich beraubte samt allen, die ihm dabei halfen, auf dem besten Schiff von 34, in ihrer Mitte und dicht bei der Ausfahrt aus dem Hafen untergehen ließ, und zwar auf eine Art und Weise, deren nähere Umstände niemand erfuhr.“ [4]

Die Wahrscheinlichkeit, dass mit der Fracht auch die konfiszierten Dokumente untergingen, ist groß. Ob die Dokumente den Verdacht auf Hochverrat erhärtet oder entkräftet hätten, kann heute nicht mehr beantwortet werden. Kolumbus, der erst im November 1504 wieder spanischen Boden betrat, beklagt sich in der Folge kein einziges Mal mehr über den Verlust der Schriften und Dokumente. Es ist anzunehmen, dass ihm die Erinnerung daran zu Beginn des 16. Jahrhunderts mehr Nachteile als Vorteile gebracht hätte.

Die französischen Korsaren Colombo

Bezüglich der „dunklen“ Lebensjahre des Kolumbus, insbesondere der siebziger Jahre des 15. Jahrhunderts, gibt es folglich nur wenig schriftliche Unterlagen. Eine der wichtigsten Quellen für diesen Zeitabschnitt ist die Chronik des Kolumbus-Sohnes Hernando Colón. Vergleicht man seine Aussagen mit den venezianischen *secreti* (Geheimdienstakten) und weiteren Archivdokumenten, so lassen sich einige Schlüsselstellen in diesem „dunklen" Lebensabschnitt erhellen.

„Ich bin nicht der erste Admiral meiner Familie [...]" – dieses Zitat aus einem Brief seines Vaters an Juana de la Torres findet sich in Hernando Colóns Chronik über Kolumbus' Leben. Italienische Historiker suchten aufgrund dieser Passage allenthalben nach einem genuesischen Admiral namens Colombo, stießen aber lediglich auf einen Seeräuber namens Vicenzo Colombo, der 1492 im Hafen von Genua gehängt worden war. Im Zusammenhang des Briefzitats kommt Hernando Colón auf die frühen Seefahrtsjahre von Kolumbus zu sprechen und betont, sein Vater habe sich im Dienste eines Colombo befunden, der wegen seiner *armata* (Flotte), die er gegen die Ungläubigen und die Feinde seines Vaterlandes geführt habe, so bekannt gewesen sei, dass ihn die Kinder in der Wiege fürchteten.[5] Er räumt dem Namensvetter indirekt sogar eine Verursacherrolle bei der Entdeckung ein – dank dieses Colombo sei sein Vater überhaupt auf die Iberische Halbinsel gekommen: „Denn am Anfang und als Ursache der Ankunft des Admirals [Kolumbus] in Spanien [...] stand ein hervorragender Mann seines Namens und seiner Familie, der Colombo genannt wurde."[6] Gemeint war damit wohl Columbus Archipyrata. Er gehörte zu Venedigs schlimmsten Feinden, denn er verunsicherte zwischen 1469 und 1483 den *circum*-europäischen Seehandel nachhaltig. In den einschlägigen venezianischen Geheimdokumenten finden sich nicht weniger als hundert Hinweise auf den gefürchteten „Columbus".

Columbus Archipyrata stammte aus der Gascogne und hieß eigentlich Guillaume de Casenove[7]; in den Quellen taucht dieser Name allerdings nie auf; hier wird er immer nur Columbus, Coullon oder Colon genannt. In den sechziger Jahren eroberte der Gascogner die Normandie und Picardie für die französische Krone zurück – die Länder waren nach dem Abzug der Briten gegen Ende des Hundertjährigen Krieges in die Hände der Fürsten der burgundischen *ligue du bien public* gefallen. Nach dieser „Befriedung" des französischen Festlands ließ sich Casenove im Januar 1465 in der Hafenstadt Honfleur am Ärmelkanal nieder, wo schwer beladene flämische Galeonen Karls des Kühnen und venezianische Galeeren und Karacken unterwegs waren zu den burgundischen

Handelsmetropolen Brügge bzw. Antwerpen auf der einen und Venedig auf der anderen Seite.

Dem französischen König Ludwig XI. war der Handel Burgund-Venedig ein Dorn im Auge. Er wollte nicht länger von den Gewinnen ausgeschlossen sein, die seine Gegner dank des *circum*-europäischen Seehandels entlang der Küsten Frankreichs machten. Ende der sechziger Jahre rüstete er seine – bis dahin bescheidene – Flotte auf und ernannte Guillaume de Casenove zum Vizeadmiral des Atlantiks. Er ließ ihn von einem Kosmographen namens Robert de Cazel in das Geheimnis der *quarte de naviguer* einweihen.[8] Gemeint war der Umgang mit dem Quadranten. Der Quadrant diente der Navigation der aufkommenden Segelschifffahrt, die im Gegensatz zur Galeerenschifffahrt nicht mehr an den Küsten orientiert war. Auch Kolumbus arbeitete später mit einem einfachen Quadranten, wenn es um die Lagebestimmung auf hoher See ging.

Die Republik Venedig war in der zweiten Hälfte des 15. Jahrhunderts eine wirtschaftliche und politische Großmacht. Die venezianischen Dogen hatten entlang der südfranzösischen Küste einen profitablen Handel aufgezogen; es gelang ihnen in der zweiten Hälfte der sechziger Jahre sogar, den Gewürz- und Arzneimittelmarkt von Lyon unter ihre Kontrolle zu bringen. Ihr Einfluss auf den Märkten Europas stellte das Königreich Frankreich in den Schatten. Um seine Staatskasse zu füllen, entschloss sich Ludwig XI. zu einer strengen Monopolwirtschaft im eigenen Land. Die Republik Venedig setzte sich gegen diese protektionistischen Maßnahmen des französischen Königs zur Wehr und ließ im Jahr 1468 in Lyon das Mittelmeer östlich von Aigues-Mortes zu ihrem Hoheitsgebiet ausrufen; zudem versuchten die Venezianer, den Grafen von Savoyen in eine antifranzösische Allianz einzubinden. Ludwig XI. erließ daraufhin den Befehl, die venezianische Handelsflotte zu plündern. Eine Kriegserklärung an die Republik Venedig hielt er für nicht notwendig, da die Republik Venedig bereits im Krieg mit Herzog Galeazzo Maria Sforza von Mailand befand, der mit ihm verbündet war.

Ludwigs Ziel war es, den lukrativen Seehandel von der Normandie aus nachhaltig zu stören und unter seine Kontrolle zu bringen. Waren erst einmal die wichtigsten Stützpunkte im Ärmelkanal von der französischen Flotte besetzt, sollte der lang ersehnte Aufschwung nicht mehr auf sich warten lassen und Frankreich konnte sich aus der wirtschaftlichen und politischen Isolation befreien. Im Mai 1469 überfiel Guillaume de Casenove unweit der flandrischen Küste von Honfleur aus vier venezianische Galeeren. Er ließ zwei plündern und erstürmte eine dritte, die, wie sich später herausstellte, genuesische Fracht, Weihrauch und Malvasier, geladen hatte. Das war der Beginn einer ganzen Serie von Überfällen, über die Agenten aus halb Europa in über hundert Briefen zwischen 1469 und 1489 Bericht erstatteten.[9]

Bei seinen Zeitgenossen rief Guillaume de Casenove höchst unterschiedliche Reaktionen hervor: Der französische Astrologe Symon de Phares bejubelte ihn euphorisch als „den besten Seemann Frankreichs" seit den Kreuzzügen und als „einen der gefürchtetsten Männer der Normandie".[10] Während er in den französischen Dokumenten als *homo de guerra* (Mann des Krieges) und erfolgreicher Vizeadmiral Ansehen genießt, sehen die Feinde Frankreichs ihn naturgemäß anders. In italienischen, vor allem venezianischen Quellen, ist er stets der Korsar oder *pirata illustris* (berühmte Pirat). Diese Sicht wird von den Spaniern geteilt – so schreibt der spanische Chronist Alonso Fernández de Palencia: „Das Meer wurde von einem Piraten heimgesucht, der Colón hieß und aus der Gascogne stammte [...] Nachdem er lange Zeit in Frankreich gegen die Räuber gekämpft hatte, ließen ihn widerliche Umstände des Schicksals ins Unglück fallen, und – schon zur Lebensmitte vorgerückt – wandte er sich dem Meer zu und bereicherte sich schnell durch sein grausames und niederträchtiges Vorgehen als Pirat. [...] er baute ein großes Schiff, dessen Breitseiten er mit starken Balken verstrebte, damit es den Stößen feindlicher Kriegsschiffe widerstehen konnte; er erfand zudem noch andere verschiedene Dinge und verließ zu gegebener Zeit den Hafen von Harfleur [...]"[11] Diese insgesamt wenig schmeichelhafte Charakterisierung hatte nicht zuletzt zur Folge, dass es in Spanien schon früh zu einer Tabuisierung der Aussagen Hernando Colóns kam – der Entdecker sollte nicht mit dem „Piraten" in Zusammenhang gebracht oder gar verwechselt werden.

Ludwig XI. die Spinne

Im Mittelalter entschieden Aversionen, Rivalitäten und Bruderzwiste einzelner Monarchen und Thronanwärter oft über Krieg und Frieden. Die Bevölkerung war von den Intrigen einer sich selbst inszenierenden, kleinen Oberschicht abhängig. König Ludwig XI., der Motor der beschriebenen maritimen Aufrüstung, stammte aus dem Hause Valois und war eine prägende Persönlichkeit der französischen Geschichte des ausgehenden Mittelalters. Sein Informationsnetz, das er über halb Europa spannte – Ludwigs Spitzname war „die Spinne" –, erlaubte es ihm, mit machiavellistischer Zielstrebigkeit die Fäden zu ziehen.

Die politische Situation Europas in den siebziger Jahren des 15. Jahrhunderts war geprägt vom Gegensatz zweier Herrscher, die sich seit ihrer Kindheit bzw. Jugend am burgundischen Hof kannten – und hassten: König Ludwig XI. von Frankreich und Herzog Karl der Kühne von Burgund. Als letzterer 1467 an die Macht kam, schlug die Antipathie in offene Feindschaft um, beide bildeten gegnerische Allianzen. Obwohl die Bündnisse labil waren, zeichnete sich so etwas wie ein „Gleichgewicht" zweier Machtblöcke ab. Auf französischer Seite, zu der auch Christoph Kolumbus gehörte, verbündete sich Ludwig XI. von Frankreich mit der Provence, mit dem König von Portugal, den Herzögen von Savoyen und Mailand, der Republik Genua und den Eidgenossen. Auch die Katalanen gehörten zeitweise zur französischen Allianz. Burgund hingegen konnte auf den Zehnerrat der Republik Venedig zählen. Sie waren besonders stabile Verbündete, da sie auf die großen Märkte der burgundischen Häfenstädte Gent, Brügge und Antwerpen angewiesen waren. Zur burgundischen Allianz zählten zeitweise aber auch England, zumindest während der Regierung Eduards IV. von York (weiße Rose), sowie Ferdinand von Aragon mit Neapel-Sizilien; letzterem gelang es, ebenfalls Einfluss auf Genua zu nehmen.

Der französische König handelte dabei strategisch äußerst geschickt. Er versuchte seine Gegner durch gezielte Intrigen seiner Geheimdienstagenten zu schwächen. Wo dies nicht gelang, inszenierte er einen Vielfrontenkrieg oder überraschte mit unerwarteten Attacken. Angesichts

ABB. 8: Ludwig XI., König von Frankreich, leitet eine Sitzung des Ordens vom heiligen Michael (Bibliothèque Nationale, Paris).

ABB. 9: Karl der Kühne, Herzog von Burgund, leitet eine Sitzung des Ordens vom Goldenen Vlies (Bibliothèque Nationale, Paris).

der Unberechenbarkeit seiner Flotteneinsätze im Atlantik und im Mittelmeer sprach der spanische Chronist Alonso Fernández de Palencia gar von einer „angeborenen Lust des Königs zum Überraschungskrieg“[12] – und andere gaben ihm den Beinamen „der Grausame“. Seinem Sohn und Nachfolger Karl VIII. wünschte er allerdings nichts sehnlicher als einen dauernden Frieden: „Wenn ein Prinz die Regierung antritt und das Königtum befindet sich im Frieden, dann soll er darauf achten, dass während seiner Zeit der Krieg nicht beginne. Denn daraus folgen zu viele der Gefahren, der Schmerzen, der Strapazen, der Leiden, der Schäden und der Zerstörung der Völker, Länder und Güter [...]. Weder im Krieg noch in dessen Folge gibt es irgendeinen Profit.“[13]

In den sechziger und siebziger Jahren des 15. Jahrhunderts verging fast kein Tag ohne neue Nachrichten von geheimen oder wechselnden Allianzen und sich zuspitzenden Konflikten am Hof Ludwigs XI. Die französische Geschichtsschreibung des 19. Jahrhunderts tendierte dazu, Ludwig XI. die glorreiche Grundsteinlegung des französischen Nationalstaates zuzuschreiben. Doch seine Aktivitäten erinnern bei genauerer Betrachtung eher an den Überlebenskampf eines Potentaten, der seine beschränkten finanziellen Mittel statt in ruinöse Landkriege schließlich lieber in den Aufbau einer Marine steckte, die auf die Segelschifffahrt setzte und Seeleute aus aller Herren Länder aufnahm.

Ludwig hatte die besondere Begabung, die richtigen Männer zum richtigen Zeitpunkt für sich bzw. für seine Sache dienstbar zu machen. Das zeigte sich etwa bei der friedlichen Einverleibung der südwestfranzösischen Grafschaft Roussillon ins Königreich Frankreich. Die Bourbonen, einst in der burgundischen *ligue du bien public* gegen ihn verschworen, band Ludwig durch geschickte Heiratspolitik an Frankreich: Der *bâtard* de Bourbon, der uneheliche Graf aus der Bourbonendynastie, wurde mit einer unehelichen Tochter des Valois und dessen Bruder mit einer älteren Schwester Ludwigs, mit Jeanne de France, verehelicht. Vor allem aber erkor der französische König den *bâtard* de Bourbon zum Admiral des Atlantik mit hundert Lanzenrittern und machte ihn damit zum Vorgesetzten von Columbus Archipyrata.

Um den Grafen von Roussillon vollends zu einem *bon, gentil et loyal chevalier* zu machen, schlug Ludwig ihn feierlich zum Ritter des neu gegründeten Ordens des Drachentöters Michael. Diese Bruderschaft des heiligen Michael entsprach der bigotten Frömmigkeit Ludwigs XI. Überdies diente sie der aufkommenden Segelschifffahrt. Die Aussicht, in den Orden des heiligen Michael aufgenommen zu werden, förderte die Loyalität der Seefahrer zu den vom König persönlich umworbenen Kapitänen und Admiralen. Losungsworte und religiöse Hymnen hoben die Moral der Mannschaft und erhöhten ihre Kampfbereitschaft – Rituale, die sich auch bei Kolumbus finden. Im Gegensatz zum Galeerenbetrieb, der meist auf Zwangsrekrutierung beruhte, verlangte die Segelschifffahrt nach einer reibungslosen Zusammenarbeit auf hoher See. Guillaume de Casenove war als Vizeadmiral der französischen Marine eines der bedeutenden Mitglieder des „Ordens des Drachentöters Michael“ – er führte seine gefürchteten Einsätze auf dem Meer denn auch stets unter dem Ordensmotto *Immensi tremor Oceani* (Schrecken der unendlichen Weltmeere) durch. Einer dieser Einsätze – er sollte im Sommer 1476 zur Seeschlacht am Kap von San Vicente führen – nahm seinen Anfang im Ärmelkanal, wo schon seit Jahren um die Oberhoheit gerungen wurde.

Columbus Archipyrata im Krieg der Rosen

Kolumbus' Werdegang wurde, wie es noch zu zeigen gilt, indirekt von den englischen Rosenkriegen beeinflusst. In diesen Kriegen, die 30 Jahre lang dauerten, nämlich von 1455–1485, standen sich die britischen Häuser Lancaster (rote Rose) und York (weiße Rose) gegenüber. Ludwig XI. konnte es nicht gleichgültig sein, wer den Seehandel im Ärmelkanal kontrollierte und zukünftig vom Seehandel profitierte. Da der englische König Heinrich VI. von Lancaster sein Cousin war und dessen Frau Margarete von Anjou die älteste Tochter des Grafen René von der Provence, mischte er sich auf Seiten der roten Rose in die Kriege ein.

Margarete von Anjou hatte England bis zu Beginn der sechziger Jahre faktisch allein regiert, da Heinrich VI. an einer Geisteskrankheit litt. Auf anfängliche Erfolge folgten mehrere schwere Niederlagen gegen die Partei der weißen Rose. 1462 gelang es Eduard IV. von York (weiße Rose) in London die Macht zu ergreifen; er konnte auf die Hilfe des Grafen von Warwick, der als Königsmacher in die Geschichte einging, zählen. Hein-

ABB. 10: Europa um 1470; die Karte zeigt die wichtigsten Machtkonstellationen und Handelswege (Grafik: SchreiberVis, Seeheim).

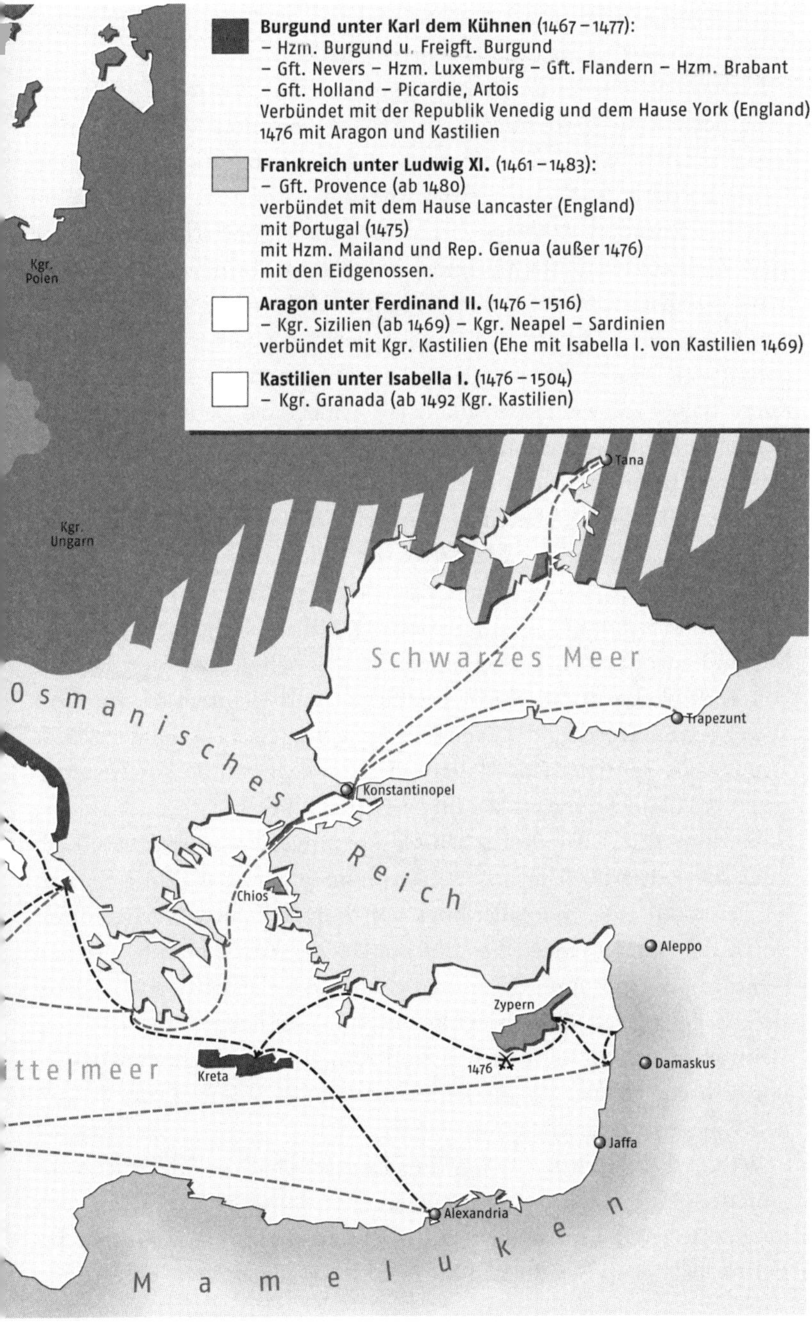
Burgund unter Karl dem Kühnen (1467 – 1477):
– Hzm. Burgund u. Freigft. Burgund
– Gft. Nevers – Hzm. Luxemburg – Gft. Flandern – Hzm. Brabant
– Gft. Holland – Picardie, Artois
Verbündet mit der Republik Venedig und dem Hause York (England)
1476 mit Aragon und Kastilien
Frankreich unter Ludwig XI. (1461 – 1483):
– Gft. Provence (ab 1480)
verbündet mit dem Hause Lancaster (England)
mit Portugal (1475)
mit Hzm. Mailand und Rep. Genua (außer 1476)
mit den Eidgenossen.
Aragon unter Ferdinand II. (1476 – 1516)
– Kgr. Sizilien (ab 1469) – Kgr. Neapel – Sardinien
verbündet mit Kgr. Kastilien (Ehe mit Isabella I. von Kastilien 1469)
Kastilien unter Isabella I. (1476 – 1504)
– Kgr. Granada (ab 1492 Kgr. Kastilien)
Kgr. Polen
Kgr. Ungarn
Tana
Schwarzes Meer
Trapezunt
Osmanisches Reich
Konstantinopel
Chios
Aleppo
Zypern
Damaskus
Kreta
1476
ittelmeer
Jaffa
Alexandria
Mameluken

rich VI. wurde in den Tower gesperrt und Königin Margarete von Anjou musste an Ostern 1462 nach Frankreich fliehen.

In der Folge wurden die Rosenkriege immer mehr zum Stellvertreterkrieg der burgundisch-französischen Rivalitäten und Wirtschaftsinteressen im Ärmelkanal. Der siegreiche Eduard von York heiratete eine Schwester Karls des Kühnen und wurde folglich zum Schwager des Herzogs von Burgund. Ludwigs Ziel, den *circum*-europäischen Seehandel im Ärmelkanal längerfristig unter Kontrolle zu bringen, war vorderhand gescheitert. In den sechziger Jahren blühten die Geschäfte Burgunds und Venedigs auf den flandrischen Absatzmärkten auf, daran konnten auch die nun einsetzenden Überfälle des französischen Vizeadmirals nichts ändern. Diese Allianz am Ärmelkanal geriet erst 1470 ins Wanken, als Eduards wichtigster Verbündeter Neville von Warwick Fahnenflucht beging und mit 80 Schiffen von England nach Frankreich übersetzte. Ludwig XI. bereitete Warwick einen warmen Empfang und setzte alles daran, ihn mit Margarete von Anjou zu versöhnen.

Unter dem Begleitschutz des Vizeadmirals Casenove kehrten Warwick und Margarethe von Anjou noch im selben Jahr gemeinsam nach England zurück. Dort gelang ihnen ein überwältigender Sieg: Eduard von York wurde in die Flucht geschlagen und Heinrich VI. aus dem Tower befreit. Der Sieg der Lancaster-Partei 1470 war für die Wirtschaft Frankreichs spürbar: Das Hafenstädtchen Caen wurde zur französischen Freihandelszone erklärt und erzielte in diesem Jahr nie gesehene Rekordumsätze. Die flandrischen Märkte hingegen mussten innerhalb kürzester Zeit große Umsatzeinbußen hinnehmen. Der Erfolg der Partei der roten Rose war allerdings von kurzer Dauer. Wachgerüttelt durch die Handelseinbrüche, schickte Herzog Karl der Kühne seinen Schwager, der in Burgund Zuflucht gefunden hatte, 1471 nach England zurück. Dort gelang ihm mit Hilfe Burgunds ein überwältigender Sieg: Heinrich VI. wurde hingerichtet und Königin Margarete gezwungen, nördlich von Gloucester die Hinrichtung ihres Sohnes Prinz Eduard von Wales mit anzusehen.

Während dieses Ringens um die Oberherrschaft in England zu Beginn der siebziger Jahre war Casenove alias Columbus Archipyrata stets im Einsatz. Wie sehr er sich um die Kontrolle des Ärmelkanals bemühte, belegt ein Bericht von Kardinal Roverella an Ercole d'Este von

Ferrara, aus dem hervorgeht, dass der Korsar selbst nach der Niederlage der roten Rose noch an der Südküste Englands lagerte. Von den Dünen zwischen Sandwich und Dover aus habe er mit seinen 25 Schiffen „kein Stück Holz" vorbeifahren lassen, wenn es ihm nicht passte.[14]

Casenoves Ausharren vor Dover lässt sich auch damit erklären, dass sich die Franzosen nach der Niederlage der Lancasterpartei in erhöhter Alarmbereitschaft befanden. Mit einer Invasion der Engländer auf dem Festland - Schreckensvision aus dem Hundertjährigen Krieg - war für die Franzosen auf jeden Fall zu rechnen. Dank seiner Flotte vermochte der französische König seinen Kontrahenten Eduard von York vorderhand abzuwehren, und es gelang ihm sogar, einen Waffenstillstand auszuhandeln. Die Entscheidungsschlacht gegen Eduard von York verschob sich dadurch bis ins Jahr 1475.

Collumbus in der Meerenge von Gibraltar

Der dreijährige Waffenstillstand in den Rosenkriegen erlaubte es dem französischen König, sich dem Mittelmeerraum zuzuwenden. Hier waren die Untertanen des Königs von Aragon nach Südfrankreich eingedrungen, und die Stadt Perpignan musste mit 30 000 Mann verteidigt werden. Es folgte am 14. Juli 1473 ein kurzer, rund einjähriger Friede mit Aragon, den die Korsaren Columbus offensichtlich dazu nutzten, die Schiffe Venedigs zu überfallen.

In den *Secreti*, den Geheimschriften des venezianischen Senats, findet sich ein auf den 30. Oktober 1473 datierter Bericht, aus dem hervorgeht, dass ein gewisser *Collumbus* mit *nonnullis navigiis armatis* (einigen bewaffneten Schiffen) in die Meerenge von Gibraltar eingedrungen sei, um hier die - von Flandern und der nordafrikanischen Küste kommenden - venezianischen Galeeren abzupassen.[15] Dieser Collumbus sei ein *notorius hostis* (offenkundiger Feind) von Venedig und zudem ein *homo serenissimi regis Tunisii* (Mann des tunesischen Königs). Nichts, was der feindliche Korsar unternehme, so beteuert der Informant, geschehe ohne die Einwilligung des tunesischen Emirs.[16]

Diese Aussage passt schlecht zu Guillaume de Casenove alias Columbus Archipyrata. Ludwigs Vizeadmiral war für den Atlantik zuständig und hätte, da er im Ärmelkanal beschäftigt war, gar keine Zeit gehabt, sich 1473 in den Dienst des tunesischen Emirs zu stellen. Auch Columbus der Jüngere, von dem noch die Rede sein wird, kann nicht gemeint sein, denn der stieß erst später zur französischen Marine. Gut möglich, dass es sich bei besagtem „Collumbus" um den späteren Entdecker handelte. Kolumbus stand in den Jahren vor dem Frieden zwischen Aragon und Tunis (1474) unter dem Schutz des Emirs von Tunis. Angesichts der jahrhundertalten Rivalität zwischen Genua und Venedig wäre auch die Bezeichnung *notorius hostis* plausibel. Ludwig XI. begann in diesen Jahren für seinen Onkel René von Anjou die Fäden im aragonesisch-angiovinischen Erbfolgekrieg zu ziehen. Er könnte den Genuesen in seine Dienste übernommen haben. Dies würde auch erklären, wieso ein venezianischer Kapitän eine Woche später, am 7. November, dem Dogen von Venedig die Information nachlieferte, dass es sich bei „Collumbus" doch um einen *homo regis Francie* handle; deshalb müsse Frankreich zur Rechenschaft gezogen werden (und nicht der Emir).[17] In der Nähe von Almeria habe dieser mit sechs Schiffen den venezianischen Galeeren ein langes Gefecht geliefert; nach seinem Rückzug habe er sich damit begnügt, die Venezianer im Auge zu behalten bzw. ihnen bis auf die Höhe von Valencia zu folgen.

Falls es sich 1473 tatsächlich um den späteren Entdecker Amerikas gehandelt hatte, sahen sich die Geheimdienstagenten mit der Schwierigkeit konfrontiert, dass der bürgerliche Name dieses „Collumbus" mit dem Beinamen des berühmt-berüchtigten Vizeadmirals übereinstimmte. Seit den siebziger Jahren nimmt die Konfusion bezüglich der verschiedenen Freibeuter namens Columbus zu, eine Identifizierung ist nicht mehr möglich. In den französischen Akten ist abwechselnd von einem Colon, Coulon, Coullon, Colomb oder Coullomp die Rede, die Italiener sprechen von einem Columbus, Collumbus, Colombo oder Cholombo, die Spanier nennen ihn Colón und die Portugiesen Cullam. In der *Chronique scandaleuse* Ludwigs XI. tauchen keine Vornamen auf; man kann wohl davon ausgehen, dass „Columbus" ein Über-, wenn nicht gar Deckname war, um die Anonymität der Korsaren zu wahren. René von Anjou konnte den in seinem Dienst stehenden Korsaren nach dem tragischen Tod des Thronfolgers Johann von Kalabrien eine Weiterbeschäftigung nicht mehr garantieren. Deshalb ist nicht auszuschließen, dass seine Korsaren (und auch Kolumbus) im Lauf der siebziger Jahre in den Dienst Ludwigs XI. wechselten, der Männer wie Kolumbus gut gebrauchen konnte.

Genua wechselt die Fronten

Der Überfall bei Gibraltar zeigte Folgen: Die geschädigte Republik Venedig rüstete zwei bewaffnete Schiffe aus, zudem erhöhte der venezianische Senat den diplomatisch-politischen Druck auf Ludwig XI. so sehr, dass dieser verfügte, Venedigs Handelsflotte in Ruhe zu lassen. Während Frankreich sich also mit Venedig arrangierte, kam es zu ernsthaften Spannungen mit der Republik Genua – eine Entwicklung, die Kolumbus direkt tangierte, wurde er dadurch doch quasi zu einem Gegenspieler seiner Geburtsstadt. Bekannt ist ein Schreiben vom 21. Januar 1474, in dem der Vizegouverneur von Genua, Guido Visconti, Galeazzo Maria Sforza von Mailand inständig darum bittet, beim französischen König an seiner Statt vorstellig zu werden: Es gehe um Klagen genuesischer Kaufleute in Spanien und die Notwendigkeit, den französischen Korsaren Einhalt zu gebieten.[18] Der Vorstoß des Vizegouverneurs Visconti verlief im Sand, denn die „Missverständnisse“ zwischen Genua und Frankreich nahmen in der Folge noch zu.

Die Republik Genua war nach der blutigen Vertreibung der Anjou 1461 unter die Oberhoheit Mailands geraten. Zwischen dem Herzog von Mailand, Galeazzo Maria Sforza, und dem französischen König bestanden verwandtschaftliche Beziehungen: Bona von Savoyen, die Gemahlin von Sforza, war die Schwester von Ludwigs Gemahlin Charlotte – was den Herzog allerdings nicht davon abhielt, sich Mitte der siebziger Jahre mit Karl dem Kühnen von Burgund zu verbünden.

Die Abtrünnigkeit des Herzogs von Mailand und somit auch der Genuesen sollte für Frankreich erstmals im Juni 1474 spürbar werden. Damals lief der einjährige Waffenstillstand mit Aragon ab, und der Bischof von Albi (Ludwig von Amboise) stellte sich mit 900 Lanzenrittern und 10 000 Bogenschützen den anrückenden Aragonesen entgegen. Doch der Nachschub der ansonsten so zuverlässigen französischen Mittelmeerflotte fiel aus und der Bischof musste realiseren, dass er mehr oder weniger auf sich allein gestellt war. Zuständig für die französische Mittelmeerflotte war Admiral Jean de Village. Er hatte, wie schon oft zuvor, genuesische Seeleute angeworben. Doch diese verweigerten den Dienst – nachdem sie bereits in Aigues-Mortes eingetroffen waren. Wie sich herausstellte, gehorchten sie im letzten Moment einem Rückzugsbefehl des Herzogs von Mailand (der sich mit Karl dem Kühnen von Burgund verbündet hatte).[19] Admiral Village konnte mit seinen Galeassen und einem einzigen Segelschiff die Versorgung der französischen Truppen kaum mehr aufrecht erhalten.

Nach diesem Zwischenfall scheute sich Guillaume de Casenove nicht mehr, im Auftrag seines Königs auch genuesische Handelsware zu beschlagnahmen. Anfang Oktober 1474 begab er sich in die Biskaya und überfiel auf der Höhe des Hafens Vivero in Galizien zwei aragonesische Galeeren mit vorwiegend genuesischer Fracht; der Rest der Beute gehörte Florenz und Neapel. Dieser Überfall hatte heftigste Protestschreiben an die Adresse Ludwigs XI. zur Folge: Neben Lorenzo de' Medici von Florenz und König Ferdinand I (Ferrante) von Neapel verschaffte sich nun auch die Republik Genua Gehör und beklagte sich über ihre Verluste. In nicht weniger als vier Schreiben verlangte Vizegouverneur Guido Visconti von Ludwig XI. Schadensersatz, doch alle Bemühungen waren vergeblich.

Als König Ferrante von Neapel in einem langen Protestschreiben vom 9.12.1474 geltend machen wollte, er habe sich zum Zeitpunkt des Überfalls nicht offiziell im Krieg mit Frankreich befunden, antwortete Ludwig XI. postwendend, das Gegenteil sei der Fall: Die Neapolitaner hätten im Roussillon auf Seiten Aragons gegen die Franzosen gekämpft und seien zudem sowohl mit Karl dem Kühnen von Burgund als auch mit Eduard von York alliiert.

Die militärischen und politischen Strafaktionen und Rundumschläge Frankreichs können trotz ihrer kriegsrechtlichen Legitimation nicht darüber hinwegtäuschen, dass in den siebziger Jahren hauptsächlich Geldmangel zu den berüchtigten Beutezügen der Korsaren Columbus führte. An allen möglichen Orten hätte Ludwig Geld gebrauchen können: Im Roussillon zur Abwehr der Aragonesen, an der Mittelmeerküste zur Durchsetzung seiner protektionistischen Maßnahmen, im Osten zur Einbindung Savoyens und zur Grenzsicherung gegenüber

Burgund; aber auch seinen Traum einer mächtigen Levante-Flotte hatte der Valois noch nicht aufgegeben.

Was Ludwig XI. von Frankreich Mitte der siebziger Jahre aber am meisten beschäftigte, war die unmittelbar bevorstehende englische Invasion in der Normandie. Als im Mai 1475 der dreijährige Waffenstillstand ablief und Eduard von York einen Monat später mit 12 000 Mann den Ärmelkanal überquerte, hatte der französische König in diplomatischer wie in militärischer Hinsicht vorgesorgt. Er richtete sein Hauptquartier in der Nähe von Rouen ein – auf dem Landsitz Gaillartbois, einem Besitztum seines Vizeadmirals Guillaume de Casenove. Als Eduard von York die Stadt Calais besetzte, beschloss Ludwig XI., ihn auszuhungern und ließ – im Sinne einer Politik der verbrannten Erde – die Umgebung von Calais verwüsten; zudem gab er seinem Vizeadmiral die Order, die Engländer vom Meer her vom Nachschub abzuschneiden. Als der Anführer der weißen Rose seine missliche Lage erkannte und überdies von der schweren Niederlage seines Schwagers Karls des Kühnen bei Neuss erfahren musste – er hatte fest auf dessen Hilfe gezählt –, gab er auf. Er unterzeichnete mit Ludwig XI. am 29. August den Waffenstillstand von Picquigny, der neun Jahre, bis 1484, Gültigkeit haben sollte – eine lange Zeit für damalige Verhältnisse. Der Frieden, der Frankreich eine riesige Summe Geldes kostete, ermöglichte es Ludwig XI., sich erneut Südeuropa zuzuwenden. Dort zeichnete sich ein Konflikt größeren Ausmaßes ab: der Kastilische Erbfolgekrieg zwischen Portugal und Aragon. Im Sommer 1476 sollte es an der Algarve zu einer folgenschweren Seeschlacht kommen, folgenschwer nicht zuletzt für Christoph Kolumbus, der dadurch nach Portugal gelangte.

Erbfolgekrieg um Kastilien

Der Kastilische Erbfolgekrieg war nach dem Tod Heinrichs IV. von Kastilien im Dezember 1474 ausgebrochen. Heinrichs Halbschwester Isabella, die spätere „Katholische Königin“, erhob Anspruch auf die Krone und machte Heinrichs Tochter Johanna die Thronfolge streitig. Sie wurde von ihrem Gemahl Ferdinand von Aragon sowie von Klerus und Hochadel unterstützt. Isabella erklärte, der König sei homosexuell gewesen und Johanna stamme nicht von ihm ab. Die Infantin Johanna, die am Hof nun auch als *La Beltraneja* verspottet wurde (nach dem angeblichen Vater Beltrán de Las Cuevas), rief ihren Onkel, den portugiesischen König Alfons V., zu Hilfe. Alfons V. (mit dem Beinamen der Afrikaner) sagte seiner Nichte militärische Hilfe zu. Im September 1475 hatte Alfons mit Frankreich ein Militärbündnis geschlossen, doch Ludwig XI. konnte lediglich eine kleine Miliztruppe als Vorhut auf die Iberische Halbinsel schicken, die französische Flotte blieb bis zum vollständigen Abzug der Engländer in der Normandie stationiert.

Als die französischen Korsaren – diesmal wurde Casenove von seinem Adjutanten Columbus dem Jüngeren begleitet – im Frühsommer 1476 in Richtung Süden aufbrachen, war der Erbfolgekrieg bereits entschieden. In der Schlacht bei Toro hatte Ferdinand von Aragon gegen Alfons V. den entscheidenden Sieg davongetragen. Auf dem Weg nach Spanien kaperten die Franzosen im Hafen von Brest vier Schiffe der siegreichen Spanier. Dann nahmen sie Kurs auf die Stadt Fuenterrabía im Norden der Iberischen Halbinsel. Sie versuchten, die Stadt zu besetzen, um die – vom Nachschub aus La Rochelle abgeschnittene – französische Miliztruppe zu unterstützen. Dieser Versuch scheiterte aber an einem heftigen Unwetter und am Widerstand der baskischen Marine. Die ungünstige Witterung und der Widerstand der galizischen Bevölkerung, die sich mit den Basken auf die Seite Ferdinands von Aragon geschlagen hatte, vereitelten auch den Plan, bei Ribadeo einen Stützpunkt zu errichten. Die französische Flotte erreichte schließlich die Tajomündung, wo sie im Hafen von Lissabon vor Anker ging.

In Lissabon trafen Casenove und Columbus der Jüngere den besiegten König Alfons V. von Portugal. Dieser gab seine Demission bekannt und ernannte seinen Sohn Johann II. zu seinem Stellvertreter *ad interim*. Die Franzosen boten an, Alfons V. mit seinem Hofstab ins Mittelmeer zu eskortieren. Im August 1476 war es so weit: Die Segel wurden gehisst und ein beachtlicher Konvoi mit insgesamt rund 2200 Mann Besatzung und einem guten Dutzend Schiffe verließ die Tajomündung.

Am 13. August 1476 kam das Kap von San Vicente in Sicht. Hinter dieser Landzunge am äußersten Zipfel Portugals befindet sich die Festung von Sagres – wichtiger Orientierungspunkt der ersten Entdeckungen im Atlantik unter Heinrich dem Seefahrer (siehe S. 78). Als der portugiesisch-französische Flottenkonvoi das Kap von San Vicente umrunden wollte, um in die Meerenge von Gibraltar hineinzusegeln, tauchte am Horizont eine aus Cádiz kommende Armada auf. Angeführt wurde die Flotte von einem Flaggschiff, auf dem die Fahne Karls des Kühnen von Burgund wehte. Bei dem Schiff handelte es sich um die flämische Galeasse Bechalla, die von mittleren und kleineren Genueser Handels- und Transportschiffen begleitet wurde.

Die Kaufleute Liguriens, die in der Folge an der Seite der Galeasse Burgunds kämpften, waren zwar, wie sich später herausstellte, mit einem Brief des französischen Königs ausgestattet, der ihnen freie Fahrt garantierte. Doch anstatt dieses Papier vorzuweisen und friedliche Absichten zu signalisieren, eröffneten sie das Feuer.

Die Schlacht am Kap von San Vicente

Hernando Colón beschreibt die Seeschlacht am Kap von San Vicente ausführlich und lässt keinen Zweifel daran, dass sein Vater auf französischer Seite kämpfte. Detailliert führt er aus, wie die gegnerischen Parteien aufeinander losgingen, wie sich die Schiffe ineinander verkeilten und Handwaffen und Feuerschleudern zum Einsatz kamen. Die Schlacht dauerte bereits vom Morgen bis zur Vesper an, Tote und Verwundete häuften sich auf beiden Seiten. Plötzlich sei Feuer auf dem Schiff von Christoph Kolumbus ausgebrochen. Da die Karavelle durch Enterhaken mit einer großen venezianischen Galeasse verkeilt gewesen sei, habe sich der Brand rasch ausgebreitet, so rasch, dass es weder der einen noch der anderen Mannschaft gelungen sei, sich zu retten. Um der Qual der Flammen zu entgehen, seien viele Seeleute ins Wasser gesprungen und ertrunken. Kolumbus aber sei ein guter Schwimmer gewesen und habe sich mit Hilfe eines im Wasser treibenden Ruders an die mehr als zwei Seemeilen entfernte Küste retten können. Mehrere Tage brauchte er, um sich zu erholen.[20] Der Chronist Alonso Fernández de Palencia beschreibt die Seeschlacht ähnlich; auch er erzählt von brennenden Geschossen, der Verhakung der Schiffe und der überaus hohen Zahl von Opfern – allein auf französich-portugiesischer Seite seien sieben Schiffe verbrannt und 500 Männer ertrunken.[21]

Der Verlauf einer Seeschlacht war von den beteiligten, oft sehr unterschiedlichen Schiffstypen geprägt. Das herkömmliche Kampfschiff im Mittelmeer war die Galeere; sie war gut lenkbar und nicht von den Windverhältnissen abhängig. Da sie aber tief im Wasser lag, konnte sie geentert werden und lief Gefahr, bei hohem Seegang zu kentern. Die Galeasse war das stärkste Kriegsschiff der damaligen Zeit; sie besaß die Kampfkraft von etwa fünf Galeeren, war höher gebaut und konnte kaum mehr geentert werden. Wer wie Kolumbus von einem Segelschiff aus eine Galeasse entern wollte, hatte es schwer: Als Kriegsschiff konzipiert, konnte die Galeasse sowohl von Back- als auch von Steuerbord aus feuern. Die Enterhaken und üblichen Geschütze (Kanonen, Armbrust und Musketen) reichten da nicht aus, es mussten verschiebbare Katapulte (Trebuchets) zum Einsatz gebracht werden; mit angezündeten Pechgeschossen konnte das gegnerische Schiff in Brand gesetzt werden.

Bei keiner anderen Auseinandersetzung brannten so viele Schiffe ab, kein anderes Schiff außer der Galeasse Bechalla Karls des Kühnen war in der Lage, annähernd ein halbes Dutzend französischer und portugiesischer Karacken und Karavellen stundenlang abzuwehren. Dennoch spricht Hernando Colón seltsamerweise nicht von einer Galeasse Burgunds, sondern von einer *galea grossa viniziana* (einer großen venezianischen Galeasse); um dies zu untermauern, zitiert er den Chronisten Sabellico, der von Venezianern spricht – allerdings in Zusammenhang mit einer späteren Seeschlacht vor Ort, an der sich Christoph Kolumbus ebenfalls beteiligte und wo unter dem Oberkommando von Columbus dem Jüngeren tatsächlich vier venezianische Galeeren besiegt wurden.[22] Warum Hernando Venezianer und Genuesen hier verwechselt, weiß man nicht. Es könnte jedoch durchaus sein, dass Kolumbus selbst der Urheber dieses „Irrtums" war. Nach 1500 bemühte er sich um ein wohlwollendes Einvernehmen mit seiner Heimatstadt – an den unglückseligen Zusammenstoß mit seinen Landsleuten wollte er seinen Sohn wohl kaum erinnern.

Nach dem stundenlangen Kampf am Kap von San Vicente traf die stark dezimierte französische Flotte im Hafen von Lagos ein. Der Blutzoll, den die Republik Genua am Kap von San Vicente zu zahlen hatte, war mindestens so groß (wenn nicht größer) wie der der Portugiesen

ABB. 11: Galeeren und Kriegsschiffe, rechts im Bild sieht man ein Schiff, das einen Mastbruch hat (Miniatur, um 1488, zu Boucicauts Armee auf dem Weg nach Konstantinopel, Bibliothèque Nationale, Paris).

und Franzosen. Zwar erreichten die genuesischen Kapitäne - Giofredo Spinola mit der Galeasse Bettinella und Antonio Di Negro mit einem Walfängerschiff - unversehrt den spanischen Hafen von Cádiz; dennoch waren auf genuesisch-burgundischer Seite, insbesondere auf der burgundischen Bechalla, rund 350 Männer umgekommen, darunter viele Savonesen.[23] Angesichts dieser hohen Verluste stellt sich die Frage, warum sich die ligurischen Seeleute zur Abwehr der französischen Flotte hatten einspannen lassen, wie kamen sie dazu, für die Interessen Burgunds und Aragons zu kämpfen? Die Frage ist insofern von Bedeutung, als Kolumbus, der angeblich mit den Venezianern rang, hier faktisch gegen seine Savoneser Landsleute gekämpft haben musste. Der Angriff wird verständlich, wenn man die Hintergründe näher betrachtet - unter Einbezug der politischen Situation der Republik Genua und des Herzogtums Mailand.

Hintergründe einer Seeschlacht

Ohne die Einwilligung des Herzogs Galeazzo Maria Sforza von Mailand hätte die burgundische Galeasse Bechalla im Jahr 1476 keine Savonesen an Bord nehmen dürfen, ohne seinen Befehl wären am Kap von San Vicente nicht so viele Opfer aus der Republik Genua zu beklagen gewesen. Mailand war traditionell mit Frankreich alliiert und hatte einst sogar gegen die *ligue du bien public* Karls des Kühnen gekämpft. Dennoch begann der Herzog von Mailand sich Mitte der siebziger Jahre von Frankreich zu entfernen. Er schloss sich in der *Lega del Nord* mit Venedig und Florenz zusammen und verbündete sich schließlich sogar mit Burgund. Ausschlaggebend dafür waren die Eidgenossen, die als gut bezahlte Söldner und Söldnerführer im Dienst Frankreichs standen und in der Mitte Europas zu einer eigenständigen Macht heranwuchsen; sie drangen wiederholt in Gebiete der Lombardei ein, und der Herzog musste befürchten, dass sie die mailändischen Untertanen gegen ihn aufwiegelten. Galeazzo Maria Sforza geriet also zwangsläufig in eine Interessengemeinschaft mit Karl dem Kühnen von Burgund. Denn dieser bereitete sich gerade auf eine Entscheidungsschlacht gegen die Eidgenossen vor.

Ein weiterer Grund war die anti-französische Haltung der regierenden Schicht Genuas. Die Vorstellung, dass die französische Atlantikflotte unversehrt ins Mittelmeer gelangen könnte, hatte den mailändischen Stellvertreter in Genua, Vizegouverneur Visconti, bereits Ende Mai 1476 in helle Aufregung versetzt. Eindringlich warnte er Galeazzo Maria Sforza vor dem anrückenden Korsaren Guillaume de Casenove: Es bestehe die Gefahr, so Visconti, dass die französische Flotte bis in den Golf von Ligurien vordringe. Zudem sei die Zahl der Schiffe höher als ursprünglich angenommen, nämlich 26 statt 16. Die Panik vor den Korsaren und die Skrupellosigkeit des Herzogs von Mailand gegenüber seinen ligurischen Untertanen lässt sich verstehen, wenn man weiß, dass die Spannungen zwischen Mailand und der Republik Genua zu jener Zeit auf einen Höhepunkt zusteuerten. Nur zwei Monate vor der Seeschlacht – im Juni 1476 – kam es zu einem Aufstand der Genuesen gegen Mailand. Dieser wurde in der Folge von mailändischen Truppen niedergeschlagen. Denkbar, dass die Savonesen, die für die burgundische Galeasse rekrutiert wurden und am Kap von San Vicente ihr Leben ließen, Gefangene aus diesem Konflikt waren. Herzog Galeazzo Maria Sforza wurde noch im selben Jahr 1476 – während der Weihnachtsmesse – von drei adligen Verschwörern ermordet. Auf seinen Tod folgten in Genua erneut Aufstände, die zu einer vorübergehenden Loslösung der Hafenstadt von Mailand führten.[24] Für Genua, das vom Seehandel lebte und als wichtigster Hafen für eine Einflussnahme in Süditalien begehrt war, gab es scheinbar nur einen Ausweg: politische Autonomie oder zumindest größtmögliche Unabhängigkeit vom zerstörerischen Einfluss fremder Mächte.

Auch Ferdinand von Aragon hatte bei dem Zusammenprall eine ganz spezifische Rolle gespielt. Nach seinem Sieg im Kastilischen Erbfolgekrieg half er tatkräftig mit, die burgundische Bechalla und die genuesischen Schiffe im Hafen von Cádiz mit Kanonen und Kriegsmaterial auszurüsten. An ihn wandten sich die Genueser Kapitäne nach der Schlacht und forderten Schadensersatz mit der Begründung, gegen die Feinde Aragons und Kastiliens gekämpft zu haben. Der *Rey Católico* zeigte sich gegenüber den Genuesen äußerst großzügig. Aus gutem Grund: Ferdinand von Aragon versuchte im Spätsommer 1476 die Republik Genua zusammen mit seinem Neffen, König Ferrante von Neapel, unter Kontrolle zu bringen.[25]

Auch Karl der Kühne von Burgund hatte seine teure Bechalla nicht ganz uneigennützig zur Verfügung gestellt. Vielmehr dürfte er damit der Republik Venedig einen kostbaren Freundesdienst erwiesen haben. Diese hatte nämlich von allen Beteiligten das größte Interesse, den französisch-portugiesischen Flottenkonvoi an der Einfahrt ins Mittelmeer zu hindern. Wegen des Erbfolgekonflikts auf der Insel Zypern befand sich die venezianische Flotte im Sommer 1476 weitab der heimischen Gestade. Die Venezianer waren über das mögliche Anrücken der französischen Korsaren beunruhigt: Bereits im Frühsommer hatten sie versucht, den Vizeadmiral Casenove alias Columbus zu ermorden.[26]

Für Ludwig XI. bedeutete die Zerstörung seiner Flotte am Kap von San Vicente einen schweren Rückschlag. Im Sommer hätte er eine intakte Flotte sehr gut gebrauchen können, denn im östlichen Mittelmeer spitzte sich der Erbfolgekrieg um die wirtschaftlich bedeutende Insel Zypern zu. Als er von der Zerstörung seiner Flotte am Kap von San Vicente hörte, soll er die Fassung verloren haben und wutentbrannt gepoltert haben, dass dies ganz und gar gegen seinen Willen geschehen sei und dass sein Vizeadmiral seinen Freibrief an die Genuesen und somit auch seinen Befehl missachtet habe.[27]

Als Gewinner bzw. Nutznießer der Schlacht am Kap von San Vicente im August 1476 gingen einzig die Venezianer hervor: Sie konnten ihre Interessen sowohl im Mittelmeer als auch im *circum*-europäischen Seehandel auf lange Sicht wahren. Die Genuesen hingegen – uneinig wie sie waren – mussten an der Algarve, aber auch in der Levante große Verluste an Schiffen und Menschenleben hinnehmen, so verloren sie die Insel Zypern an Venedig.

Christoph Kolumbus reiste nach dem Zusammenstoß am Kap von San Vicente nach Lissabon. In Portugal öffneten sich für den zukünftigen Entdecker neue Perspektiven: Er heiratete Felipa Moñiz Perestrello und wurde in ein faszinierendes Projekt – die Erschließung der lukrativen Märkte Asiens und Indiens auf dem Seeweg – eingeweiht. Gregorius Lomelinus zufolge, der nun Mailand Bericht erstattete, lagen die Schiffe eines gewissen Columbus im Dezember 1476 in der Tajomündung vor Anker. Im Februar 1477 habe Columbus Kontakt zu den genuesischen Kaufleuten Spinola und Di Negro gesucht und betont, dass sie inzwischen doch quasi ‚Freundesfreunde' (*amigo de lo amigo*) seien[28]; tatsächlich hatte sich die französische Krone nach der Ermordung Galeazzo Maria Sforzas mit Mailand (und somit auch mit Genua) arrangiert. Möglich, dass sich Kolumbus bei den Genuesen als Vermittler versuchte. Immerhin identifiziert der genuesische Berichterstatter Lomelinus den Korsaren Columbus als Savonesen (*... e dacordò edicto Saonese*)[29].

Der Wechsel von den europäischen Seekriegen hin zu den Entdeckungsfahrten und Forschungsreisen in den Atlantik, den Kolumbus in der Folge schaffte, war für die anderen Seefahrer, die unter dem ‚Markenzeichen' Columbus fuhren, undenkbar: Sie waren an Frankreich gebunden. Nach dem Tod Karls des Kühnen 1477 bei Nancy wurde Guillaume de Casenove beispielsweise wieder an den Ärmelkanal beordert. Der französische König hatte Burgund besetzen lassen, doch es gelang ihm nicht, das reiche Flandern einzunehmen. Nach bemerkenswerten Erfolgen – Casenove soll laut der *chronique scandaleuse* im Winter 1478/1479 zusammen mit anderen *escumeurs de mer* (Seeräubern) von der

Abb. 12: Altersporträt des französischen Königs Louis XI. von Colin d'Amiens (Château de Saint-Roch)

Normandie bis zu 80 flandrische Schiffe gekapert haben[30] –, zog er sich 1480 auf sein Landgut Gaillartbois zurück, wo er kurz darauf starb. Auch die Tage des französischen Monarchen waren gezählt: Ludwig XI. starb am 30. August 1483.

Widerlegungsversuche

Zu Beginn des 16. Jahrhunderts gab es keinen Zweifel daran, dass Christoph Kolumbus ein Korsar Genueser Herkunft war. In den *Vite dei pontefici* (Papstviten) des Jahres 1507 kommt ein *Christoforo Colombo* zur Sprache, ein *corsale di natione genovese*, der im Meer nach neuem Land (*terre nove in mare*) gesucht habe.[31] Aber auch noch gute 180 Jahre später ging man offensichtlich von diesem Sachverhalt aus. Francesco Verdizzotti schrieb in seiner Chronik der Stadt Venedig, dass der Entdecker Amerikas ein *genovese corsaro* gewesen sei (1686); davon waren auch Gottfried Wilhelm von Leibniz (1646–1716) und Montesquieu (1689–1755) überzeugt, wobei letztere zusätzlich die französischen Dienste herausstrichen. Leibniz verwechselt den Entdecker Amerikas allerdings mit Guillaume de Casenove. Denn er betitelt in seinem *Codex iuris gentium diplomaticus* (1693) die Reparationsforderung des neapolitanischen Königs Ferrante an Ludwig XI. wegen des Überfalls in der Biskaya wie folgt: „Die Briefe, die der König von Neapel [...] an den allerchristlichsten König wegen zweier seiner Galeeren schrieb, die von Christoph Kolumbus und anderen Untertanen des Königs gekapert wurden."[32] Kolumbus' Dienste für die französische Krone galten noch weitere 200 Jahre als erwiesen, sie wurden selbst von dem Genueser Staatsarchivar Cornelio Desimoni nicht in Frage gestellt; dieser schrieb 1874, der Entdecker habe den französischen Vizeadmiral Casenove am Hof König Ludwigs XI. kennen gelernt; Desimoni stützt sich dabei auf Alessandro Geraldini, den italienischen Legaten des Papstes am kastilischen Hof, der Christoph Kolumbus noch persönlich gekannt hatte und angab, der Genueser Seefahrer habe sich bis in das Jahr 1476 in Frankreich und England aufgehalten.[33] Warum zeichnet die Geschichtsschreibung heute ein ganz anderes Bild?

Zur Zeit Napoléons wurde Korsika als Heimat des berühmten Entdeckers propagiert. Diese Hypothese – sie basiert auf der mündlichen

Überlieferung eines Schweizer Truppenkommandanten zur Zeit der ersten französischen Republik – leitete eine „anti-französische" Bewegung in der Kolumbusforschung ein. Abgesehen davon, dass Korsika im Mittelalter eine genuesische Kolonie war, spricht in der Tat nichts für eine korsische Herkunft. In Erwartung der 400-jährigen Jubelfeier der ersten Reise 1892 erfolgte eine grundlegende Neueinschätzung des Entdeckers von Amerika, der nun in Zusammenhang mit den Höhepunkten der europäischen Kolonialzeit gezeigt werden sollte. Wiewohl man noch wenig über Hernando Colón und die Entstehung von dessen Chronik wusste, bezeichnete der amerikanische Kolumbusforscher Henry Harrisse sie 1875 kurzerhand als Fälschung. Harrisse nahm die oben erwähnte Vermengung zweier Seeschlachten zum Anlass für eine minuziöse, alles in Frage stellende Kritik. Obwohl ein Mitglied der Akademie der Wissenschaften zu Wien ihm methodische Mängel und fehlenden Geschichtsbezug vorwarf[34], stieß sein Vorstoß auf Anklang – besonders bei der Genueser Geschichtsschreibung. Um die Aktivitäten der französischen Freibeuter *Columbus* in Zusammenhang mit dem Nationalhelden zu verifizieren bzw. zu widerlegen, erhielt Harrisse Zugang zu den einschlägigen Dokumenten. Doch seine Behauptungen blieben oft unbegründet, und es gelang ihm nicht, zu überzeugenden Schlussfolgerungen zu kommen.[35]

Die zur Vorbereitung des 400. Jahrestags der Entdeckung Amerikas gegründete *Reale Commissione Colombiana* vertraute die Archivdokumente in der Folge dem italienischen Advokaten und Rechtsprofessor Enrico Salvagnini an. Von ihm erhoffte sich das Gremium zur Kolumbusfeier 1892 eine Widerlegung der These, dass Kolumbus als Korsar in französischen Diensten gestanden hatte. Doch je mehr sich Enrico Salvagnini in die Handschriften vertiefte und sie in den Zusammenhang des labilen europäischen Machtgefüges der siebziger Jahre des 15. Jahrhunderts stellte, desto mehr zog sich seine Schlussbeurteilung in die Länge, und der Professor verstarb noch vor der Vollendung seiner Arbeit. Schließlich veröffentlichte sein Sohn Alberto Salvagnini im Jahr 1894 die Geheimdienstakten zu den französischen Korsaren. In seinem kurzen Vorwort gab er vor, „Licht auf die Frage nach der Ankunft des Christoph Kolumbus in Portugal" geworfen zu haben[36], und präsentierte der Genueser Schule die – bis heute gültige – Version der Übersiedlung des berühmten Seefahrers nach Portugal: Kolumbus sei auf einem Genueser Handelsschiff mitgereist und am Kap von San Vicente in den Hinterhalt französischer Piraten geraten. Salvagnini ignorierte damit nicht nur die anders lautenden Aussagen von Hernando Colón, sondern auch Hinweise in den – von ihm publizierten und kommentierten – Dokumenten, so die Bezeichnung *Cristoforo Colombo corsaro* in einer venezianischen Handschrift des Jahres 1485[37] oder einen bereits von Harrisse transkribierten Satzteil zur Savoneser Herkunft des in Lissabon gesichteten Columbus.[38]

Salvagninis Publikation fand in der Geschichtswissenschaft des ausgehenden 19. Jahrhunderts keine Beachtung. Erst als in den dreißiger Jahren des 20. Jahrhunderts nationalistische und patriotische Stimmen in Italien eine Klärung der Frage der „fremden Dienste" des Kolumbus forderten, wurde die Beteiligung des Entdeckers auf genuesisch-savonesischer Seite ohne weitere Prüfung übernommen.

Die Geschichtsschreibung hielt sich von nun an entweder an die Auffassung der Genueser Schule oder überging die Frage. Das Bild des Christoph Kolumbus wandelte sich noch in der ersten Hälfte des 20. Jahrhunderts vom Korsaren zum Kaufmann und Handelsagenten, der seine frühen Reisen im Auftrag der großen Genueser Handelsgesellschaften unternahm. Der Historiker und Politiker Paolo Emilio Taviani, Autor eines der bedeutendsten Kolumbus-Standardwerke, sah sich in der Frage der französischen Dienste des Kolumbus zu keinen weiteren Forschungen veranlasst; er beließ es dabei, auf drei Autoren der dreißiger und vierziger Jahre zu verweisen, die ihrerseits auf Alberto Salvagnini, Giuseppe Caraci und Magnaghi Bezug nahmen.[39] Auch die zeitgenössische Genueser Marine-Historikerin Caraci ging nicht näher auf die Episode vor der Küste Portugals ein, sondern stellte zusätzlich Kolumbus' Dienste unter René von Anjou in Frage.[40] Die Auseinandersetzung zeigt, wie lückenhaft das Kolumbusbild ist. Wenn man allerdings sämtliche Hinweise auf eine frühe Seefahrertätigkeit der Gebrüder Colombo negiert, wird ein zweifelsohne wichtiger Kontext der Entdeckungsreisen ausgeblendet.

III. Lusitanien und Andalusien

Zeittafel

1476 Ankunft in Lissabon
1477 Kolumbus reist von Lissabon nach Bristol (England) und Galway (Irland). Er nimmt an einer Expedition in den Nordwestatlantik teil.
1477 Heirat mit der portugiesischen Adligen Felipa Moñiz Perestrello. Das Paar lässt sich auf der Madeira-Insel Porto Santo nieder, wo um 1481 der Sohn Diego Colón geboren wird.
1480 Das Projekt einer Westfahrt nach Indien nimmt Gestalt an. Kolumbus wird in seinem Plan bestärkt durch die Korrespondenz mit dem Florentiner Gelehrten Paolo dal Pozzo Toscanelli.
1481 Johann II. wird König von Portugal. Kolumbus versucht vergeblich, ihn für sein Projekt zu gewinnen.
1485 Zweite Seeschlacht am Kap von San Vicente: Columbus der Jüngere besiegt eine Flotte Venedigs. Kolumbus muss Portugal verlassen und geht mit seinem Sohn nach Südspanien.
1486 Besuch im Kloster von La Rábida bei Huelva und Weiterreise nach Sevilla und Córdoba, Audienz bei den Katholischen Königen Isabella von Kastilien und Ferdinand von Aragon, die eine Kommission einsetzen zur Prüfung von Kolumbus' Projekt.
1486/87 „Tribunal“ von Salamanka: Die Kommision lehnt das Projekt der Westfahrt nach Indien ab.
1488 Geburt von Hernando Colón; er stammt aus Kolumbus' Beziehung zu der Córdobesin Beatrice Henríquez de Harana.
1489 Kolumbus' Projekt einer Atlantiküberquerung wird am spanischen Hof erneut abgelehnt.
1492 Mit der Einnahme Granadas ist die *Reconquista* beendet; jetzt gehen die Katholischen Könige auf Kolumbus' Forderungen ein: Im Heerlager von Santa Fé wird ein erblicher Kronvertrag unterzeichnet.

Felipa Moñiz Perestrello

Im Sommer 1476 erreichte Kolumbus – vermutlich auf einem Schiff – Lissabon. Der Aufenthalt in dieser Stadt sollte für seine weitere Lebensgeschichte in mehrfacher Hinsicht bedeutsam sein. In Lusitanien, so der ältere Name für Portugal, taten sich für Kolumbus neue Horizonte auf, und dies im wahrsten Sinne des Wortes: Vor seinen Augen breitete sich ein unendlicher Ozean aus, und es existierte eine Seefahrt, die bereits in weit entlegene, unbekannte Welten führte. Portugiesische Schiffe drangen entlang der westafrikanischen Küste immer weiter gegen Süden vor; sie mussten auf der Rückfahrt den Gegenströmungen ausweichen und gelangten so aufs offene Meer hinaus. Die Anziehungskraft der Levante, die bisher das Denken und Handeln der Gebrüder Colombo geprägt hatte, wich schnell der Faszination, die die unbekannten Gebiete des Atlantiks ausübten. Leider gibt es zur Geschichte Portugals kaum Dokumente aus erster Hand – das große Erdbeben zu Lissabon (1755) zerstörte sehr viele Quellen zur frühen Entdeckungsgeschichte, und auch bezüglich der Vita des Kolumbus sind wir fast ausschließlich auf Aussagen aus zweiter Hand angewiesen.

An den alten Hafen von Lissabon grenzt der Klosterbezirk Santos e Velho; dieser umfasste ein gutes Dutzend Kirchen, die alle zu Ehren der drei Märtyrerinnen Veríssimo, Máxima und Júlia (303 n. Chr.) erbaut worden waren. Sie dienten den Familien der Ritter und Ordensleute als Treffpunkt, Zufluchtsort und Ausbildungsstätte. In einer dieser – heute vollständig zerstörten – Klosterkirchen lernte Kolumbus seine zukünftige Ehefrau Felipa Moñiz Perestrello kennen. Hernando Colón beschreibt die Frau seines Vaters als „vornehme Dame von adligem Stand, die Ritterin des Klosters Allerheiligen war, in welchem der Admiral [Kolumbus] zur Messe zu gehen pflegte [...]“[1] Im Hinblick auf Kolumbus' späteren Erfolg spielte diese Frau, von der ansonsten praktisch nichts bekannt ist, mit Sicherheit eine bedeutende Rolle. Denn durch seine

Heirat mit ihr – sie stammte aus einem alten Seefahrer- und Kreuzrittergeschlecht – erhielt der Genueser Seefahrer Zugang zu den höchsten Kreisen des portugiesischen Adels.

Das Ehepaar Moñiz-Colombo lebte nach der Heirat auf der Insel Porto Santo, wo ihr Sohn Diego Colón geboren wurde. Diego war vermutlich nicht das einzige Kind aus dieser Verbindung. Fernández de Navarrete, der Herausgeber der ersten Kolumbus-Dokumentation, hatte im Archiv der Herzöge von Alba einen undatierten Brief oder Briefentwurf des Entdeckers eingesehen, in dem Kolumbus bedauert, dass er in Portugal *muger y fijos* („Frau und Kinder") verlassen habe.[2] Und in einem in Burgos unterzeichneten Dokument (23. April 1497) spricht Kolumbus im Hinblick auf sein erstes Testament neben Diego von *otros hijos* („anderen Söhnen"). Da später keinerlei Erbansprüche seitens portugiesischer Nachkommen angemeldet wurden, kann angenommen werden, dass Felipa Moñiz Perestrello wie auch weitere Kinder aus dieser Verbindung gestorben waren.

In den späten siebziger und frühen achtziger Jahren des 15. Jahrhunderts wohnte die junge Familie im Haus von Felipas Mutter Isabel Moñiz, der Witwe des verstorbenen Gouverneurs Bartolomeu Perestrello. Hernando Colón berichtet über diese Zeit: „Als diese [Isabel Moñiz] Kolumbus' Zuneigung zur Kosmographie erkannte, erzählte sie ihm, dass ihr Gemahl ein großer Seefahrer gewesen sei, der im Auftrag des portugiesischen Königs mit zwei anderen Kapitänen auf Entdeckungsfahrt ging. Unter der Abmachung, dass sie sämtliche neu entdeckten Länder gleichmäßig unter sich aufteilten, segelten die drei [Bartolomeu Perestrello, Joam Gonçalvez Zarco, Tristam Vaz] in Richtung Südwesten, bis sie die damals noch unbekannten Inseln Madeira und Porto Santo erreichten. Und weil die Insel Madeira zwei Teile ergab, fiel die Insel Porto Santo als dritter Teil dem Perestrello zu, der auf dieser bis zu seinem Tod regierte. Dem Admiral gefielen diese und andere Erzählungen gut; deshalb übergab ihm die Schwiegermutter all jene Schriften und Seekarten, die einst ihrem Mann gehört hatten."[3] Kolumbus erhielt so Einblick in die streng geheime portugiesische Kartographie.

Die Textpassage bezieht sich auf die Tatsache, dass Madeira von den erwähnten Seefahrern 1418 entdeckt und ab 1425 besiedelt worden war. Bei Bartolomeu Perestrello, dem angeblichen Schwiegervater Kolumbus', handelte es sich um einen Mann aus dem näheren Umfeld des berühmten portugiesischen Infanten Heinrich des Seefahrers (1394–1460). In einer Urkunde des Jahres 1446 bekundet Heinrich, dass er in seiner Funktion als Großmeister des Christusordens Bartolomeu Perestrello, den er *cavalleiro de minha casa* (Ritter meines Hauses) nennt, die Insel Porto Santo schenke.[4]

Bartolomeu Perestrellos Familie stammte ursprünglich aus Norditalien bzw. der Lombardei. Die Familie der Balestros, Palestrellos bzw. Pallastrellis geht bis ins frühe 12. Jahrhundert zurück. Vater Philippon Perestrello war mit seiner Frau Caterina von Piacenza, der Mutter Bartolomeus, gegen Ende des 14. Jahrhunderts von Italien nach Portugal ausgewandert.[5] Der damalige König Johann I. von Portugal – Vater Heinrich des Seefahrers und Begründer der Dynastie von Aviz – sorgte dafür, dass ihre Söhne am Hof eine standesgemäße Erziehung als Pagen bekamen.[6]

Bartolomeu Perestrello heiratete Isabel Moñiz in dritter Ehe. Sie war um Jahre, wenn nicht Jahrzehnte jünger als ihr Mann. Mit ihr zeugte er den Sohn und Nachfolger Bartolomeu II. Doch ob er auch der Vater von Kolumbus' Ehefrau Felipa und deren Schwester Violante Moñiz war, ist ungewiss. Denn der Gouverneur von Porto Santo starb bereits 1457, und Hernando Colón benennt Pietro Moñiz Perestrelo als Kolumbus' Schwiegervater.[7] Der Vorname Pietro bzw. Pedro erinnert an Isabels Neffen Pedro Moñiz. Dieser hatte sich, da sein Vater Diogo Gil Moñiz 1458 zum Vormund des noch minderjährigen Bartolomeu II. bestimmt worden war, möglicherweise auf der Insel aufgehalten und mit der verwitweten Isabel Moñiz Perestrello noch zwei Töchter gezeugt; dies stellte zwar eine inzestuöse Verbindung dar, was für den damaligen Adel jedoch nicht ungewöhnlich war.

Noch einflussreicher als die aus Italien stammenden Perestrellos war in Portugal die Familie Moñiz – Kolumbus verwendet auch den spanischen Namen Núñez. Das Geschlecht stammte ursprünglich aus Frankreich und lässt sich bis in die Anfänge des portugiesischen Königreichs in der Mitte des 12. Jahrhunderts zurückverfolgen. Damals hatte ein Stammvater namens Egis Moñiz König Alfons I. Henriques (1139–1185) auf den Kreuzzügen gegen die Almohaden unterstützt. Felipas Urgroßvater war kein Geringerer als Gil Ayres Moñiz von Alegrete, einer der reichsten Landbesitzer der zurückeroberten Algarve. Er war ebenfalls ein Ritter des Infanten Heinrich des Seefahrers, nahm 1415 an der Einnahme des reichen marokkanischen Piratenstützpunkts Ceuta und an weiteren Expeditionen auf den afrikanischen Kontinent teil. Gil Ayres Moñiz von Alegrete war auch Sekretär von Nuño Alvarez Pereira, einem der mächtigsten Männer im Land. Letzterer ließ in Lissabon ein Karmeliterinnen-Kloster erbauen, das heute zwar eine Ruine ist, aber dennoch zu den bedeutendsten kunsthistorischen Baudenkmälern Lissabons gehört. Pereira errichtete eine der Kapellen zum Gedenken an Gil Ayres Moñiz und dessen Nachkommen. Diego Colón erwähnt in seinem Testament von 1523 stolz, dass sich die sterblichen Überreste seiner Mutter Felipa dort in der Kapelle Piedad befänden, die der *lineaje de los Muñizes* (dem Geschlecht der Moñizes) angehöre.[8]

Heinrich der Seefahrer und die maritime Expansion Portugals

Als Kolumbus nach Portugal kam, konnte das Königreich bereits auf eine lange und erfolgreiche Seefahrtsgeschichte zurückblicken. In einem undatierten Brief erinnerte Kolumbus König Ferdinand später daran, dass die Anstrengungen Portugals letztlich der ganzen Iberischen Halbinsel zugute kamen. Er schreibt: „Gott unser Herr schickte mich wundersamerweise [*milagrosamente*] hierher, um Eurer Hoheit zu dienen; ich sage wundersamerweise, da ich nach Portugal gelangt bin, wo der König mehr von Entdeckungen verstand als ein anderer [...].“[9] Die Seefahrt spielte in Portugal seit dem frühen 15. Jahrhundert eine sehr wichtige Rolle, und Christoph Kolumbus hatte, als er mit den *Reyes Católicos* den Vertrag von Santa Fé (siehe S. 183) aushandelte, zweifelsohne die überaus großzügigen Privilegien vor Augen, die die portugiesischen Regenten ihren Seefahrern verliehen.

Besonders bedeutend für die portugiesische Seefahrt war Heinrich der Seefahrer. Er war der vierte Sohn des portugiesischen Königs Johann I. und der Philippa von Lancaster und blieb zeitlebens Infant, d. h. er wurde selbst nie König. Dafür war er Gouverneur der Algarve und Großmeister des Christusordens, der einzig legalen Nachfolgeorganisation des in Mitteleuropa verfolgten Tempelritterordens; in dieser Funk-

ABB. 13: Verehrung des heiligen Vinzenz; von oben nach unten rechts im Bild: Heinrich der Seefahrer (mit Hut), Johann II. (als Knabe) und Alfons V. (knieend). Gemälde von Nuno Gonçalves (Museu Nacional Arte Antigua, Lissabon, Ruy Cunha)

tion flossen ihm auch die Gelder reicher, eingewanderter Ordensmitglieder zu. Heinrich verwendete diese Finanzen fast ausschließlich für die Seefahrt. Er veranlasste den Bau einer Flotte und organisierte Entdeckungsfahrten entlang der afrikanischen Westküste und in den Atlantik hinein. Sein ehrgeiziges Ziel war die Erschließung eines Seeweges nach Indien. Bei all diesen Unternehmungen war Heinrich, der selbst nie zur See fuhr, von der Idee eines Kreuzzugs gegen den Islam motiviert.

Heinrich der Seefahrer gründete bei Sagres eine Seefahrtschule. Sagres liegt am äußersten Zipfel der Algarve und war bereits in vorgeschichtlicher Zeit ein mystisch-religiöser Ort. Die Römer nannten ihn Promontorium Sacrum (heiliger Vorsprung, Vorgebirge), und in der Zeit Abderramans I. (ca. 779) entstand hier sogar ein christlicher Pilgerort; mit Hilfe der Reliquien des heiligen Vinzenz (304 Märtyrertod in Valencia) sollte Sagres ein Pendant zu Santiago de Compostela werden. Doch die christliche Kirche der Raben wurde im 12. Jahrhundert von den Almoraviden zerstört, heute erinnert nur noch ein Leuchtturm an die ehemalige Kultstätte. Heinrich der Seefahrer versammelte in seiner „Vila do Infante" bei Sagres die fähigsten Kartographen, Astronomen und Seefahrer seiner Zeit, er beschäftigte sich mit Berichten von Kapitänen und ließ die Schriften arabischer Kosmographen auswerten. Auch las er Reiseberichte über Asien und interessierte sich für die Schiffsbaukunst. Von dieser „Marine-Akademie" ist heute nur noch eine überdimensionale Windrose im Boden sowie die 1459 gegründete Marienkirche zu sehen.

Nachdem die Portugiesen 1415 das marokkanische Ceuta erobert hatten, erkundeten Heinrichs Karavellen die Küste Westafrikas. Die portugiesischen Kapitäne trugen ihre Erfahrungen in geheime Logbücher ein und konnten dadurch wertvolle Informationen für den Schiffbau, die Kartographie und die Navigation für sich nutzen. In der Absicht, in Schwarzafrika eine Vormachtstellung einzunehmen und die Mauren aus dem Sudangold- und Sklavenhandel zu vertreiben, errichteten die Portugiesen entlang der afrikanischen Küste Stützpunkte. Schließlich umsegelten die Seefahrer Gil Eanes, Dinis Dias und Nuño Tristão zwischen 1434 und 1446 Kap Bojador und Kap Verde und stießen bis zur Gambiamündung vor.

Doch Heinrich musste auch schwere Rückschläge hinnehmen. So scheiterte er 1437 bei dem Versuch, das marokkanische Tanger einzunehmen – er musste den Mauren bei der Kapitulation sogar seinen Bruder, den Prinzen Ferdinand, als Geisel überlassen. Trotz dieser dramatischen Ereignisse (Ferdinand starb 1443 in maurischer Gefangenschaft) konnte Heinrich auf ein beachtliches Lebenswerk zurückblicken, als er 1460 in Sagres starb: Die Portugiesen hatten die Azoren und das Madeira-Archipel neu besiedelt und entlang der afrikanischen Küste nicht weniger als 2000 Seemeilen zurückgelegt.

König Alfons V. der Afrikaner (Reg. 1438–1481) führte das Werk seines Onkels Heinrich fort. Als der Papst nach der großen Niederlage der Christen bei Konstantinopel 1453 zum Kreuzzug aufrief, war Alfons der einzige Regent in ganz Europa, der dieser Aufforderung Folge leistete. Er rüstete unter großen finanziellen Anstrengungen ein Heer von 120 000 Mann aus. Zum Dank sprach ihm Papst Nikolaus V. in der Bulle *Romanus pontifex* (1455) das Recht zu, sämtliche neu entdeckten Länder, Häfen, Inseln und Meere Afrikas in Besitz zu nehmen – unter der Bedingung, die Einwohner zum christlichen Glauben zu bekehren.[10] Alfons V. wurde vom Papst auch befugt, die afrikanischen Ureinwohner zu versklaven bzw. auf den Sklavenmärkten zu verkaufen. Auch konnte er aufständische Einzelpersonen, Städte und Dörfer exkommunizieren oder mit dem Interdikt (Verbot, kirchliche Handlungen durchzuführen) belegen. In einer weiteren Bulle (*Inter cetera*) erhielt der Christusorden das Recht, über sämtliche Gebiete vom Kap Bojador und Kap Nun über Guinea südwärts bis zu den Gebieten der Inder sowie über die Inseln im Atlantik geistliche Gewalt auszuüben.[11] Doch der Kreuzzug gegen die Türken kam nicht zustande, deshalb lenkte Alfons seine Truppen schließlich nach Marokko, wo er 1471 die Stadt Tanger einnahm.

Alfons V. schickte die Genueser Seefahrer Alvise Cadamosto und Antoniotto Usodimare auf ausgedehnte Entdeckungsfahrten. Sie sollten einen direkten Zugang zu den Edelmetallen des Senegal finden. Gleichzeitig förderte er mit großzügigen Patentbriefen die Entdeckung und Besiedlung der westlichen Azoren-Inseln Flores und Corvo. Die Niederlage Alfons V. im Kastilischen Erbfolgekrieg bei Toro 1476 (vgl. S. 59f.) erwies sich als großer Rückschlag. Erst in den Verträgen von Alcaçovas 1479 konnte Alfons V. die Westküste Afrikas sowie die Inseln im atlantischen Ozean erneut zum Einflussgebiet Portugals erklären. Doch die Kanarischen Inseln, die der Papst 1344 an den kastilischen Infanten Luís de Cerda übertragen hatte, fielen nun definitiv an Spanien.[12] Damit war Kastilien in den Besitz des einzig wichtigen Ausgangspunkts für die Entdeckung und die Kolonisation der Inseln und Länder im Westatlantik gekommen. Dieser Tatsache war sich Christoph Kolumbus mit Sicherheit bewusst, als er in den achtziger Jahren in Kastilien für sein Projekt warb, Indien bzw. Asien auf dem Westweg zu erreichen.

In seinem Bericht zur dritten Reise, die mit seiner Entmachtung im Jahr 1500 endete, beklagt sich Kolumbus bitterlich über die fehlende Unterstützung seines Unternehmens durch die spanische Regierung. Enttäuscht erinnert er die *Reyes Católicos* daran, dass sich die portugiesische Krone ungleich stärker in der Seefahrt engagiere und großzügige Investitionen tätige. Um ihre Expansion in Afrika zu Ende zu führen, hätten die Portugiesen viel Geld aufgewendet und einen überaus hohen Blutzoll bezahlt: „Zählte man die Leute ihres Reiches, würde man finden, dass die Hälfte davon in Guinea zugrunde gegangen ist. Trotzdem haben sie das Unternehmen nicht aufgegeben, sondern es bis zu dem heutigen Stande fortgeführt. Sie haben es schon vor langer Zeit begonnen, aber Nutzen bringt es ihnen erst seit kurzem.“[13]

Expedition nach *oltra Tile*

Ein knappes halbes Jahr nach seiner Ankunft in Lissabon im Spätsommer 1476 nahm Kolumbus nach eigenen Angaben an einer außergewöhnlichen Expedition in den Nordwest-Atlantik teil. Während eines Zwischenhalts an der Westküste Irlands notiert er in sein Buch von Silvio de Piccolomini: „Wir haben viele bemerkenswerte Dinge gesehen, und zwar ganz besonders in Galway in Irland. Dort schwemmten zwei Schiffbrüchige an, die sich an Balken angebunden hatten; ein Mann und eine Frau, die schön anzusehen waren.“[14] Über die weiteren Stationen seiner Fahrt informiert er im Zusammenhang mit der Diskussion über die Bewohnbarkeit der fünf Erdzonen, wie sie einst von Isidor von Sevilla (um 560–636 n. Chr.) in dessen Naturlehre (*De natura rerum*) angeregt wurde.[15] Kolumbus konstatiert, die Erde sei auch jenseits der bekannten Grenzen bewohnbar und untermauert dies mit seinen eigenen Erfahrungen im Nordatlantik: „Im Monat Februar des Jahres 1477 segelte ich hundert Seemeilen über Tile [*oltra Tile*] hinaus, bis zu einer Insel von der Größe Englands. Deren südlicher Teil befindet sich 73 und nicht 63 Grad vom Äquator weg, wie manche sagen; auch liegt die Insel westlicher als die von Ptolemäus beschriebene Grenze. Und zu dieser Insel fahren die Engländer, insbesondere die Bristoler, mit ihren Waren. Als ich dort war, war das Meer nicht gefroren, doch es gab sehr große Ebbe- und Flutdifferenzen von bis zu 26 *braccia* [Ellen].“[16]

Dieser Beschreibung zufolge reiste Kolumbus 100 Seemeilen über Island hinaus, denn *oltra, oltre* (ital.) oder *ultra* (lat.) bedeutet „darüber hinaus, jenseits“. Und Tile bzw. Tule stand im 15. Jahrhundert für Island.[17] Segelt man nun 100 Seemeilen über Island hinaus, so erreicht man entweder Jan Mayen, eine kleine Insel im Norden, oder Grönland. Kolumbus' Aussage, dass die von ihm erreichte Insel etwa so groß wie England sei und westlich der ptolemäischen Hemisphärengrenze liege, verweist eher auf Grönland. Einzig die Messung von 73 Grad Distanz zum Äquator stimmt mit der Südküste Grönlands nicht überein – sie träfe einen nördlicheren Punkt in der Nähe der Bucht von Soorebysund an der grönländischen Ostküste. Ungenaue bzw. falsche Angaben waren für die damalige Zeit allerdings nichts Ungewöhnliches: So legten die Portugiesen, die für ihre Geheimhaltungspolitik bekannt waren, ihre wahren Messungen nie offen. Zudem war die Bestimmung der Breitengrade im 15. Jahrhundert eine vage Sache; auch dürfte – wie Alexander von Humboldt später zu Gunsten Kolumbus' bemerkte – das diffuse Sonnenlicht im hohen Norden die Messungen stark beeinträchtigt haben.

In den historischen Dokumenten findet sich tatsächlich eine Expedition, die in den siebziger Jahren des 15. Jahrhunderts stattfand und bis an die Ostküste Grönlands führte. Die Initiatoren waren König Alfons V. von Portugal und König Christian I. von Dänemark, in dessen Besitz sich die einstige Kolonie der Wikinger immer noch befand.[18] Viel ist über diese Fahrt nicht bekannt, außer dass der Flottenkonvoi groß gewesen sein muss: Er umfasste die Schiffe des portugiesischen Admirals Johannes Vaz Corte Real, des Statthalters der Azoreninsel Terçeira, sowie die Flotte der Kapitäne Johannes Scolvus, Dietrich Pining und Hans Pothorst. Ziel dieser Ko-Expedition war es, die dänischen Hoheitsgebiete gegen die Seeleute aus Bristol zu verteidigen. Diese segelten mit ihren Waren nämlich bis nach Island und drangen während der winterlichen Fischfangzeit (Januar bis März) bis nach Grönland vor. Möglicherweise befürchteten die Dänen sogar, die „Piraten" aus Bristol könnten von hier aus bis zu den reichen Stockfischgründen Kanadas vorstoßen. Mehrere Abkommen zwischen Dänemark-Norwegen und England sowie eine Kriegserklärung im Jahr 1467 zeugen davon, dass man dieser Expansion der Briten mit allen Mitteln begegnen wollte. Dass sich auch der portugiesische König Alfons V. an der Sicherung dänischen Hoheitsgebiets beteiligte, ist bei genauerer Betrachtung nicht erstaunlich: Zwischen dem portugiesischen und dem dänischen Königshaus bestanden verwandtschaftliche Beziehungen. Und Portugal hatte vom Papst ja den offiziellen Auftrag, den Atlantik zu erkunden. Der portugiesisch-dänische Flottenkonvoi, dem angeblich auch Christoph Kolumbus angehörte, sollte mächtige Grenzsteine errichten – und dies sowohl in Snäffelsjökull (Island) als auch in Huitserk (Grönland). Die einstigen Kolonien der Wikinger und Normannen sollten dadurch als Besitz Dänemarks und Norwegens markiert werden.[19]

Zu Beginn des 19. Jahrhunderts hat sich die skandinavische Geschichtsschreibung mit der Fahrt des Christoph Kolumbus nach *oltra Tile* auseinander gesetzt. Die Historiker behaupteten, die Grönland- und Neufundland-Expeditionen der Wikinger hätten den Ausschlag für die Entdeckung Amerikas gegeben und nicht etwa der Toscanelli-Brief aus Rom oder die geheimen Seekarten der Portugiesen. Dem entgegnete die südeuropäische Kolumbusforschung, dass eine Fahrt des Genuesen bis nach Island bzw. sogar bis nach Grönland zu besagter Jahreszeit aus klimatischen Gründen ausgeschlossen werden müsse. Die Chroniken bestätigen nun aber das Gegenteil: Sie beschreiben den Winter 1477 als außergewöhnlich mild und gänzlich eisfrei.

In der zweiten Hälfte des 20. Jahrhunderts verstieg sich die Marinehistorikerin Ruddock zu der Aussage, Kolumbus sei überhaupt nicht nach Norden gesegelt, sondern habe im Hafen von Huelva nur den Erzählungen von dort stationierten Bristoler Seeleuten gelauscht.[20] Als Beweis, dass Kolumbus seine Fahrt frei erfunden habe, nennt Ruddock die zu hohe Flut- und Ebbe-Differenz von 26 *braccia* (ca. 12–15 Meter).[21] Kolumbus' Angabe des Gezeitenunterschieds scheint allerdings tatsächlich etwas hoch. Die Beschreibung ist dennoch nicht aus der Luft gegriffen: Wie neuere Klimastudien zeigen, stiegen für das Gebiet des Nordatlantiks ab 1450 nicht nur die Temperaturen an, sondern auch die Ebbe- und Flutunterschiede. Zudem ist es müßig, von erfolgreichen Entdeckungsfahrten seitens der Briten auszugehen. Im 15. Jahrhundert (zur Zeit der Rosenkriege) hatte die englische Krone (noch) nicht die entsprechenden Mittel, um solche durchzuführen. Die einzige bekannte Unternehmung ist eine gescheiterte Expedition der Bristoler Seeleute unter der Führung des Kapitäns John Jay. Diese hätte im Jahr 1480 zur legendären, heute als Neufundland und Neuschottland identifizierten Insel Brasylle führen sollen.

Die italienische Historiographie versuchte ebenfalls, die Expedition des Kolumbus nach *oltra Tile* in einen für sie akzeptablen Zusammenhang zu stellen. Darauf bedacht, den Entdecker in Verbindung mit seiner italienischen Heimat zu bringen, betonte Rinaldo Caddeo im Jahr 1930, dass Kolumbus – wenn überhaupt – nur als Handelsagent einer großen Genueser Unternehmung in den hohen Norden gelangt sein könne.[22] Doch gerade das ist höchst unwahrscheinlich, denn die italienischen Schifffahrtsgesellschaften pflegten ihre Geschäfte ausschließlich im Ärmelkanal abzuwickeln, in den Häfen von Southampton und Sandwich, wo sie zeitweise sogar den Markt beherrschten. Die Häfen der britischen Westküste, darunter Bristol und Galway, wurden von den Italienern gemieden.

Legende und Legitimation

Die Faszination des Nordatlantiks und die Erkenntnis, dass die Erde auch jenseits der im Mittelalter bekannten Grenzen bewohnbar sei, ließ Kolumbus von nun an nicht mehr los. Begierig nahm er auf, was immer er über den unbekannten Ozean in Erfahrung bringen konnte. Auf Porto Santo, wo er mit seiner Familie wohnte, suchte er nach Indizien dafür, dass sich das reiche China und Japan im Westen des Atlantiks befänden. Ein Kapitän namens Martin Vincenzo, so Hernando Colón, hatte 150 Seemeilen westlich vom Kap von San Vicente eine – aus Asien herangeschwemmte – Holzskulptur gefunden. Auch habe sein Vater vom stellvertretenden Gouverneur von Porto Santo gehört, dass ein außergewöhnlich großes, vermutlich von Westwinden und Westströmungen angeschwemmtes Bambusstück im Wasser entdeckt worden sei.[23] Kolumbus hörte von den Berichten portugiesischer Kapitäne, die auf ihrer Rückfahrt vom Golf von Guinea wegen der starken Nord-Südströmung (Guineastrom) einen zu weit nach Westen ausholenden Kurs eingeschlagen hatten und mit dem Süd-Äquatorialstrom bis in die Saragossasee abgetrieben wurden. Der Begriff „Saragossa" stammt von *Saragassum*, einer frei im Wasser treibenden Braunalgenschicht, die ein Meeresgebiet von der Größe Mitteleuropas abdeckt und Lebensraum für Krabben, Aale und Kleinlebewesen bietet. Möglicherweise deuteten die Seeleute das Tangkraut als Anzeichen nahen Landes, vielleicht hatten sie aber auch tatsächlich die eine oder andere Bahama-Insel zu Gesicht bekommen.

Kolumbus beteiligte sich auch an einer oder mehreren Expedition(en) entlang der westafrikanischen Küste. Auf einer dieser Fahrten nahm er Gradmessungen vor, die er mit den Berechnungen des arabischen Astronomen Alfraganus verglich.[24] Er hielt sich auf den Kapverden auf und erreichte die Festung von São Jorge da Mina, wo er erkannte, dass auch die südliche Zone der Erde bewohnbar sei.[25] Im Bordbuch der ersten Reise von 1492 finden sich Spuren dieser Reisen nach Afrika: Am 28. Oktober notiert er, dass die Palmen auf Juana (Kuba) einer anderen Gattung angehörten als diejenigen in Guinea, und einen Monat später, am 27. November, vergleicht er die vielen „guten und heilsamen Gewässer" der Karibik mit den „verpesteten Flüssen" Guineas. Die von ihm besuchte Festung São Jorge da Mina wurde im Jahr 1482 von König Johann II. von Portugal (1481–1495) errichtet, im Hinblick auf die Umsegelung des afrikanischen Südkaps. Ob Christoph Kolumbus sich am Bau dieses Stützpunktes beteiligte, ist unbekannt.

In Portugal beschäftigte sich Kolumbus intensiv mit Kosmographie und Astronomie. Der vom Humanismus geprägte Hernando hebt hervor, sein Vater habe die Berichte von Seeleuten stets penibel mit seinem angelesenen Wissen und eigenen Beobachtungen abgeglichen, bevor er daraus Schlüsse zog. Die Betonung dieses Verfahren, das sich auf Vernunft und Erfahrung stützt, führte in der Geschichtsschreibung zum Bild des neuzeitlich denkenden Entdeckers – eine Vorstellung, die nicht ganz zutrifft: Zwar gab Kolumbus (Natur-)Beobachtungen in seinen Reiseberichten stets präzise wieder. Doch es kann nicht die Rede davon sein, dass seine Entdeckungsfahrten allein auf rationaler Argumentation und wissenschaftlicher Erkenntnis basierten.[26] Zu tief war der Seefahrer in der spätmittelalterlichen Vorstellungswelt verwurzelt, die im Bereich der geographischen Kenntnisse und Annahmen nicht zuletzt von Sagen und Legenden über den Atlantik geprägt war. Viele beruhten auf mündlicher Überlieferung und verpackten historische Ereignisse in eine wie auch immer konstruierte wundersame Geschichte.

So glaubte Kolumbus beispielsweise fest an die Existenz der mystischen Insel Antilia. Der Legende nach flohen sieben Bischöfe in der ersten Hälfte des 8. Jahrhunderts, zur Zeit der maurischen Eroberung Portugals, mit Schiffen auf den offenen Atlantik. Nach einer abenteuerlichen Fahrt landeten sie auf der Insel Antilia (*anta-ilha*= Gegeninsel), wo sie sieben Städte gründeten. Antilia ist erstmals in der Seekarte von Pizzigani 1424 eingetragen und gab später den Kleinen und Großen Antillen ihren Namen. Hernando Colón weiß zu berichten, dass unter Heinrich dem Seefahrer ein portugiesischer Kapitän auf Antilia strandete. Die Einwohner sollen Christen gewesen seien, die in ihren Kirchen sogar die römische Messe praktizierten.[27] König Alfons V. beauftragte später den Seefahrer Fernán Téllez, die Insel der sieben Städte im Westen Guineas zu suchen und in Besitz zu nehmen. Auch ein Seefahrer aus dem südspanischen Palos und Moguer – er wird in der Überlieferung Diego da Tiene, Diogo de Teive oder Pedro di Velasco genannt – soll mit dem Ziel, Antilia zu finden, den Atlantik erkundet haben. Noch im frühen 16. Jahrhundert vermochte der Glaube an die sagenumwobenen sieben christlichen Städte die spanischen Konquistadoren zu neuen Entdeckungsreisen anzuspornen – so etwa Alvar Núñez mit dem Beinamen der Kuhkopf (*Cabeza de Vaca*), der auf seiner Reise durch das heutige Neumexiko zwischen 1528 und 1536 bis zur Erschöpfung nach den legendären Städten suchte.

Auf Madeira lernte Kolumbus den flämischen Adligen und Seefahrer Antonio Leme kennen. Dieser erzählte ihm von seiner Entdeckung dreier unbekannter Inseln im Atlantik, und Kolumbus folgerte daraus, dass es sich um die Inseln des heiligen Brendan handeln müsse. Die Sage des irischen Mönchs Brendan faszinierte den Seefahrer noch mehr als die Legende der sieben Bischöfe: Sie beinhaltet die Verheißung eines zukünftigen christlichen Wirkungsfelds im Westatlantik, eine Vorstellung, die auf den heiligen Augustinus zurückgeht. Dieser glaubte fest an die Existenz des irdischen Paradieses und schwärmte von einer Insel, die – obwohl an Lieblichkeit und Fruchtbarkeit allen Ländern überlegen – den Menschen unbekannt geblieben sei.[28] Der heilige Brendan stammte aus der westirischen Grafschaft Galway und lebte von ca. 486–580 n. Chr. Er war Abt und Gründer des Klosters Clonfert und unternahm Seefahrten nach Schottland, Wales, Cornwall und in die Bretagne.

Die Sage des heiligen Brendan geht bis ins frühe Mittelalter zurück und wurde im 9. oder 10. Jahrhundert erstmals aufgezeichnet. Unter dem Titel *De Navigatione Sancti Brendani* wird beschrieben, wie der Ire Brendan zur *terra repromissionis sanctorum* (ins verheißene Land der Heiligen) gelangen wollte. Von asketischen Mönchen und seinem Freund Mernoc begleitet, soll Brendan durch den von Ungeheuern und Fabelwesen bevölkerten Ozean gefahren sein. Im paradiesisch anmutenden Land der Heiligen angekommen, durchstreiften sie ein wunderbares Gebiet, bis sie von einem großen, von Osten nach Westen fließenden Strom aufgehalten wurden.[29] Dort trat ihnen ein Einheimischer entgegen, der sie zur Rückkehr aufforderte. Brendan habe das Land, das er so lange gesucht hätte, gefunden; Gott selbst habe ihm seine Wunder [Meeresungeheuer etc.] im großen Ozean gezeigt. Nun aber solle Brendan zurückkehren und von den Früchten und Edelsteinen mitnehmen, soviel sein Schiff fassen könne. Erst nach langer Zeit werde dieses Land seinen Nachfolgern wieder offenbart werden, wenn eine Christenverfolgung unvermutet komme.[30]

In der Sage spiegeln sich missionarischer Eifer und koloniale Bestrebungen der Iren. Aber auch die Vorstellung, die im Altertum nach Osten abgewanderten christlichen Glaubensbrüder wiederfinden zu können, um sie zu Verbündeten zu machen, spielte eine Rolle. Die irischen Mönche und Kosmographen kannten das Weltbild des Ptolemäus (87–165 n. Chr.), demzufolge die Erde sowohl eine Kugel als auch der Mittelpunkt des Universums ist und von Mond, Sonne und den Planeten umkreist wird.[31] Wiewohl es für die Fahrt des heiligen Brendan keinerlei Beweise gibt, gelten die Iren heute als die ersten Europäer, die den Atlantik überquerten. Sie entdeckten als erste Island, und ein irischer Mönch namens Dicuil beschreibt in seiner ca. 825 entstandenen Geographie, dass irische Pilger-Seeleute bereits seit etwa einem Jahrhundert die Färöer besiedelten.

Christoph Kolumbus war zweifelsohne fasziniert von diesen christlichen Sagen und Legenden. Vor allem aber begeisterte ihn die Vorstellung, Asien sei auf dem Westweg erreichbar. Das Wiederfinden eines Handelsweges nach Asien hätte einen Ausweg aus der zunehmenden wirtschaftlichen Isolation des christlichen Abendlandes bedeutet und den europäischen Hafenstädten und Handelsmetropolen ihren bisherigen Umsatz garantiert. Aus dem Osten stammten nicht nur Sklaven und Sklavinnen, auch Luxusgüter wie Gold, Perlen, Weihrauch, Elfenbein, Seide, Baumwolle, Zucker und Pfeffer, Gewürze und eine Vielzahl verschiedener Heilmittel kamen aus dem Orient.

Der Genueser Seefahrer glaubte nicht nur den alten Sagen und Legenden und schenkte allerlei Gerüchten Gehör, er verfügte auch über Informationen aus erster Hand oder glaubte darüber zu verfügen. Anfang September 1492, wenige Tage vor der ersten Atlantiküberquerung, ließ er sich von den Einwohnern der kanarischen Insel La Gómera bestätigen, dass im Westen mehr als einmal Land gesichtet worden sei. Einer der wichtigsten Informanten dürfte Kolumbus' jüngerer Bruder Bartolomeo gewesen sein. Der Genueser Bankier und Chronist Antonio Gallo sah in ihm den eigentlichen Initiator der Atlantiküberquerung und Entdeckungsreise: Bartolomeo hatte sich in Lissabon als Kartenzeichner betätigt und in seine Weltkarte alle von den Portugiesen gemachten Entdeckungen jenseits von São Jorge de La Mina eingetragen. Tatsächlich war er auch bei der ersten Umrundung des Kaps der Guten Hoffnung (es hieß damals noch Kap der Stürme) durch Bartolmeu Dias mit von der Partie. Von Bartolomeo sind Seekarten überliefert, die die Küstenverläufe und Umrisse nicht nur Afrikas, sondern auch Indiens, Asiens und Südamerikas bereits vergleichsweise detailliert wiedergeben.

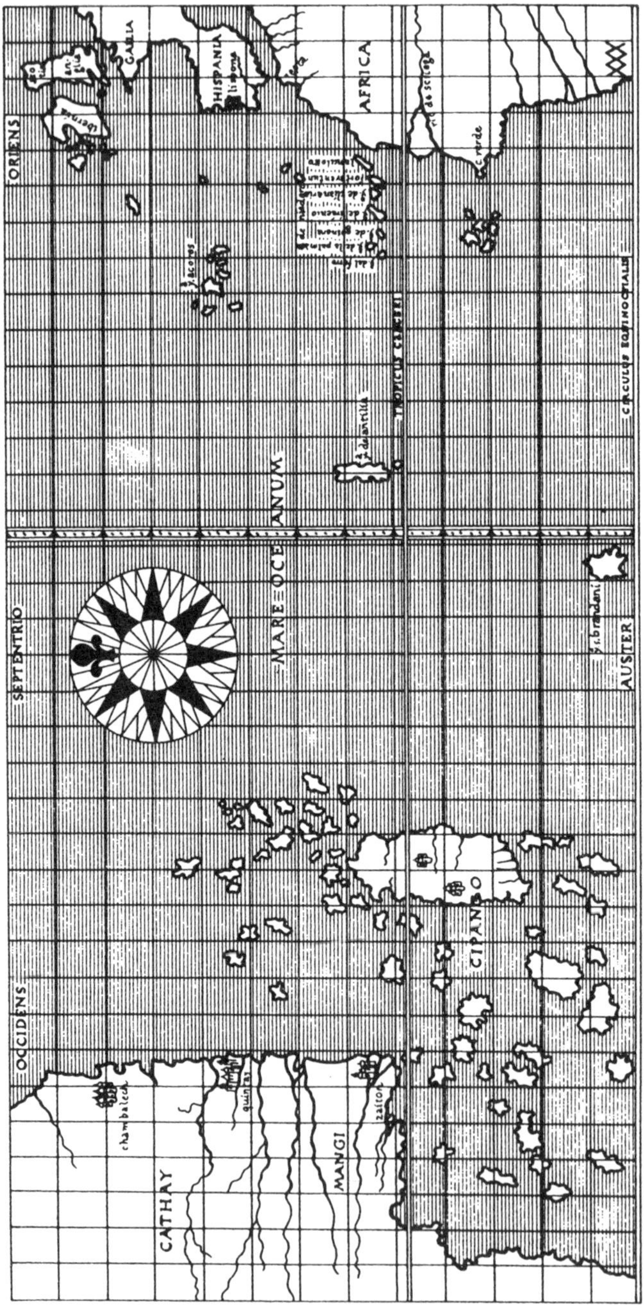

ABB. 14: Rekonstruktion der Toscanelli-Karte, die Kolumbus auf der ersten Reise dabei gehabt haben soll.

Die Briefe des Paolo dal Pozzo Toscanelli

Charakteristisch für die teilweise utopischen Vorstellungen vom Atlantik sind drei Briefe des Florentiner Arztes, Astronomen und Geographen Paolo dal Pozzo Toscanelli (1397–1487), die dieser nach Portugal schickte (zwei davon sind an Kolumbus gerichtet). Toscanelli stand in Kontakt mit den Gelehrten Johannes Regiomontanus und Nicolaus Cusanus, die die Stellung der Erde im Universum diskutierten und neue, naturphilosophische und astronomische Gedanken formulierten. Der erste Brief Toscanellis ist auf den 25. Juni 1474 datiert und an den Beichtvater von Alfons V., Fernão Martins de Roriz, gerichtet. Toscanelli legte dem Schreiben eine eigenhändig gezeichnete Karte des Atlantiks bei, die dem portugiesischen König helfen sollte, sich ein Bild über den kürzesten Weg nach Indien zu machen.

Die Seekarte des Toscanelli ist heute leider verloren, doch dank seiner im Brief enthaltenen Ausführungen lässt sie sich relativ gut rekonstruieren (siehe Abb. 14). So zeigt er im äußersten Westen Cipangu (Japan) sowie Cathay (China) und in der Mitte des Ozeans die legendäre Insel Antilia. Als Distanz zwischen den Kanarischen Inseln und Cipangu (Japan) rechnete Toscanelli mit einer Entfernung von rund 3000 Seemeilen und von dort bis nach China mit weiteren 2000 Seemeilen. Die Kanarischen Inseln und das asiatische Festland wären bei einer Erdumrundung westwärts somit rund 5000 Seemeilen voneinander entfernt gewesen, eine grobe Unterschätzung der wahren Distanz Europa–Asien.[32]

Sehr wahrscheinlich handelt es sich bei der Toscanelli-Karte um die Karte, die Kolumbus auf seiner ersten Reise mitführte und am 25.9.1492 dem Kapitän Pinzón zeigte (wegen der vermeintlichen Nähe zu Cipangu wurde eine Kursänderung nach Süden diskutiert). Elemente der Toscanelli-Karte finden sich auf dem ältesten erhaltenen Globus des Nürnberger Kartographen Martin Beheim (1459–1506), der in den siebziger Jahren in Lissabon lebte. Und auch die Karte des türkischen Admirals und Kartographen Piri Re'is trägt Züge der Toscanelli-Karte. Letzterer war in den Besitz der heute verschollen Kolumbus-Karte von 1493 gekommen und hatte diese in seine eigene Weltkarte (1513) eingearbeitet.[33]

Der Umfang der Erde war bereits in der Antike durch den alexandrinischen Universalgelehrten Eratosthenes (3. Jahrhundert v. Chr.) erstaunlich genau berechnet worden, und zwar auf rund 250 000 Stadien, was – je nach angenommener Stadienlänge – einem Wert zwischen 39 250 und 41 000 Kilometern entspricht. Er ging davon aus, dass der eurasische Kontinent etwa drei Fünftel der nördlichen Hemisphäre ausmacht. Auf Grundlage dieser Annahme und der Kugelgestalt der Erde überlegte Eratosthenes bereits, welche Entfernung man zurücklegen müsste, wenn man Indien auf dem Westweg über das Meer erreichen wollte: „Daher könnte man, wenn nicht die Größe des Atlantischen Meeres es verhindern würde, von Spanien nach Indien segeln über die restliche Distanz von etwa 175 000 Stadien [ca. 28 000 Kilometern].“ (Strabon, *Geographica* 1,4,6) Der römische Philosoph Seneca dagegen schrieb in der *praefatio* zu seinen *Naturales Quaestiones*: „Wie groß ist die Distanz von der äußersten Küste Spaniens bis nach Indien? Eine Distanz von wenigen Tagen, wenn ein Schiff bei günstigem Wind fährt.“ Um 1410 publizierte der damalige Bischof von Cambrai, Pierre d'Ailly (gest. 1420), ein bald weit verbreitetes Werk zur Erd- und Himmelskunde mit dem Titel *Ymago Mundi*. Kolumbus hatte dieses Werk auf seinen Reisen in die Neue Welt dabei und orientierte sich bei der Identifizierung der entdeckten Gebiete an d'Ailly. Während Ptolemäus davon überzeugt war, dass fünf Sechstel der Erdoberfläche von Wasser bedeckt seien, vertrat d'Ailly die gegenteilige Auffassung: Er nahm an, nur ein Siebtel der Erde sei von Wasser bedeckt. Folglich konnte das Meer zwischen der Westküste Europas und der Ostküste Indiens nicht sehr ausgedehnt sein. Dieser Vorstellung folgte auch Paolo dal Pozzo Toscanelli.

In seinem Brief schwärmt Toscanelli vom Überfluss und Reichtum Asiens, von den prächtigen Königspalästen Chinas, den großen Flüssen, den dicht bevölkerten Provinzen und Städten, von kenntnisreichen Philosophen und Astrologen und geschickten Politikern und Kriegsstrategen. Er kommt auch auf den Großkhan, den „König der Könige“, zu sprechen, der seinen Sitz hauptsächlich in der Provinz Cathay (Nordchina) habe. Die Vorfahren des Khans hätten den Vatikan bereits 200 Jahren zuvor um die Entsendung christlicher Missionare angegangen. Diese Aussage bezieht sich auf eine Begebenheit im 13. Jahrhundert, als der mongolische Großkhan Kubilai-Khan dem französischen König ein

Bündnis gegen die moslemischen Mamelucken vorgeschlagen und den Papst um Missionare ersucht hatte. Er selbst, so Toscanelli, habe von einem Gesandten am Hof Papst Eugens (Pontifikat 1431–1447) viel über China erzählt bekommen. Tatsächlich hielten sich damals in Rom Botschafter aus weit entfernten Ländern des Ostens auf: Im Jahr 1439 schloss Papst Eugen mit den Armeniern und 1442 mit den ägyptischen und äthiopischen Jakobiten Wiedervereinigungsverträge. Es fehlten nur noch die christlichen Nestorianer, von denen man wusste, dass sie schon im Altertum nach Asien abgewandert waren.

Der Wunsch, sich mit den verschollenen Glaubensbrüdern in China wieder zu vereinigen, wurde seit den ersten Kreuzzügen durch die Legende vom Priesterkönig Johannes genährt. Dieser soll mit der Tochter des großen Khans verheiratet gewesen sein und in Asien ein christliches Friedensreich utopisch-paradiesischen Ausmaßes gegründet haben.[34] Die Legende des Priesterkönigs Johannes wurde im Laufe der Jahrhunderte nach Äthiopien verlegt und avancierte bei den Portugiesen zur wichtigsten religiös-ideologischen Begründung für die Entdeckung und Kolonisierung Afrikas.

Toscanellis Brief an Martins (25. Juni 1474) blieb nicht ohne Wirkung. Zu Beginn des Jahres 1481 wandte sich Kolumbus an den bereits 84-jährigen Toscanelli. Der Florentiner antwortete dem Seefahrer mit einem Gruß und der Kenntnisnahme von Kolumbus' „edlem und großem Wunsch", dorthin zu fahren, wo die Gewürze wachsen: nach Indien. Er schickte ihm eine Kopie seiner Seekarte sowie eine Abschrift des 1474 an Martins gerichteten Briefes.

Kolumbus antwortete dem italienischen Gelehrten in einem heute verlorenen Schreiben. Toscanelli reagiert darauf mit einem zweiten Brief, in dem er sich bedankt und erfreut zeigt, dass Kolumbus „ihn richtig verstanden" habe. Die von Kolumbus geplante Fahrt sei von unschätzbarem Gewinn und höchstem Ruhm für die Christenheit. Eine solche Reise führe zu mächtigen Königreichen, berühmten Städten und Provinzen. Toscanelli propagiert die Atlantiküberquerung: „Die Fürsten und Könige Asiens, zu denen man kommt, dürften noch mehr als wir erfreut sein, dass sie mit Christen unserer Länder in Verbindung kommen, da viele von ihnen Christen sind, aber auch weil sie mit gelehrten und geistreichen Männern von hier sowohl über Religion wie

Die Nestorianer waren Anhänger der Lehre des Nestorius (um 381–ca. 451), der bis zum dritten Konzil von Ephesos (431) Patriarch von Konstantinopel war. Nestorius sah die göttliche und die menschliche Natur in Jesus prinzipiell getrennt. Maria war demnach „Christusgebärerin" und nicht „Gottesgebärerin". Für diese Überzeugung wurde Nestorius exkommuniziert, seine Lehre als Häresie verurteilt. Die Nestorianer wanderten in das persische Sassanidenreich aus. Im Jahr 486 begründeten sie die nestorianische Kirche. Mit dieser von der Reichskirche abgespalteten Ostsyrischen Kirche entstand die größte Missionskirche des Mittelalters. In Syrien und Persien dienten Nestorianer den Königen u. a. als Leibärzte, Gesandte und Minister; später genossen sie unter den Kalifen hohes Ansehen, wurden zu Statthaltern, lehrten in Bagdad Philosophie, Physik, Mathematik, Astronomie und Geographie. Die Nestorianer sollen sich auch wesentlich an der Übersetzung antiken Kulturguts ins Arabische beteiligt haben (das Wissen gelangte später über Spanien nach Südeuropa). Der Nestorianismus breitete sich von Persien bis nach Arabien und Indien aus. Kaufleute und Mönche, die entlang der Seidenstraße nach Turkestan, Malabar, China, Tibet und Java vordrangen, entwickelten eine rege Missionstätigkeit. Auf ihrem Höhepunkt im 13./14. Jahrhundert gab es zehn Metropolitsitze in Zentralasien mit mehreren hundert Diözesen. Mit dem Zerfall des Mongolenreiches, den Pestwellen und der zunehmenden Islamisierung Persiens und der Türkei verschwand das Christentum nestorianischer Ausprägung. Ein Teil der Nestorianer schloss sich 1553 an Rom an (chaldäische Kirche), ein anderer Teil blieb von Rom getrennt (assyrische Kirche) oder ging in der russisch-orthodoxen Kirche auf.

Wissenschaft Unterhaltungen pflegen können [...]"[35] Toscanelli versichert, dass in Asien alles im Überfluss vorhanden sei, was man hierzulande vermisse: Gewürze, Edelsteine etc. Dies könne er beurteilen, da er über Informationen von bedeutenden, gelehrten Männern am päpstlichen Hof zu Rom verfüge.

Die verheißungsvollen Worte des Paolo dal Pozzo Toscanelli an Martins und Kolumbus fielen im wirtschaftlich bedrängten und politisch eingeengten christlichen Abendland auf fruchtbaren Boden. Die Bedeutung des Toscanelli-Briefes für die Entdeckungsfahrt sollte jedoch auch nicht überschätzt werden. Ohne Frage fühlte sich der Genueser Seefahrer von Toscanelli in seinem Vorhaben bestätigt. In Portugal forschte man allerdings schon seit dem frühen 14. Jahrhundert nach Neuland im Atlantik, und es kann deshalb angenommen werden, dass Kolumbus dank der einschlägigen Erfahrungen der portugiesischen Seeleute über ein konkreteres und aktuelleres Wissen verfügte als Toscanelli, der auf die Erzählungen von Gesandten am päpstlichen Hof angewiesen war.

Kolumbus und König Johann II.

Im Jahr 1481, fünf Jahre nach seiner Niederlage im Kastilischen Erbfolgekrieg, starb Alfons V. mit fast fünfzig Jahren an der Pest. Nach seinem Tod bestieg sein Sohn Johann II. den Thron. Er war fest entschlossen, die maritime Expansion Portugals weiterzuführen und einen Seeweg bis in den Indischen Ozean zu finden. Er unterstützte diesbezügliche Entdeckungsfahrten und schickte zur Erkundung portugiesische Agenten auf dem Landweg nach Arabien, Indien und Ostafrika. Der Hofchronist Ruy de Pina lobte den portugiesischen König als „einen Fürsten von hohem Flug der Gedanken und scharfem Verstand, der [...] sich nach großen und ungewöhnlichen Unternehmungen sehnte und sich [...] im Geist oft in weiter Ferne befand, beseelt vom Wunsch, neue Länder zu gewinnen.“[36] Angesichts dieses Bestrebens, Neuland zu entdecken, stellt sich die Frage, warum er Kolumbus' Projekt einer Atlantiküberquerung nicht förderte.

Der portugiesische Chronist Barros rechtfertigt die ablehnende Haltung von König Johann II. im 16. Jahrhundert. Er macht geltend, dass der Monarch erkannt habe, dass Kolumbus ein Phantast gewesen sei, der eingebildete Dinge über eine Insel namens Cipango (Japan) verbreitet habe.[37] Was er nicht erwähnt, ist, dass Portugal nicht mehr die besten Voraussetzungen für die Entdeckung von Inseln und Festland im Westatlantik hatte. Die ideale Route zur Überquerung des Atlantiks verlief über die Kanarischen Inseln, von wo aus günstige Strömungen bis in die Karibik hinein führten. Nach ihrer Niederlage im Kastilischen Erbfolgekrieg 1476 konnten die Portugiesen nicht mehr daran denken, eigene Stützpunkte auf den Inseln Gómera oder Gran Canaria zu errichten. Natürlich wäre da noch der nördlicher gelegene portugiesische

Madeira-Archipel gewesen, wo Kolumbus in den späten siebziger und frühen achtziger Jahren lebte. Doch Johann II. musste seine Macht zuerst einmal festigen, und es wäre für ihn zu gefährlich gewesen, die Vasallen auf Madeira und Porto Santo mit noch mehr Kompetenzen auszustatten – letztere genossen seit Heinrich dem Seefahrer größte Autonomie. Um ihre Macht zu brechen, verbot König Johann II. dem alten Adel, die Gerichtsbarkeit in den eigenen Domänen auszuüben. Mit dieser Maßnahme löste er nach seinem Regierungsantritt Adelsaufstände aus, die er in der Folge mit Gewalt niederschlug: Die Herzöge von Braganza und Beja-Viseu, beide seine Cousins, wurden 1483 auf seinen Befehl hingerichtet und ein missliebiger Schwager soll 1484 sogar eigenhändig von ihm getötet worden sein. Nachdem auch der Bischof von Évora zum Tode verurteilt worden war, ließ der Widerstand nach. Johann II. zog große Ländereien zu Gunsten der Krone ein – die enteigneten Adligen suchten vielfach im benachbarten Spanien Zuflucht.

Bezüglich der Entdeckung eines Seeweges nach Indien musste der König insofern auf eine Atlantik-Route mit Zwischenstation auf den Azoren setzen. Er beauftragte die Seefahrer Fernano Dulmos (Van Olmen) und João Estreitos, von den Azoren aus das legendäre Antilia zu suchen. Die Kapitäne kehrten von ihrer Reise, die sie im März 1487 antraten, allerdings nie zurück. Johann II. musste damit zur Kenntnis nehmen, dass ein solcher Seeweg wegen allzu starker Gegenwinde und fehlender Westströmung erfolglos bleiben würde.

Christoph Kolumbus verurteilte die ablehnende Haltung des Königs gegenüber ihm und seinem Projekt. Noch Jahrzehnte später bezeichnete er Johann II. als einen unfähigen Monarchen, der die Zeichen der Zeit nicht erkannt habe. In einem späten Brief (ca. 1505) an Ferdinand von Aragon schreibt er: „Er [Gott] nahm ihm die Sehkraft, das Gehör und alle Sinne, denn vierzehn Jahre lang war er nicht fähig, das zu verstehen, was ich ihm sagte."[38] Aus diesem Brief geht zumindest hervor, dass Kolumbus noch 1490 mit dem portugiesischen König über sein Projekt verhandelt hatte. Das ist erstaunlich, vor allem wenn man bedenkt, dass sich der spätere Entdecker zu diesem Zeitpunkt schon seit mindestens fünf Jahren in Südspanien aufhielt. Die Gründe, warum sich der Genuese überhaupt nach Andalusien abgesetzt hatte, werden nicht erwähnt.

Folgt man Las Casas, so verließ Kolumbus Portugal im Winter 1484/1485 heimlich, weil König Johann II. ihn sonst zurückgehalten oder inhaftiert hätte.[39] Über die genauen Ursachen dieser „Flucht" äußert Las Casas sich nicht. Er berichtet vielmehr, dass Kolumbus in Spanien schon bald mehr Trümpfe in der Hand gehalten habe als Johann II. bzw. dass er sich aus der Distanz „stolzer benehmen konnte, als der König anfänglich ihm gegenüber".[40] Las Casas stützt sich dabei auf einen Freibrief Johanns II., den er im Nachlass des Entdeckers gefunden hatte. Dieses Schreiben ist auf den 20. März 1488 datiert und tatsächlich interessant: Johann II. erteilt Kolumbus darin die Erlaubnis, nach Lissabon zurückzukommen, um sich mit seinem Bruder Bartolomeo zu treffen; letzterer wurde von der Erstumseglung des Kaps der Guten Hoffnung unter Bartolomeu Dias zurückerwartet. Der portugiesische König schlägt in seinem Brief einen versöhnlichen, ja sogar schmeichelhaften Ton an, als wollte er den Genueser Seefahrer in seinen Dienst nehmen. Er nennt Kolumbus *noso especial amigo* (unseren besonderen Freund) und betont, dass er seine „Tüchtigkeit und Talent" durchaus gebrauchen könnte.[41] In dem Brief finden sich aber auch Hinweise auf einen gravierenden Konflikt zwischen dem Genueser Seefahrer und der portugiesischen Krone. So versucht Johann II. etwaige Bedenken von Kolumbus mit folgenden Worten zu zerstreuen: „Da Ihr aufgrund einiger Angelegenheiten, in die Ihr verwickelt seid, von unseren Richtern vielleicht einige Gefahr zu erwarten habt, so sichern Wir Euch durch vorstehenden Brief für Ankunft, Aufenthalt und Rückkehr zu, dass Ihr weder verhaftet noch zurückgehalten, angeklagt, vorgeladen, noch ausgefragt werden sollt, gleichviel ob die Ursache ziviler oder krimineller Art ist von irgendwelcher Beschaffenheit. Mit eben diesem Briefe erteilen Wir allen Unseren Gerichtspersonen Befehl, dass sie sich hiernach zu richten haben."[42]

Die Historiker rätselten darüber, auf welches Vergehen der König hier angespielt haben mag. Es wurden Majestätsbeleidigung und Schulden in Erwägung gezogen. Denkbar wären aber auch politische Gründe. So könnte Kolumbus' Ausreise bzw. Flucht eine Folge der erwähnten Adelsaufstände gewesen sein. Johann II. war bei seiner Thronbesteigung beim portugiesischen Adel auf erbitterten Widerstand gestoßen, und Herzog Ferdinand II. von Braganza, der sich im Jahr 1483 gegen ihn erhoben hatte, war mit Bartolomeu Perestrello, dem verstorbenen Gouverneur von Porto Santo, verwandt. Kolumbus zählte also allein schon durch seine eheliche Verbindung mit Felipa Moñiz Perestrello zum Dunstkreis der Aufständischen. An der Algarve, wo die Familie Moñiz viel Land besaß, waren die Grenzen zwischen Portugal und Kastilien noch fließend; wie erwähnt zögerten die Oppositionellen des alten Adels auch nicht, sich wie Kolumbus mit den Herzögen Andalusiens zu verbünden und sich der spanischen Krone anzudienen.

Die Vertreibung der Veteranen

Vieles deutet darauf hin, dass die Abwanderung des Genuesen nach Huelva durch ein konkretes Ereignis ausgelöst wurde. Kolumbus' Ankunft in Spanien im Winter 1484/1485 fiel mit dem Ende Friedens von Picquigny (Rosenkriege) zusammen. Noch vor Ablauf des Friedens war der französische König Ludwig XI. gestorben (1483), und seine Tochter Anne de Beaujeu regierte stellvertretend für den noch minderjährigen Kronprinzen Karl VIII. Sie setzte alles daran, eine endgültige Entscheidung in den Rosenkriegen herbeizuführen und rüstete Heinrich VII. von Tudor mit Waffen und Armeen aus. Dieser setzte sich an der englischen Westküste fest, durchquerte Wales und siegte Ende August 1485 in der berühmten Schlacht bei Bosworth (Leicestershire, siehe Karte Abb. 10) über Richard III. aus dem Hause York. Noch auf dem Schlachtfeld wurde Heinrich VII. als letzter Vertreter des Hauses Lancaster zum englischen König ausgerufen. Dies war der Beginn der Tudor-Dynastie und Auftakt zu einer der bedeutendsten Epochen der englischen Geschichte.

Kolumbus war insofern von diesen Ereignissen betroffen, als ab 1484 wieder Krieg herrschte und sich der Süden Portugals als Einsatzgebiet für Kapereinsätze anbot. Am Vortag der Entscheidungsschlacht bei Bosworth, am 21. August 1485, eröffneten sieben Schiffe unter dem Kommando von Columbus dem Jüngeren nördlich des Kaps von San Vicente das Feuer auf vier von Flandern zurückkehrende, venezianische Galeeren. Die Venezianer hatten pro Schiff angeblich nur acht Kanonen zur Verfügung. Sie mussten nach einem rund zwanzigstündigen Kampf kapitulieren und ihre gesamte Fracht den Korsaren aushändigen. Wie an Venedig übermittelt wurde, hatte sich an diesem Überfall auch ein gewisser *Cristoforo Colombo corsaro* beteiligt, der im Auftrag des Savoneser Papstes Sixtus IV. handelte. Der Papst aus dem Hause della Rovere hatte die Republik Venedig kurz zuvor exkommuniziert.[43]

Hernando Colón, der den unglücklichen Zusammenstoß am Kap von San Vicente im Jahr 1476 mit dieser Seeschlacht des Jahres 1485 vermischt – möglicherweise, weil Kolumbus diesmal tatsächlich gegen die Venezianer siegte –, zitiert den Chronisten Marc Antonio Sabellico, demzufolge die venezianische Flotte von dem berühmten Korsaren Colombo dem Jüngeren besiegt, ausgeraubt und an Land gesetzt worden sei.[44] Sabellico berichtet, dass die Venezianer in Lissabon Zuflucht fanden, wo sie von Johann II. äußerst zuvorkommend behandelt wurden. Der Doge von Venedig ließ König Johann II. durch seinen Botschafter Hieronimo Donato (Girolamo Donatus) sogar dafür danken, dass er die Mannschaften der überfallenen venezianischen Galeeren unterstützt und sie zur Rückkehr nach Venedig befähigt habe.

Das zuvorkommende Verhalten des portugiesischen Königs Johann II. gegenüber den Venezianern ist Ausdruck einer außenpolitischen Kehrtwende. Bereits vor seiner Thronbesteigung hatte Johann II. hinter dem Rücken seines Vaters Alfons V. mit den Feinden Portugals und Frankreichs verhandelt, darunter sogar mit den Yorkisten in England. 1485 erwarb er sich nun auch die Gunst der mächtigen Republik Venedig. Johann II. erließ nach dem Überfall ein Edikt, das sämtlichen Untertanen seines Reiches den Kauf und Verkauf der von den Venezianern erbeuteten Waren verbot. Er wandte sich damit deutlich gegen die französischen Korsaren Columbus, die sich unter der Schirmherrschaft Alfons V. in den portugiesischen Hoheitsgewässern stets hatten frei bewegen können. Mit dieser Ächtung der Korsaren und Annäherung an Venedig lag Johann II. sozusagen im Trend der Zeit – selbst Frankreich verfolgte ab Mitte der achtziger Jahre eine pro-venezianische Politik, denn eine Allianz mit Venedig versprach große Handelsvorteile. Neben wirtschaftlichen Vorteilen sah Johann II. auch eine Gelegenheit, die ausländischen Korsaren loszuwerden, die von der Algarve aus operierten, einer Gegend, die als unkontrollierbar galt. Kraft des oben genannten Erlasses musste die Columbus-Garde nun Portugal verlassen. Betroffen waren Columbus der Jüngere und seine Kapitäne, darunter wohl auch der spätere Entdecker Amerikas.

Wie Hernando Colón ausführt, war sein Vater „lange Zeit in der Gesellschaft Columbus' des Jüngeren gesegelt", bevor sie zusammen die Galeeren Venedigs kaperten.[45] Man habe den französischen Korsar den Jüngeren genannt, um ihn vom berühmt-berüchtigten Namensvetter (Columbus Archipyrata) zu unterscheiden. *Colombo el zovene* oder *Columbus Junior*, wie er auch genannt wurde, trat 1474 an die Seite des alternden Guillaume de Casenove. Als es 1475 darum ging, die englischen Truppen im Ärmelkanal abzuwehren, hatte Ludwig XI. ihm bereits die großen königlichen Schiffe der Gironde-Flotte unterstellt. Manche der damaligen Chronisten oder Berichterstatter nannten ihn einen *nepos*, *nepote* oder *nevodo* (Neffen), andere sogar einen *hijo*, *fio*, *figliolo*, *filius*, *fiol* (Sohn) von Casenove. Der Sohn konnte er allerdings nicht gewesen sein, denn der war 1483 noch minderjährig[46], und auch ein Neffe kommt hierfür nicht in Frage. Vielmehr zeigt sich ein Phänomen, das für die Zeit charakteristisch ist: die Betonung einer familiären Verbindung ohne direkte Blutsverwandtschaft. Unter dem Pseudonym *Colombus Junior* agierte in der Tat ein Abkömmling des byzantinischen Königsgeschlechts der Paläologen, das in Konstantinopel regiert hatte. Demnach war Christoph Kolumbus jahrelang einem Mitglied des entmachteten griechischen Hochadels unterstellt. Bekannt ist, dass Columbus der Jüngere mit Vornamen Georg hieß und die Beinamen *Bissipat* und *der Grieche* trug.

Nach seinem erfolgreichen Überfall auf die venezianischen Galeeren im Jahr 1485 segelte Columbus der Jüngere mit sechs Schiffen nach England, wo er seinen Teil der Beute (Gewürze, Baumwolle und getrocknete Weinbeeren) nach dem Sieg des Tudors Heinrich VII. problemlos absetzen konnte. Dann setzte sich Georg Paläolog alias Columbus der Jüngere mit seinen Kapitänen Frotet und Porcon in die Hafenstadt Honfleur in der Nähe von Rouen ab. In diesem Zufluchtsort schottischer, bretonischer und dänischer Freibeuter wurde er mit offenen Armen empfangen. Allerdings hatte der junge französische König Karl VIII. den Venezianern bereits Wiedergutmachung versprochen und der Paläologe musste sich gegen die Reparationsforderungen wehren. Gegenüber dem jungen König berief er sich in seinem Schreiben vom 21. November 1485 auf das geltende Seerecht: „Das Gesetz des Meeres ist es, dass, wenn man nicht die Flagge streichen will und man sich ein Gefecht liefert, alles beschlagnahmt wird."[47] Verbittert fügte Columbus der Jüngere hinzu, er habe nicht wissen können, dass sich Karl unterdessen mit den Erzfeinden seines Vaters verbündet habe: „Der König, Euer Vater, befahl mir Krieg gegen die Venezianer zu führen, als wären sie Ketzer und seine Feinde; seither habt Ihr mich nicht wissen lassen, dass Ihr Euch mit ihnen alliiert habt. Die Venezianer hätten, wenn sie stärker gewesen wären, Eure Leute ins Meer geworfen, so dass sie untergegangen wären und sie hätten Eure Schiffe genommen."[48] Der Brief vermochte den französischen König nicht zu beeindrucken. Er entsandte zwei venezianische Geldeintreiber mit königlichen Papieren nach Honfleur, die dort alles andere als freundlich empfangen wurden (einer wurde sogar ermordet). Am 15. September 1487 klagte ein venezianischer Agent resigniert, dass Columbus der Jüngere die Geldstrafe von über 50 000 Dukaten, zu der er verurteilt worden war, immer noch nicht bezahlt habe.[49]

Diese Ereignisse sind symptomatisch für die Zeit nach dem Tod der beiden Herrscher Ludwig XI. von Frankreich und Alfons V. von Portugal. Die Nachfolger ließen die allzu eigenständig gewordenen Freibeuter ihrer Väter fallen und beugten sich dem Willen der mächtigen Republik Venedig. Dadurch verkleinerte sich der Aktionsradius der einst hofierten Korsaren gegen Ende des 15. Jahrhunderts drastisch, und schlussendlich blieb ihnen kaum mehr ein Ort der Zuflucht.

Christoph Kolumbus konnte sich dank seiner verwandtschaftlichen Beziehungen nach Spanien absetzen. Von seinem Bruder Bartolomeo ist bekannt, dass er in den achtziger Jahren von Lissabon nach England reiste, wo er am Hof als Kartograph arbeitete. Der englische Philosoph und Staatsmann Francis Bacon versuchte ein Jahrhundert später zu erklären, wieso Bartolomeo jahrelang vergeblich auf eine Zustimmung für die Entdeckungsfahrt gewartet hatte und erst im Februar 1488 eine Audienz beim Tudorkönig Heinrich VII. erhielt.[50] Bartolomeo, so Bacon, sei von (nicht näher beschriebenen) Piraten an Bord genommen worden und habe wegen dieser Verzögerung vom König nicht in nützlicher Frist empfangen werden können; dies sei der Grund gewesen, dass Westindien an die Krone von Kastilien gefallen sei.[51] Bartolomeo Colombo war am englischen Hof immer wieder hingehalten worden und musste zuerst mühsam seine Fähigkeiten als Kartenzeichner und Kosmograph unter Beweis stellen.[52] Die zögerliche Haltung der britischen Krone ist erklärbar: Wie die meisten anderen europäischen Herrscher der neuen Generation musste Heinrich von Tudor seine Macht erst festigen, bevor er sich auf kostspielige Entdeckungsfahrten einlassen konnte. Vor allem aber bekam der englische König – ähnlich wie andere europäische Regenten – den Druck der mächtigen Republik Venedig zu spüren. Heinrich Tudor wurde immer noch von Frankreich unterstützt und der französische König ging wegen der geplanten Annektion der Provence höchst rücksichtsvoll mit dem venezianischen Zehnerrat um.

Christoph Kolumbus in der Reconquista

Im Winter 1484/1485 suchte Kolumbus Zuflucht in Andalusien. Mit seinem Sohn Diego ging er nach Palos de La Frontera und Moguer, wo sich bereits seine Schwägerin Violante Moñiz niedergelassen hatte. Diese Schwester seiner Frau Felipa war hier mit dem deutschstämmigen Seefahrer Miguel Muliar (auch Muliart, Mulierte) verheiratet. Während dieser sich später auf der zweiten Entdeckungsreise nicht besonders loyal verhielt, sollte Violantes zweiter Ehemann, der italienische Kaufmann Bardi, ein umso treuerer Begleiter werden. Kolumbus und sein Sohn Diego vergaßen Violante Moñiz nie: Der Entdecker veranlasste 1502, ihr jährliche Unterhaltszahlungen in Höhe von 10 000 Maravedís zukommen zu lassen, und Diego Colón erhöhte diesen Betrag später auf 20 000.[53]

Von Palos und Moguer aus, den Ortschaften im Mündungsgebiet des Flusses Rio Tinto bei Huelva, suchte Kolumbus Kontakt zum Kloster von La Rábida. In diesem Zentrum des nautischen Wissens lernte er den Ordensbruder und Astrologen Antonio de Marchena kennen. Marchena versuchte ihm zu einer Audienz bei den *Reyes Católicos* Isabella und Ferdinand zu verhelfen. Doch die befanden sich im Winterlager von Alcála de Henares, wo sie mit der Planung der letzten Phase der *Reconquista*, der christlichen Rückeroberung der Iberischen Halbinsel, beschäftigt waren. Diese stetige Zurückdrängung der islamischen Herrschaft hatte im 8. Jahrhundert begonnen und fand im Frühjahr 1492 mit der Einnahme Granadas ihren Abschluss.

Im Frühjahr 1486 reiste Kolumbus nach Córdoba. Dort liefen gerade die Vorbereitungen für die letzte militärische Auseinandersetzung mit den Mauren an. Wie der Chronist Bernáldez berichtet, hielt sich Kolumbus im Umkreis der Apothekerfamilie Esbarroya auf und betätigte sich als Verkäufer von gedruckten Büchern.[54] Auch pflegte er Kontakt zu den italienischen Unternehmern Juanoto Berardi und Francesco Ribarol; von diesen ist bekannt, dass sie zwischen Palos und den Kanarischen Inseln einen lukrativen Sklavenhandel betrieben.[55] In Córdoba ist er vermutlich auch Beatrice Henríquez de Harana begegnet, die später seine Geliebte wurde. Diese junge Frau lebte seit 1471 im Hause ihrer Großeltern Leonor und Pedro Núñez de Harana und war – entgegen dem despektierlichen Urteil späterer Historiographen – eine für die Zeit sehr gebildete Frau.[56] Ihr Großvater stammte aus dem iberischen Geschlecht der Núñez (span.) bzw. Moñiz (port.). Ihr Bruder Pedro de Harana und ihr Cousin Diego de Harana begleiteten Kolumbus später auf seine Entdeckungsfahrten.

Im Sommer 1486 trafen in Córdoba englische Bogenschützen, Schweizer Hellebardiere und Infanteriesoldaten aus ganz Europa ein, und auch Kolumbus ließ sich für den Kampf gegen die „Ungläubigen" rekrutieren. Der königliche Schatzmeister González aus Sevilla zahlte dem *extranjero* (Ausländer) Cristóbal Colón im Auftrag ihrer Hoheiten im Mai 1486 einen Sold von 3000 Maravedís. Weitere Entschädigungen in Höhe von jeweils 3000 bis 4000 Maravedís folgten bis Mitte Oktober im Abstand von eineinhalb bis zwei Monaten. Kolumbus nahm wahrscheinlich am Feldzug zur Eroberung der Stadt Malaga teil. Der Weg dürfte u. a. an der Peña de los Enamorados in der Nähe von Antequera vorbeigeführt haben, denn Kolumbus verglich später auf seiner ersten Reise die Schönheit der Berge und Hügel Kubas mit derjenigen der Peña (Bordbucheintrag vom 29. Oktober 1492). Nach der Einnahme Malagas kehrte Kolumbus im November 1486 nach Córdoba zurück – zu Beatrice Henríquez de Harana, der späteren Mutter seines zweiten Sohnes Hernando Colón.

Im Winter 1486/1487 machte sich Kolumbus auf den Weg zum königlichen Hof in Salamanka. Die lange Reise machte er mit dem Ziel, sein Projekt, Asien auf dem Westweg zu erreichen, einem Expertengremium vorzustellen. Unter der Leitung des königlichen Beichtvaters Hernando de Talavera entschieden sich die Gutachter schließlich gegen Kolumbus' Unternehmung. Einzig Diego de Deza, der Erzieher des kastilischen Thronfolgers Juan, konnte sich für die Pläne des Genuesen begeistern. Kolumbus' Projekt sollte in den folgenden Jahren noch mehrmals abgelehnt werden. Las Casas beschreibt den Gemütszustand des Seefahrers während dieser Zeit: „Er begann einen schrecklichen, fortwährenden, schmerzensreichen und endlosen Kampf zu führen; ein mit scharfer Klinge geführter Kampf hätte nicht so unerbittlich und grausam sein können wie jenes unablässige Ringen mit den vielen Menschen, die er überzeugen sollte, ohne dass sie ihn verstanden, die sich aber anmaßten, alles besser zu wissen: jener stille Kampf mit den zahlreichen Gegnern, denen er geduldig antworten musste, ohne dass sie begriffen, wer er war, die ihm ohne Achtung und mit beleidigender Rede begegneten, so dass er in der Seele betrübt war."[57] Diese Worte des Las Casas motivierten das Bild des verzweifelten Visionärs, der jahrelang untätig wartend am Hofe verbrachte. Doch dies trifft nicht zu: Bereits im Juni des Jahres 1488 erhielt Kolumbus in Murcia weitere 3000 Maravedís – vermutlich für eine Beteiligung am königlichen Feldzug in den Südosten des Landes.

Mitte August 1488 reiste er vermutlich nach Córdoba, wo Beatrice Henríquez de Harana ihm einen Sohn, Hernando, schenkte. Zwei Monate nach der Niederkunft begab sich Kolumbus im Oktober 1488 nach Sevilla, von wo aus er in das Hafenstädtchen Puerto de Santa María an die Südküste Andalusiens weiterreiste. Er folgte einer Einladung des andalusischen Herzogs von Medinaceli, bei dem er längere Zeit als Gast weilte.[58] Im Jahr 1489 beteiligte er sich an der Belagerung des südspanischen Baza. Danach reiste er an den königlichen Hof in Jaen weiter, wo sein Projekt einer Atlantiküberquerung wieder zurückgestellt wurde. Nach dieser erneuten Absage beschloss er im Dezember, Spanien zu verlassen; in Huelva wollte er sich nach Frankreich einschiffen, um am französischen Hof seinen Bruder zu treffen, der unterdessen angeblich erfolgreich mit dem englischen König verhandelt hatte.[59] Doch die Krone reagierte schnell: Sie ließ den Genueser Seefahrer von Herolden ins Heerlager von Santa Fé bei Granada holen.

Isabella von Kastilien und Ferdinand von Aragon entschieden sich im letzten Moment, in Kolumbus' Forderungen, die nunmehr hoch waren,

ABB. 15: Die Katholischen Könige Ferdinand von Aragon und Isabella von Kastilien mit Tochter Juana. Miniatur von Pedro Marcuello aus dem Andachtsbuch von Königin Johannas der Wahnsinnigen um 1500 (Chantilly, Musée Condé)

einzuwilligen. Dass es gerade diese beiden Herrscher waren, die damit letztendlich die Wende zur europäischen Kolonialzeit herbeiführten, ist bei genauerer Betrachtung kein Zufall. Das königliche Ehepaar erschien durch seine kreuzritterlichen Ahnen und seine Verbundenheit zu Rom besonders geeignet, die christliche Expansion im Westen voranzutreiben. Zu den Vorfahren der Königin zählten Wilhelm der Eroberer, Ludwig IX. von Frankreich, Eleonore von Aquitanien, Eduard I. und Eduard II. von England sowie Philipp der Kühne von Burgund und Alfons der Weise von Kastilien. Ferdinand wiederum brachte eine besonders enge Verbindung zum Papsttum mit; diese sollte bei der späteren Legitimierung der überseeischen Entdeckungen und Eroberungen von Nutzen sein. Bereits im Jahr 1068 hatte sich das ursprünglich unbedeutende Aragon in Lehensabhängigkeit zum Papst begeben; dadurch war es in der Lage, die (zurück)eroberten Länder zu verwalten und Besitzansprüche sowohl gegenüber den Ungläubigen als auch gegenüber anderen christlichen Rivalen durchzusetzen.

Durch die Kapitulation von Santa Fé erhielt Kolumbus von den spanischen Königen weit reichende vertragliche Zusagen. Im Wortlaut:
„1. Kolumbus erhält für sich auf Lebzeit und für seine Erben und Nachfolger auf ewige Zeiten die Würde des Admirals in allen Ländern und Reichen, die er im Ozean entdecken oder erobern wird, mit gleichen Ehren und Vorrechten, wie sie der Großadmiral von Kastilien in seinem Bereich besitzt. – 2. Kolumbus wird Vizekönig und Gouverneur aller gedachten Länder und Reiche, mit dem Vorrecht, drei Bewerber zum Gouverneur jeder Insel oder Provinz vorzuschlagen, unter denen die Regenten einen auswählen. – 3. Er ist berechtigt, von allen Perlen, Edelsteinen, Gold, Silber, Spezereien sowie allen anderen Handels- und Kaufwaren, auf welche Art sie auch im Bereich der Admiralität gefunden, gebrochen, getauscht oder gewonnen werden, nach Abzug der Kosten ein Zehntel für sich zu behalten. – 4. Er oder sein Stellvertreter ist der einzige Richter in allen Prozessen und Irrungen, die sich aus dem Verkehr zwischen jenen Gegenden und Spanien ergeben, genauso wie der Großadmiral von Kastilien, der eine gleiche Gerichtsbarkeit in seinem Distrikt übt. – 5. Kolumbus beteiligt sich jetzt und in allen kommenden Zeiten am achten Teil der Kosten für Ausrüstung von Schiffen zu dieser Entdeckung und erhält dafür auch den achten Teil des Gewinns.“[60]

Im Frühjahr 1492 war die *Reconquista* auf der Iberischen Halbinsel abgeschlossen: Die letzten muslimischen Städte Baza, Almería, Guadix fielen, und die Stadt Granada öffnete kampflos ihre Pforten. Es folgte eine Christianisierungswelle: Die Juden wurden durch ein Dekret (30. März 1492) des Landes verwiesen, falls sie nicht zum Christentum konvertierten. Ein ähnlich rigoroses Vorgehen traf die Mauren. Der Abschluss der christlichen Rückeroberung bedeutete nun aber auch, dass die Krone für neue Unternehmungen offen war. Dem Vertrag mit dem ausländischen Seefahrer zumindest stand nichts mehr im Wege: Am 17. April 1492 unterzeichneten die *Reyes Católicos* Isabella von Kastilien und Ferdinand von Aragon im Heerlager vor Granada die berühmte *Capitulación de Santa Fé*. Obwohl der Begriff *Capitulación* (Kapitulation) im Grunde genommen lediglich die Verlängerung eines bereits bestehenden, militärischen Dienstverhältnisses bedeutet, handelt es sich um eine Urkunde, die Kolumbus erbliche Privilegien garantierte.

Der Genueser Seefahrer war durch diesen Kronvertrag quasi über Nacht zum Admiral des Ozeanischen Meeres, zum Vizekönig sowie zum Generalgouverneur der zu entdeckenden Inseln und Festlande geworden; ihm standen die Obergerichtsbarkeit sowie das Recht zu, sich an allen überseeischen Unternehmungen finanziell zu beteiligen und einen Teil aller Erträge von Gewürzen, Gold, Edelsteinen und Perlen einzuziehen. Wie zu Beginn festgehalten, war die Admiralität erblich. Diese Erblichkeit sollte im 16. Jahrhundert zu mehreren langjährigen Prozessen der Kolumbuserben gegen die Krone führen (siehe Kapitel VI). Am 30. April 1492 wurde in Granada zusätzlich der so genannte *Titulo* ausgestellt, eine feierlichen Bestätigung aller im Vertrag aufgezeichneten Ämter und Ehren.

Nach dem Einzug der christlichen Truppen in Granada begannen die Vorbereitungen zur ersten Reise. Unter der Aufsicht des königlichen Beamten Luís de Santángel wurden zwischen Mai und Juli 1492 drei Schiffe ausgerüstet: Die Karavellen Niña und Pinta sowie die Karacke bzw. Não Santa María. An der Finanzierung des Unternehmens – insgesamt waren die Kosten mit zwei Millionen Maravedís veranschlagt – war die Krone mit etwas mehr als der Hälfte (1 140 000 Maravedís) beteiligt. Kolumbus steuerte immerhin ein Viertel (ca. 520 000 Maravedís) des Betrags bei, wobei man nicht genau weiß, woher dieses Geld stammte. Für den Rest von weiteren 360 000 Maravedís musste die Ortschaft Palos de la Frontera (bei Huelva gelegen) aufkommen.[61] Das Piratendorf, das sich bisher einer beträchtlichen Autonomie erfreut hatte, wurde auf Druck der kastilischen Streitmächte zu dieser Leistung mehr oder weniger gezwungen. Die Reeder bzw. Freibeuterkapitäne Martín Alonso und Vicente Pinzón, die seeerfahren waren und vor Ort höchstes Ansehen genossen, rüsteten die beiden Karavellen Pinta und Niña aus und rekrutierten insgesamt 88 Seeleute; darunter angeblich auch einige zur Verhaftung ausgeschriebene Einwohner.[62]

IV. Las Indias

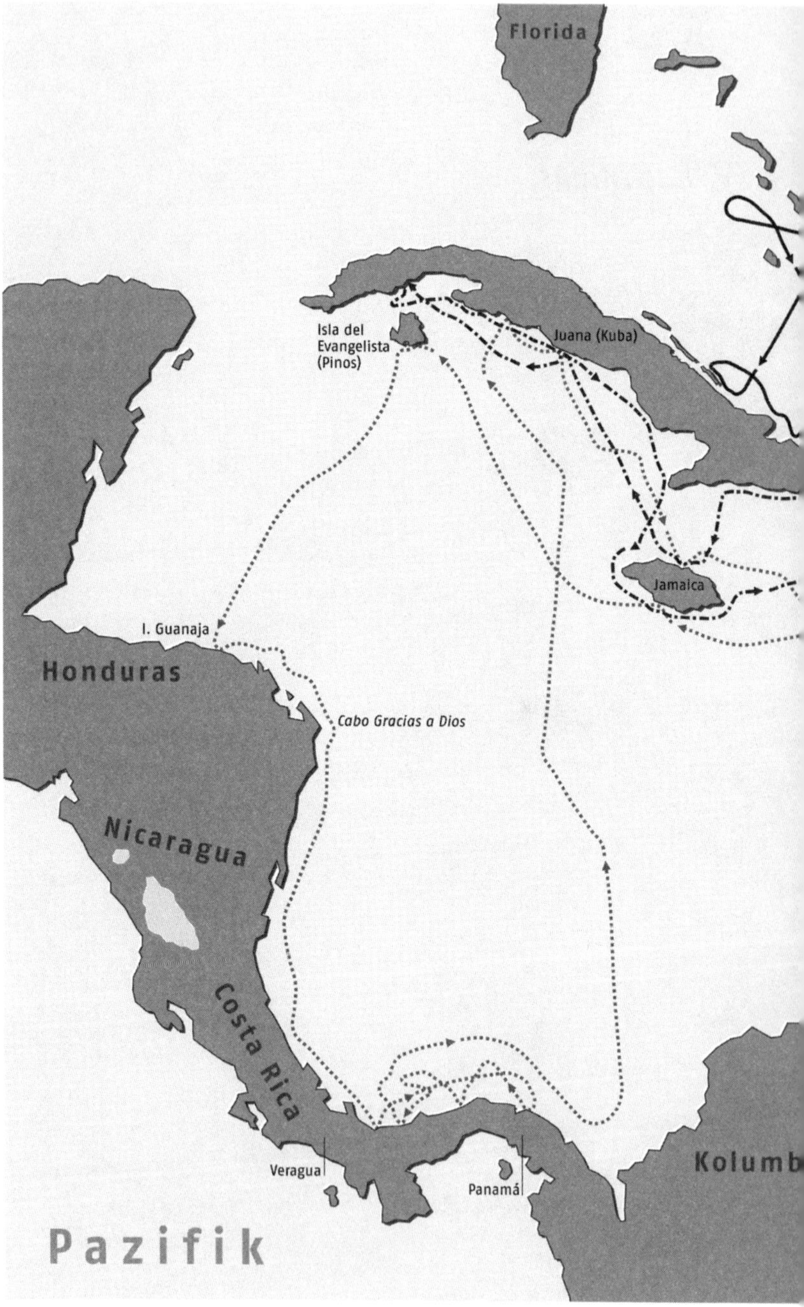

ABB. 16: Die vier Reisen des Kolumbus (Grafik: SchreiberVis, Seeheim)

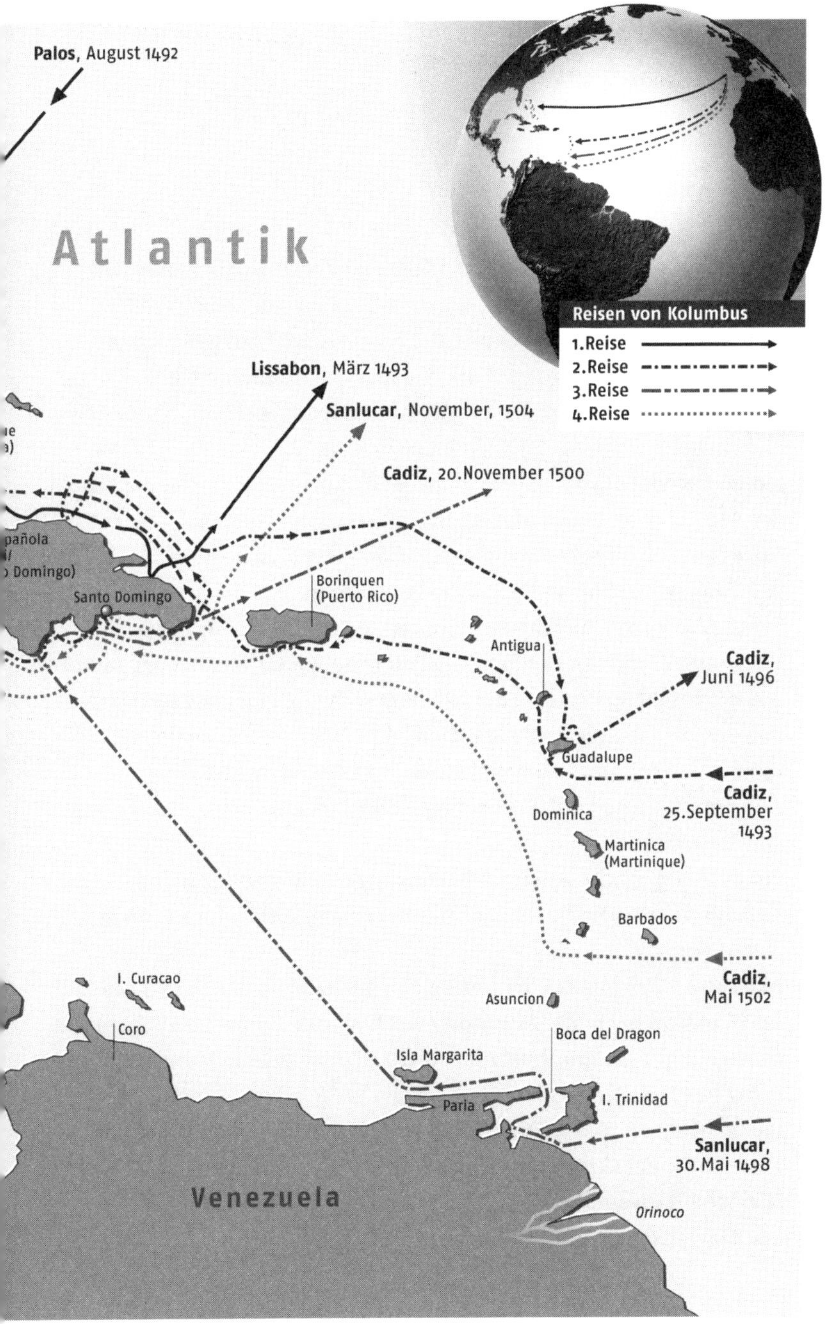
Palos, August 1492
Atlantik
Reisen von Kolumbus
1. Reise
2. Reise
3. Reise
4. Reise
Lissabon, März 1493
Sanlucar, November, 1504
Cadiz, 20. November 1500
pañola
Domingo)
Santo Domingo
Borinquen
(Puerto Rico)
Antigua
Cadiz,
Juni 1496
Guadalupe
Cadiz,
25. September
1493
Dominica
Martinica
(Martinique)
Barbados
Cadiz,
Mai 1502
Asuncion
I. Curacao
Coro
Boca del Dragon
Isla Margarita
Paria
I. Trinidad
Sanlucar,
30. Mai 1498
Venezuela
Orinoco

Zeittafel

3. August 1492 Start zur ersten Reise vom südspanischen Hafen Palos de la Frontera

12. Oktober 1492 Entdeckung der Insel Guanahaní (San Salvador); es folgen weitere Inseln und die Nordküste von Juana (Kuba).

Dezember 1492 Ankunft auf der Insel Española (Haiti, Santo Domingo)

Januar bis März 1493 Stürmische Rückfahrt mit Zwischenhalten auf der Azoren-Insel Santa María und in Lissabon

April 1493 Kolumbus wird von Isabella von Kastilien und Ferdinand von Aragon am Hof in Barcelona empfangen.

September 1493 Beginn der zweiten Reise. Kolumbus entdeckt Puerto Rico und die Kleinen Antillen mit Guadalupe. Bei der Ankunft auf der Insel Española ist die Niederlassung La Navidad zerstört; es kommt zur Gründung der Siedlung Isabella an der Nordküste.

1494 Vorstoß ins Innere der Insel, wo Gold vermutet wird. Kolumbus erforscht Kuba und entdeckt Jamaika; erste Versklavung von Indios.

1495 Kriegerische Auseinandersetzungen mit den Einheimischen. Kolumbus tritt die Rückreise an und erreicht am 11. Juni 1496 den Hafen von Cádiz.

Mai 1498 Beginn der dritten Reise. Entdeckung der Insel Trinidad und Vorstoß bis in die Mündung des Orinoko (Venezuela). Auf Española gelingt es Kolumbus mit seinem Bruder, wieder Ruhe und Ordnung herzustellen.

1500 Ankunft des königlichen Untersuchungsbeamten Bobadilla: Festnahme der Gebrüder Colón

Mai 1502–November 1504 Vierte und letzte Entdeckungsreise

20. Mai 1506 Kolumbus stirbt in Valladolid.

Die erste Reise (1492–1493)

Kolumbus' erste Reise ist vergleichsweise gut dokumentiert. Der Seefahrer und Entdecker führte nämlich während der gut sieben Monate dauernden Fahrt ein Schiffstagebuch, das auch unter dem Titel *Bordbuch* bekannt ist. Im Vorbericht zu diesen Aufzeichnungen schreibt er, er wolle Tag für Tag all seine Beobachtungen eintragen und dafür sogar seinen Schlaf opfern: In der Nacht werde er zu Papier bringen, was sich tagsüber zugetragen habe und am Tag, was sich nachts ereignete.

Die Notizen, die Kolumbus in allen denkbaren und undenkbaren Situationen gemacht hatte, sind ausführlicher und genauer als alle anderen Berichte früher Entdeckungsreisender; weder Amerigo Vespucci (1451–1512) noch Fernão de Magalhães (Magellan, 1480–1521) hinterließen eine ähnlich detaillierte Berichterstattung. Das Schiffstagebuch ist als Quelle einzigartig. Es ermöglicht einen Einblick in die Gedanken- und Erlebniswelt eines spätmittelalterlichen Menschen und Seefahrers und zeigt, auf welche Art und Weise Kolumbus sich bemühte, das Neue, das ihm begegnete, zu erfassen und mit Neugier und Phantasie zu einem (aus seiner Sicht) plausiblen Ganzen zusammenzufügen. Für den heutigen Leser ist das Tagebuch dennoch eine eher schwergängige Lektüre. So finden sich neben gut verständlichen Textpassagen immer wieder Ausdrücke und Begriffe, die stark von der heutigen Bedeutung abweichen.

Sprachliche Missverständnisse gab es auch zwischen Kolumbus und den Eingeborenen, den vermeintlichen Indern (Indios). Ihre Sprache war eine vollkommen andere und hatte mit keiner der damals noch bekannten Sprachen, weder mit Arabisch noch Hebräisch oder gar Aramäisch, etwas zu tun. Nicht selten lässt Kolumbus verlauten, dass er nicht sicher sei, ob er die Aussagen der Indios richtig verstanden habe. Seine Notizen sind denn auch durchweg subjektiv – sie repräsentieren weder die Sicht der Indios noch die der mitreisenden Spanier.

Allerdings stammt die Quelle nicht aus erster Hand: Weder Kolumbus' Eintragungen noch die frühen Kopien davon sind im Original erhalten. Die Aufzeichnungen galten als geheime Dokumente und Informationsquelle für Verhandlungen mit Portugal. Nach seiner Rückkehr musste Kolumbus seine Notizen daher sofort an die Katholischen Könige aushändigen. Isabella von Kastilien ließ sie noch im Sommer 1493 kopieren; eine von den insgesamt zwei Abschriften wurde Kolumbus kurz vor der Abreise zur zweiten Reise ausgehändigt, die andere verblieb vermutlich am Hof.

Hernando Colón und Bartolomé de Las Casas gelangten in den Besitz einer dieser Abschriften (wahrscheinlich der, die Kolumbus ausgehändigt worden war).[1] Hernando fasst den Inhalt des Schiffstagebuchs in seiner Chronik in der dritten Person zusammen (er spricht vom „Admiral") und zitiert wichtige Passagen im Original, d. h. in der Ich-Form; hier und da lässt er auch Informationen aus mündlicher Überlieferung einfließen. Las Casas geht ähnlich vor, kopiert den Text aber zu einem anderen Zweck, nämlich um ihn später als Material für sein Geschichtswerk *Historia de las Indias* (siehe dazu auch Kapitel VI) zu verwenden. Seine Wiedergabe ist trotz aller subjektiven und möglicherweise auch selektiven Züge umfassender.[2]

Bei der folgenden Zusammenfassung soll der episodenhaft-repetitive Charakter der Aufzeichnungen der ersten Reise soweit möglich in der Darstellung beibehalten werden. Besondere Aufmerksamkeit soll den Projektionen, Missverständnissen und Einsichten bezüglich des vermeintlichen Reiseziels (Asien) zukommen; dazu gehören auch Kolumbus' Versuche, das ihm Unbekannte ein- und zuzuordnen. Wie bei den nachfolgenden Reisen werden Schwerpunkte gesetzt, das jeweils Kennzeichnende der Reisen soll durch eine Mischung aus wortgetreuer Wiedergabe (Zitat in der dritten Person wie in den Quellen) und erzählender Darstellung anschaulich werden.

Seinen eigenen Angaben zufolge verließ Christoph Kolumbus mit seiner kleinen Flotte am 3. August 1492 den Rio Tinto bei Palos de la Frontera. Er selbst stand dem Flaggschiff Santa María vor, das eine Não (eine Karacke) war, und die Gebrüder Pinzón aus Palos kommandierten die beiden Karavellen Pinta und Niña. Auf die weißen Großsegel waren rote Kreuze und, der Zeit entsprechend, vermutlich auch Embleme und

ABB. 17: Italienische Rekonstruktionszeichnungen (nach Toudouze) der Schiffe, mit denen Kolumbus 1492 aufbrach; von links nach rechts: Niña, Santa María und Pinta.

Wappen gemalt. Die Mannschaft der Santa María bestand aus rund vierzig Männern, darunter Luis de Torres, ein konvertierter Jude, der als Dolmetscher fungieren sollte (er beherrschte Arabisch) sowie Diego de Harana, ein Cousin von Beatrice de Harana. Aber auch ein *aguacil* (Polizeioberster) sowie ein Flottenschreiber – er hatte die zukünftige Besitzergreifung zu protokollieren – und zwei königliche Beobachter (*veedor real*) waren mit an Bord; letztere hatten allfällige Ausgaben und Gewinne der Krone zu überwachen. Hinzu kamen Zimmerleute, Küfer, Kalfaterer (Schiffsabdichter), Bootsmänner und Schiffsjungen.

Nach der Abreise zeigte sich bald, dass die Schiffe in keiner Weise für die lange Reise gerüstet waren: Bereits auf dem Weg zu den Kanarischen Inseln sprang das Ruder der Pinta aus der Halterung; Kolumbus verdächtigte den Schiffseigner Quinteros der mutwilligen Sabotage (um eine Rückkehr zu erzwingen). Auch begannen beide Karavellen am Kiel zu lecken, da sie in Palos nicht richtig kalfatert worden waren, d. h. die Fugen der hölzernen Wände waren nur ungenügend mit Teer ausgestrichen und abgedichtet worden. Ein längerer Zwischenhalt auf den Kanarischen Inseln zur Ausbesserung der Schiffe wurde notwendig. Die

Schiffe machten zuerst auf Gran Canaria und Teneriffa Zwischenhalt, dann setzten sie in den Hafen von La Gómera über, von wo aus die Seeleute aus der gewaltigen Bergkette der Insel Teneriffa hohe Flammen emporlodern sahen. Kolumbus geht auf das Ereignis – zweifellos ein Vulkanausbruch – nicht weiter ein und lässt offen, ob er es als positives oder negatives Vorzeichen für seine Fahrt ins Ungewisse deutete. Womöglich hatte er keine Zeit zum Nachdenken. Er befürchtete, dass die Santa María mit den leichten Karavellen auf der Reise nicht mithalten könnte und veranlasste deshalb, dass die Karavelle Niña noch auf den Kanarischen Inseln umgetakelt wurde: vom schnellen Latiner- auf das langsamere Viereckssegel.[3]

Die Navigation von Christoph Kolumbus auf seiner ersten Atlantiküberquerung beruhte auf minuziöser Vorbereitung: In seinem Nachlass finden sich eine von Hand gezeichnete Kompassrose sowie Berechnungen der Sonnenhöhen für verschiedene Breitengrade und Jahreszeiten. Er trug diese in eine Tabelle ein, die der Tradition damaliger Astronomen entsprechend nach Tierkreiszeichen geordnet war. Er verwendete einen Kompass mit Windrose und Magnetnadel zur Bestimmung der Richtung, eine Sanduhr zur Einschätzung der zurückgelegten Längen, ein Log zur Messung der Schiffsgeschwindigkeit und das Senkblei zur Auslotung der Meerestiefe. Um die Breitengrade zu bestimmen bzw. ein Abweichen in nördlicher oder südlicher Richtung zu verhindern, benutzte Kolumbus den Quadranten. An der Kante des Quadranten (Viertelkreis, siehe Abb. 18) befanden sich Visiere, mit denen die Gestirne angepeilt werden konnten. Ein Faden mit Lot, der vertikal vom Scheitelpunkt des Quadranten herabhing, ermöglichte es, den Winkel bzw. den Grad abzulesen. Nachts wurde der Polarstern angepeilt, der damals einen noch größeren Kreis beschrieb als heute (die Abweichung wurde von Kolumbus mit 5° angegeben), tagsüber orientierte man sich an der Sonne. Der Quadrant, dieses einfachste aller Messgeräte, hatte dieselbe Funktion wie das damals bereits bekannte Seeastrolabium, das Kolumbus vermutlich ebenfalls mitführte und benutzte.

Am 6. September verließ Kolumbus den Hafen von La Gómera und nahm Kurs gegen Westen. Einer anfänglichen Flaute folgten hoher Seegang und eine starke Gegenströmung, weshalb die Schiffe in den ersten

ABB. 18: Um die Breitengrade zu bestimmen bzw. ein Abweichen in nördlicher oder südlicher Richtung zu verhindern, benutzte Kolumbus den Quadranten. (Sebastian Münster: *Cosmographie*, Basel 1550)

Tagen nur langsam vorankamen. Dann nahm die Fahrt einen kontinuierlichen und ruhigen Verlauf, mit täglich zurückgelegten 80 bis 240 Seemeilen. Rund 14 Tage nach der Abfahrt wurde das Klima milder und man sichtete „grünes frisches Gras in großen Mengen" (Schiffstagebuch, 16. September) – kein Zweifel, Kolumbus war bereits bis in die Saragossasee vorgedrungen.

Im Vorbericht zu seinem Schiffstagebuch gibt Kolumbus seiner Erwartung Ausdruck, im Westen früher oder später auf einen Nachfolger des Großen Khan zu treffen. In Anklang an Toscanelli spricht er vom „König der Könige": dieser habe schon viele Male um die Entsendung christlicher Gelehrter gebeten (vgl. Kapitel III, S. 90), doch der Papst hätte ihm kein Gehör geschenkt, „weshalb so viele Seelen verloren gingen [...]."[4] Kolumbus führte an Bord einige Dokumente mit sich, die bestätigen, dass er sich auf dem direkten Weg nach Ostasien wähnte: Neben einer Seekarte – vermutlich der von Toscanelli – hatte er auch einen königlichen Freibrief dabei, der an die „hochberühmten Könige und deren Nachfolger, Blutsverwandte und liebenswerte Freunde" in Asien gerichtet war. Die *Reyes Católicos*, so der Wortlaut dieses Passierscheins, würden ihren „edlen Mann" Christoph Kolumbus über die Meere *ad partes Indie* (nach Indien) schicken, damit er dort Unterhandlungen vornehme zwecks der Verbreitung des rechtmäßigen Glaubens sowie „zum Nutzen und Vorteil unserer selbst".[5] Wenn Kolumbus in die Gebiete, Küsten, Länder und Städte der einen oder anderen Hoheit vordringe, solle man ihm Aufnahme, Unterstützung und freies Geleit gewähren. Im Gegenzug würden die Könige deren Untertanen, falls sie über das Meer kämen, ebenfalls als „besonders Empfohlene" behandeln. Drei weitere Empfehlungsschreiben mit je einer Blankostelle für die nachträgliche Einfüllung eines Namens ergänzen diesen Brief und untermalen den Irrtum, dem offensichtlich auch die spanische Krone aufgesessen war: nämlich, dass im Westen das asiatische Festland liege. Zusammen mit einem Geschenk sollte Kolumbus die Schreiben dem einen oder anderen chinesischen Fürsten, König und Kaiser überreichen.[6]

Diese hohen Erwartungen und die Tatsache, dass seitens der Krone eine hohe Prämie (ein lebenslängliches Ruhegehalt von 10 000 Maravedís) für die erste Landsicht in Aussicht gestellt war, führte dazu, dass die Ankunft bald von allen Beteiligten ungeduldig erwartet wurde. Kolumbus notiert in sein Logbuch alle Beobachtungen, die auf ein baldiges Ende der Überfahrt hätten hindeuten können: Vögel, Fische, Krebse etc. Am 25. September traf er sich mit seinem Kapitän Martín Alonso Pinzón zu einer Lagebesprechung. Da gewisse Inseln bereits hätten gesichtet werden müssen (Antilia, Cipangu), nahm man an, dass die Flotte in nordöstlicher Richtung abgetrieben war. Deshalb beschloss Kolumbus eine Kursänderung in Richtung Süden. Noch am selben Tag kam es bei Sonnenuntergang zu einer ersten (voreiligen) Landsicht. Pinzón glaubte Land gesichtet zu haben und rief gut hörbar, dass ihm nun die Prämie für die erste Landsicht zustehe. Die Männer hoben an, ein *Gloria in excelsis deo* zu beten, und die Mannschaften der Santa María und der Niña stimmten spontan ein. Alle kletterten auf die Masten und in die Wanten. Kolumbus indes blieb skeptisch und nahm in der Nacht die Kursänderung nach Süden vor (wo er Cipangu vermutete). Am nächsten Tag stellte sich heraus, dass das vermeintliche Land nur eine Nebelbank – „ein Stück des Himmels“ – gewesen war.[7] Als zwei Wochen später, nach gut 33 Tagen auf hoher See, immer noch kein Land in Sicht war, begann die Mannschaft zu murren und es kam – so der Chronist Peter Martyr von Anghiera – zu offenen Unmutsbekundungen, die Kolumbus mit tröstenden Worten und der Drohung, die Mannschaft des Verrats anzuklagen, zu unterdrücken suchte.[8] Dieses Aufbegehren der Mannschaft, das später zur regelrechten Meuterei hochstilisiert wurde, findet sich auch bei Bartolomé de Las Casas – allerdings in abgeschwächter Form: Kolumbus habe die Leute aufmuntern müssen und gleichzeitig seinen Willen zur Weiterfahrt klar bekundet. Der Erfolg der Fahrt war von der Motivation der Mannschaft und der Kapitäne abhängig; und letztere hatten dem Unternehmen von Anfang an skeptisch gegenübergestanden. Kolumbus verschwieg den Männern denn auch während der ganzen Überfahrt die tatsächlich zurückgelegten Seemeilen – seine Angaben lagen jeweils rund zwanzig Prozent tiefer.

Anzeichen nahen Landes mehrten sich schließlich doch: Im Wasser trieben beispielsweise Rohrstücke, kleine Bretter und Äste. Am 7. Oktober sorgte die Niña mit einem Bombardschuss – dem Signal, dass Land in Sicht sei – für einen weiteren Fehlalarm. Am 11. Oktober um etwa zehn Uhr nachts erspähte Kolumbus laut eigenen Angaben ein schimmerndes Licht, das sich wie eine flackernde Kerze auf- und abbewegte.

Wiewohl überzeugt, Land gesichtet zu haben, wagte er nicht, die entsprechenden Signale abzugeben; immerhin informierte er aber Pedro Gutiérrez, den Truchsess des Königs, und Rodrigo Sánchez di Segovia, den königlichen *veedor* (Beobachter). Kolumbus befahl der Mannschaft, aufmerksam Wache zu halten und erinnerte an die ausgelobte Prämie. In derselben Nacht sichtete ein Matrose um zwei Uhr morgens Land. Die Männer stimmten ein feierliches *Salve Regina* an und zogen die Nebensegel ein.

Am Morgen des 12. Oktober 1492 tauchte am Horizont eine Insel auf: „Unseren Blicken bot sich eine Landschaft dar, die mit grün leuchtenden Bäumen bepflanzt und reich an Gewässer und allerhand Früchten war."[9] Das milde Klima, die reine Luft, die Transparenz und Farbenpracht des Meeres, die Schönheit der Buchten und Sandstrände bezauberten die Sinne. Eingeborene tauchten am Strand auf. Begleitet von Martín Alonso Pinzón und dessen Bruder Vicente ließ Kolumbus sich auf einem Boot an Land rudern: „Dort entfaltete ich die königliche Flagge, während die beiden Schiffskapitäne zwei Fahnen mit einem grünen Kreuz im Felde schwangen, das an Bord aller Schiffe geführt wurde und welches rechts und links von den je mit einer Krone verzierten Buchstaben F und Y umgeben war."[10] Die königlichen Notare protokollierten die Besitzergreifung und Hernando berichtet, dass alle niederknieten, die Erde unter Freudentränen küssten und sich bereit erklärten, Kolumbus von nun an als ihren Admiral und Vizekönig anzuerkennen. Nach dem feierlichen Akt taufte Kolumbus die von den Einheimischen Guanahaní genannte Insel auf den Namen *San Salvador* (Heiliger Retter). Die Identität der Insel ist bis heute nicht eindeutig geklärt.

Die Eingeborenen, die von den Spaniern *Indios* (Inder) genannt wurden, waren unbewaffnet, nackt und teilweise bemalt. Angesichts der Fremden warfen sie sich zu Boden und erhoben ihre Hände in die Höhe. Erfreut über diesen Empfang schreibt Kolumbus: „In der Erkenntnis, dass es sich um Leute handle, die man weit besser durch Liebe als mit dem Schwerte retten und zu unserem heiligen Glauben bekehren könne, gedachte ich sie mir zu Freunden zu machen und schenkte also einigen von ihnen rote Kappen und Halsketten aus Glas und noch andere Kleinigkeiten von geringem Werte, worüber sie sich ungemein erfreut zeigten. Sie wurden so gute Freunde, dass es eine helle Freude war.

Sie erreichten schwimmend unsere Schiffe und brachten uns Papageien, Knäuel von Baumwollfaden, lange Wurfspieße und viele andere Dinge noch, die sie mit dem eintauschten, was wir ihnen gaben, wie Glasperlen und Glöckchen. Sie gaben und nahmen alles von Herzen gern – allein mir schien, als litten sie Mangel an allen Dingen."[11] Die Indios besaßen keinerlei Art von Eisen. Ihre Spieße und Harpunen waren mit Fischzähnen oder anderen harten Gegenständen versehen. Kolumbus konnte auf den ersten Blick keine Tierhaltung (Schweine oder Geflügel) feststellen. Auffällig war auch, dass keiner der Indios älter als 30 Jahre zu sein schien.

Am zweiten Tag der Entdeckung der Insel San Salvador bzw. Guanahaní versammelten sich am Strand viele neugierige Indios, die nun in voll besetzten Kanus (jeweils bis zu 45 Personen) zu den Schiffen übersetzten, um Tauschhandel zu treiben. So tauschten sie gegen Scherben, gebrochene Glastassen und wertlose portugiesische Münzen knäuelweise gesponnene Baumwolle. Am dritten Tag ruderten die Spanier bei Tagesanbruch in ihren Beibooten nach Nordosten, um die Küste auszukundschaften. Erneut strömten Indios herbei, und die Begegnung hätte herzlicher nicht verlaufen können. „Einige schafften Wasser herbei, andere Speisen, während einige von ihnen, als sie merkten, dass ich nicht an Land ging, sich ins Wasser stürzten und uns schwimmend entgegenkamen und uns, soviel wie wir verstanden, fragten, ob wir geradewegs vom Himmel kämen [...] Eine Unzahl von Männern und Frauen drängten sich am Ufer entlang, von denen jeder etwas mit sich gebracht hatte. Sie warfen sich zu Boden und sagten Gott Dank, indem sie die Hände gen Himmel erhoben und uns unter großem Geschrei zum Landen aufforderten."[12] Kolumbus schenkte ihnen Glöckchen, rote Mützen, grüne Glasperlen u. Ä. und verbot seiner Mannschaft jegliche Übervorteilung oder gar Plünderung. Die Inselbewohner sollten die Kunde von der Friedfertigkeit und Großzügigkeit der Spanier verbreiten; in diesem Interesse verteilte Kolumbus immer wieder Geschenke, empfing Indios auf seinem Schiff und kleidete ihre Frauen ein. Ausführlich beschreibt er das Aussehen der Indios: Sie seien alle gut gewachsen und hätten gewinnende Gesichtszüge. Ihre dichten schwarzen Haare trügen sie hinten in voller Länge; über der Stirn seien sie allerdings kurz geschnitten, bis auf einige, nach hinten geworfene Haarsträhnen. Die Einheimischen

ABB. 19: Die Indianer als Menschenfresser; Holzschnitt aus der *Epistola Cristofori Colom: de insulis in mari Indico nuper inventis*, Rom 1493

seien mit grauer, roter oder weißer Farbe bemalt. Einige hätten nur das Gesicht, die Augen oder Nase bestrichen, andere wiederum den ganzen Körper.

An Armen und Beinen einiger Inselbewohner beobachtete Kolumbus größere Narben. Mit Händen und Füßen befragte er die Indios dazu und erfuhr, dass ihnen die Wunden von den Bewohnern anderer Inseln zugefügt worden seien. Die Spanier waren zuerst auf die Taínos, eine Volksgruppe der Arawaken, gestoßen und diese wurden von den Kariben, die zwischen dem 8. und 15. Jahrhundert über die Kleinen Antillen in das Gebiet der Großen Antillen eingedrungen waren, bedrängt. Kolumbus konnte das nicht wissen; doch er nennt die „bösen" Kariben in der Folge abwechselnd *Canibas, Caribas, Canima* oder *Caníbales*, wovon sich später der Begriff „Kannibalen" ableitete.[13] Die Spanier nahmen vier Taínos gefangen, um sie zu Dolmetschern auszubilden. Als sich die Schiffe der Insel Bohío (Española) näherten, gerieten die Taínos angeblich in Panik; sie warnten vor den hier ansässigen, gut bewaffneten *Caníbales*, die nicht nur schrecklich anzusehen seien (Hundegesichter, nur ein Auge auf der Stirn), sondern auch Menschenfleisch verzehren würden.[14] Kolumbus ließ sich von der Angst der Taínos nicht beeindrucken: „Jene Kannibalen [Caníbales] werden wohl einige Indianer gefangen genommen haben, deren Anverwandte sich dann, als sie sahen, dass ihre Angehörigen nicht mehr heimkehrten, eingebildet haben, dass dieselben aufgefressen worden seien. Schließlich hatten auch einige Indianer das Gleiche von uns Christen vermutet, als wir das erste Mal bei ihnen erschienen."[15] Bereits am ersten Tag, als die Taínos ihm ihre Wunden gezeigt hatten, äußerte er die Vermutung, dass die Festlandbewohner sich auf den Inseln mit Sklaven eindeckten. Die Festlandbewohner, so reimte er sich zusammen, seien möglicherweise „schlauer und klüger" als die anderen Eingeborenen, die ihrer Wehrlosigkeit wegen versklavt würden.[16] Kolumbus glaubte anfänglich, dass die Waffen auf eine höhere Zivilisationsstufe hindeuteten und die Kariben zu Unrecht verteufelt würden. Die von den Taínos gefürchteten *Caníbales* waren in Kolumbus Augen Untertanen des Großen Khan, die in ihren östlichen Randgebieten ein ähnlich „zivilisiertes" und „legitimes" Geschäft mit Sklaven betrieben wie etwa die Portugiesen in Westafrika.

Kolumbus wollte nichts, was einträglich hätte werden können, unerwähnt lassen. Deshalb begutachtete er die Indios im Hinblick auf ihre Tauglichkeit als Sklaven. Der Handel mit exotischem Hauspersonal war in Südeuropa (insbesondere in Portugal) nicht ungewöhnlich. Hier hatte er gesehen, wie begehrt exotische, aus einer fremden Kultur stammende Haussklaven waren. Er notierte bereits am dritten Tag der Landsicht in sein Tagebuch: „Sollten Eure Hoheiten den Befehl erteilen, alle Inselbewohner nach Kastilien zu schaffen oder aber sie auf ihrer eigenen Insel als Sklaven zu halten, so wäre dieser Befehl leicht durchführbar, da man mit einigen fünfzig Mann alle anderen niederhalten und zu allem zwingen könnte."[17] In der Vorstellung, es handle sich bei den seltsamen Eingeborenen um „gute" Sklaven, die von Natur aus folgsam seien, hatte er bereits am Tag der Ankunft notiert: „Sie müssen gewiss treue Diener sein, da ich die Erfahrung machte, dass sie in Kürze alles, was ich sagte, zu wiederholen verstanden."[18] Weitere Hinweise auf Sanftmut, Gehorsam, Anpassungsfähigkeit, aber auch auf die körperliche und geistige Unterlegenheit folgen. Las Casas zitiert Kolumbus: „Es kann unmöglich jemals gutherzigere, selbstlosere und dabei so schüchterne

Geschöpfe gegeben haben wie jene Eingeborenen, die alles hergaben, entäußerten, um es uns darzubieten, und uns, sobald sie unser ansichtig wurden, entgegengeeilt kamen, die Hände voller Gaben."[19] Die Vorstellung von den „guten Sklaven" hat eine lange Tradition. In römischer Zeit war die Sklaverei tief in der Gesellschaftsstruktur verankert. Der Apostel Paulus machte in seinem ersten Brief an die Korinther deutlich, dass die Sklaverei erst im Himmel aufgehoben werde (7, 17–24), und der Kirchenvater Augustinus (ca. 354–430) schrieb gar, dass Jesus aus schlechten Sklaven gute Sklaven gemacht habe (aber keineswegs freie Menschen).[20] Spätestens zur Zeit der Kreuzzüge begann sich diese Einstellung freilich zu ändern und christliche Theologen zogen es vor, die Sklaverei nur noch auf Heiden und Ungläubige zu beziehen. Thomas von Aquin (1225–1274) verband theologische mit naturrechtlichen Gedanken und berief sich auf den griechischen Philosophen Aristoteles, der zwei Arten von Sklaverei als legitim ansah: Sklaverei als Kriegsfolge und Sklaverei von Natur aus. Es klingt wie eine Vorahnung der europäischen Kolonialzeit, wenn Thomas von Aquin schreibt: „Die geistig Überlegenen sind nämlich von Natur aus zum Gebieten berufen, die geistig Zurückgebliebenen aber – mit ihrem robusten Körper – scheinen von Natur aus selbst zum Dienen bestimmt zu sein, wie Aristoteles in seiner Politik sagt und wie auch Salomon zugibt, wenn er spricht: Der Tor soll dienstbar sein dem Weisen."[21]

Das Geschäft mit Sklaven stand für Kolumbus allerdings keineswegs im Vordergrund. In einem Brief an den kastilischen Schatzmeister Luís de Santángel, den er auf seiner Rückreise verfasste, erwähnt er diese ‚Einnahmequelle' nur nebenbei. Ähnlich wie bei Aloe, Rhabarber und Zimt wäre das Geschäft mit Sklaven nur Ersatz für das lukrativere und problemlos zu transportierende Gold gewesen. Die Suche nach Gold dominierte denn auch bald die erste Entdeckungsfahrt. Die Seefahrer verfielen in eine Art Goldrausch; bis zur Erschöpfung wurde nach Anzeichen für das gelbe Edelmetall gesucht. Eingeborene Indios wurden ausgefragt und auch noch so unklare Hinweise galten als Indizien für Gold. Die Einheimischen verwiesen die Spanier jeweils auf andere, weiter entfernte Inseln, und so hielt man schließlich die Insel Baveque oder Baneque (Groß Inagua) für den Ort, wo größere Mengen Goldes zu finden wären. Kapitän Martín Alonso Pinzón setzte sich im November

1492 auf der Pinta ab, um auf eigene Faust auf Erkundungsfahrt zu gehen; Kolumbus warf ihm später vor, aus Goldgier desertiert zu sein.

Die Gier nach Edelmetallen kam nicht von ungefähr. In ganz Europa herrschte eine große Nachfrage nach Silber und Gold. Im Mittelalter mussten die Kaufleute den Wert der meist sehr unterschiedlichen Zahlungsmittel durch Wiegen ermitteln; Münzen mit hohem Edelmetallgehalt verschwanden schnell im Umlauf, und es kam zu immer minderwertigeren Legierungen und Fälschungen. Gold wurde von den Handelsmächten im Mittelmeerraum dringend als Zahlungsmittel benötigt. Portugal und Spanien hatten eine Goldwährung; da beide im eigenen Land aber nicht über Goldvorkommen verfügten, waren sie von der Goldzufuhr von außen abhängig. Der „große Goldhunger" der Handelsmächte war ein nicht unwesentlicher Beweggrund für die großen Entdeckungsreisen.

Kolumbus hatte den Reisebericht von Marco Polo interessiert gelesen und mit vielen Notizen versehen. Dieser hatte die vielen Inseln im Indischen Ozean beschrieben, auf denen neben Ingwer, Zimt, Muskat, Gewürznelken und dem begehrten Pfeffer auch Orientperlen, Edelsteine und Gold vorhanden waren – und das angeblich im Überfluss. In Kolumbus' Logbuch spiegelt sich die verbissene Suche nach einem ostasiatischen Eldorado: Unermüdlich fragt er nach der Herkunft der von ihm eingetauschten goldenen Nasenplättchen und Armreifen der Indios. Doch es handelte sich meist nur um verarbeiteten Goldstaub, der aus dem Sand von Flüssen stammte.

Auf der Suche nach dem sagenhaft reichen Festland, der Zivilisation und den Nachkommen des Großen Khan segelte Kolumbus mit seiner Mannschaft von einer schönen und fruchtbaren Insel zur nächsten; die größeren Inseln nannte er nach den Katholischen Königen: Fernandina (vermutlich Long Island) und Isabella (vermutlich Crooked Island). Von seinen indianischen Dolmetschern hatte er erfahren, dass die Insel Kuba, die er nun Juana taufte, sehr groß sei. Er vermutete deshalb, es könnte sich um das ersehnte Cipangu (Japan) handeln und segelte eine geraume Strecke entlang der Nordwestküste. Bereits auf der Insel Fernandina waren ihm die Einwohner kultivierter, vernünftiger und achtsamer vorgekommen als auf den Inseln zuvor, und auf der Insel Isabella hatte er gar geglaubt, dass die Einheimischen ihm von einem König erzählten, der ganz in Gold gekleidet sei. Von solcherlei phantastischen Vorstellungen beflügelt, schrieb er am 21. Oktober 1492: „Auf jeden Fall bin ich fest entschlossen, bis zum Festland vorzudringen und die Stadt Quisai [Quinsai] zu erreichen, um dem Großen Khan die Briefe Eurer Hoheiten zu überreichen und mit seiner Antwort nach Europa zurückzukehren.“[22]

Kolumbus wartete vergebens darauf, dass der Khan einen Gesandten schickte, um ihm Gold oder andere Wertgegenstände anzubieten; außer den üblichen Spießen und Baumwollknäueln, die die Eingeborenen gegen Scherben, Glasstücke etc. eintauschten, kam nichts zusammen. Auch auf Kuba wurden ihm keine allzu wertvollen Gegenstände dargeboten. Kolumbus stellte immerhin fest, dass die Indios den Handelswert ihrer oft als Nasenschmuck getragenen Goldstücke nicht kannten – sie gaben sie bereitwillig für Glöckchen und Glasperlen her. Immer noch auf der Suche nach Goldminen, größeren Siedlungen und Städten wollte Kolumbus die Einwohner der Insel Kuba befragen, doch diese verließen ihre Siedlungen bei seiner Ankunft meist fluchtartig: „Allein bei meinem Erscheinen ergriffen die Eingeborenen, von Furcht erfasst, die Flucht.“[23] Auf Española beobachtete er später, wie die Stämme einander durch Feuersignale warnten.

Anstelle der erwarteten Zivilisation zeigte sich Kolumbus eine naturbelassene Landschaft, die ihn immer mehr beeindruckte. Er beschreibt die Palmen, die Bäume, die exotischen Früchte und Pflanzen (Aloe, Mastix etc.), lobt die Schönheit der Berge und vergleicht sie mit denjenigen Siziliens und Andalusiens (Alpujarras). Angesichts der überwältigenden Schönheit der Natur vergisst er seinen Auftrag, nach Gold, Silber und asiatischen Handelspartnern zu suchen, und gerät ins Schwärmen: „Ich gestehe, beim Anblick dieser blühenden Gärten und grünen Wälder und am Gesang der Vögel eine so innige Freude empfunden zu haben, dass ich es nicht fertig brachte, mich loszureißen und meinen Weg fortzusetzen.“[24] Zwei Tage nach dieser Schilderung schreibt er, er werde alles daran setzen, doch noch den Großen Khan zu finden, der sich seiner Meinung nach in der Stadt Cataio aufhielt. Doch als auch Tage später keine Stadt in Sicht ist, gibt Kolumbus die Suche auf – er vermutet die größeren Ansiedlungen unterdessen im Landesinneren – und geht wieder zu ausführlichen Landschaftsbeschreibungen über. Diese Wie-

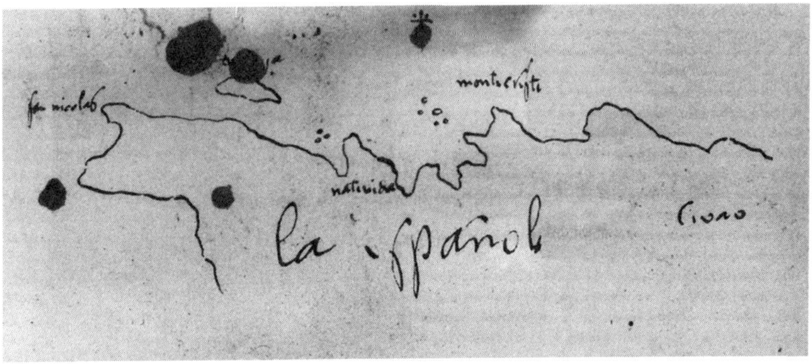

ABB. 20: Skizze von Christoph Kolumbus: die Küste der Insel Española (Documentos Colombinos de la Casa de Alba)

derholungen wollte Las Casas offensichtlich nicht abschreiben. Deshalb verkürzte er beispielsweise den Eintrag vom 27. November 1492 mit folgenden abschließenden Worten: „Der Admiral ergeht sich nun in märchenhaften Schilderungen über die Lieblichkeit der Gegend und der Pflanzenwelt, der Nadelhölzer und Palmen, die dort gedeihen [...].“[25]

Anfang Dezember setzte die Santa María von Kuba auf die Insel Bohío (Española = Haiti bzw. Santo Domingo) über – die Insel, deren Bewohner die Taínos so sehr fürchteten, weil sie angeblich Menschenfresser waren.

Kolumbus erkundete die Nordküste von Española. Diese Insel sollte, da sie tatsächlich über einige Goldvorkommen verfügte, zum Ausgangsort aller künftigen Entdeckungen werden. Immer häufiger gelang es dem Entdecker, Goldstücke einzutauschen. Auf diese Weise kam Einiges zusammen – meist bis handtellergroße Goldblätter. Am 18. Dezember stattete ihm ein Stammesführer, den Kolumbus hochachtungsvoll *el rey de aquella isla Española* (König dieser Spanischen Insel) nannte, einen Besuch ab. Dieser Besuch ist insofern interessant, als es sich um das erste Treffen mit formellem Charakter handelt und Kolumbus hier erstmals Interesse an den grundlegend verschiedenen Verhaltensformen der Indios zeigt; die Passage wird sowohl von Las Casas als auch von Hernando Colón im Wortlaut zitiert. Der „König“ war ein junger Mann, der mit einem beachtlichen Gefolge von 200 Männern angerückt kam – er ließ sich von vier Männern auf einer Sänfte tragen. Kolumbus schreibt, dass er gerade seine Mahlzeit einnahm, als der junge „König“ mit seinen Leuten auf die Santa María stieg und ihn durch sein plötzliches Auftauchen überraschte: Noch bevor er sich habe erheben können, um ihm zur Begrüßung entgegenzutreten, habe sich dieser schon neben ihn gesetzt gehabt. Der „König“, der sich als *caçique* (Kazike, Häuptling) vorstellte, genoss offensichtlich großen Respekt bei seinen Untertanen, die sich auf seine Anweisung hin stillschweigend auf dem Deck niederließen. „Gewiss hätten Eure Hoheiten Gefallen daran gefunden, das feierliche Gehabe des Königs und die Hochachtung, die seine Untertanen ihm entgegenbrachten, sehen zu können, wobei ja alle nackt einhergingen.“[26] Der Häuptling wurde von zwei älteren Männern begleitet, die nach dem Eintritt in die Kombüse zu seinen Füßen niedersanken. In der Meinung, dem Kaziken und seinen Begleitern – Kolumbus hielt letztere für dessen Ratgeber – etwas zum Essen anbieten zu müssen, ließ er Speisen auftragen. Die Besucher kosteten von allem ein wenig, als würden sie es vorkosten, und reichten den Rest an die draußen sitzenden weiter. „Sie trugen dabei ein höchst feierliches Benehmen zur Schau; sie wechselten wenige Worte miteinander, die, soweit ich verstehen konnte, von ernster Gelassenheit getragen waren. Seine Tischgenossen hingen förmlich am Munde des Königs, sie sprachen nicht nur mit ihm, sondern auch für ihn.“[27] Auf dem Schiff von Kolumbus fand dann das eigentliche Zeremoniell statt: Ein Indio reichte dem Kaziken mit einer tiefen Verbeugung ein Geschenk, das dieser Kolumbus übergab. Es handelte sich um einen Gürtel, in den zwei dünne Goldstückchen eingearbeitet waren. Wiewohl enttäuscht von dem geringen Goldanteil (aber zuversichtlich, das Ursprungsland des Goldes liege nicht mehr weit), schenkte Kolumbus dem Kaziken seinerseits persönliche Dinge wie eine Decke seines Bettes und eine schöne Bernsteinkette (er hatte sie zuvor selbst um den Hals getragen); hinzu kamen (modische) Gegenstände wie ein Paar rote Schuhe und eine Flasche Orangenblütenwasser. Vielsagend zeigte er ihm auch seinen Briefbehälter mit einer schweren Goldmedaille, die das Abbild der Katholischen Könige zeigte. Dies habe den „König“ so sehr beeindruckt, dass er bekundet habe, Kolumbus müsse von einem weit entfernten (Himmels-)Reich kommen und ein Abgesandter Gottes sein.

Im Laufe der Entdeckungsgeschichte und der frühen Kolonisation Lateinamerikas kommt es immer wieder zu Hinweisen, dass die Indios die Spanier für Götter hielten oder zumindest für Menschen, die „vom Himmel“ kamen. Der Glaube an die Rückkehr der weißen Götter spielte auch bei der Eroberung des Aztekenreichs eine angeblich nicht unbedeutende Rolle. Die Vorstellungen, die die Indios mit Begriffen wie „Himmel“ und „Gott“ verbanden, unterschieden sich von denjenigen der Europäer jedoch grundlegend. Hinzu kamen sprachliche Verständigungsschwierigkeiten, die Kolumbus bei dieser Begegnung ausdrücklich bedauert. Sicher ist nur, dass sich auf der voll besetzten Santa María ein höchst bemerkenswertes Zeremoniell vollzog, das beide Seiten in den Bann zog und faszinierend und beunruhigend zugleich gewesen sein dürfte, für die ehrfürchtig schweigenden, nackten Indios wie auch für die spanische Mannschaft. Beide Seiten dürften erkannt haben, dass der Grad der Fremdheit sämtliche Erwartungen (und Befürchtungen) übertraf.

Kolumbus wusste zu diesem Zeitpunkt noch nicht, dass es auf der Insel mehrere Kaziken gab, von denen die mächtigsten Guarionex, Guatiguana, Guanaoconel und Guacanagarí hießen; jedem von ihnen gehorchten mehrere untergeordnete Stammesoberhäupter. Wem genau Kolumbus hier begegnet war, bleibt unklar. Das mehrstündige Zusammentreffen dürfte bei ihm jedoch zu der Einsicht geführt haben, dass es sich um Menschen handelte, die sich von den Einwohnern Asiens (wie sie in seiner Vorstellung existierten) stark unterschieden. Demnach musste er von der Annahme, hier den Nachfolgern Kubilai Khans zu begegnen und mit diesen ins Geschäft zu kommen, vorderhand Abstand nehmen und sich auf eine neue Situation einstellen. Umgekehrt mochte dem jungen Kaziken klar geworden sein, dass der Umgang mit diesen Abgesandten einer fremden Kultur viel Konfliktpotenzial in sich barg, und dies nicht nur in sprachlicher Hinsicht.

Kolumbus setzte die Reise am 19. Dezember entlang der Nordküste von Española fort. Er durchquerte trotz widriger Winde die Meerenge bei der Insel Tortuga und lief am 21. in eine schöne große Bucht ein, vermutlich die Bucht von Acul. Die Gegend war kultiviert und relativ dicht besiedelt. Schnell gelang es den Spaniern, das Vertrauen der anfänglich scheuen und furchtsamen Eingeborenen zu gewinnen: Sie wurden bewirtetet und beschenkt. Auch hier wurden die Spanier für Abgesandte fremder Götter gehalten, die vom Himmel herabgestiegen waren. Sie wurden umringt, betastet, gefeiert. Lebensmittel, aber auch Tiere (Papageien) und Gegenstände wechselten die Hand. Besonders erfreut waren die Spanier über die Goldstücke und Goldgegenstände, die nun häufiger auftauchten, so eine Maske mit großen, aus Gold gehämmerten Ohren. Kolumbus schenkte den Eingeborenen wieder Glasperlen, Messingringe und Metallglöckchen. Bis zum 23. Dezember, so Kolumbus nach Las Casas, seien mehr als tausend Personen an Bord seines Schiffes gekommen, und alle hätten etwas mitgebracht. Mindestens 500 hätten die Schiffe schwimmend erreicht, auch wenn sie weit vom Ufer vor Anker lagen. Trotz der Gastfreundschaft der Indios segelte der Entdecker weiter und ließ einen Ankerplatz nach dem anderen hinter sich. Weihnachten stand vor der Tür und sein sehnlichster Wunsch war immer noch nicht erfüllt: die Entdeckung von Goldvorkommen. Die Indios hatten angeblich einmütig beteuert, dass es im Osten ein Goldland namens *Cibao* gebe; dort regiere ein Kazike, der „ganze Fahnen aus gehämmertem Gold" besitze.[28]

Von derlei Vorstellungen angetrieben, ließ Kolumbus am 24. Dezember noch vor Sonnenaufgang die Anker lichten und stach unter Landwind in See. Er fuhr mit mäßigem Wind von der San Tomaso Bucht bis auf die Höhe der Punta Santa (bei Cap Haitien), wo sich ein folgenschweres Unglück ereignete. Zwei Tage und eine Nacht hatte er nicht geschlafen; deshalb habe er sich um 11 Uhr nachts hingelegt. Da vollkommene Flaute herrschte, folgte der Steuermann seinem Beispiel und überließ das Steuerruder einem Schiffsjungen. Doch die Strömung trieb das Schiff langsam ab und setzte es schließlich mit einem festen Stoß auf Grund. Bald war klar, dass die Santa María nicht mehr gerettet werden konnte. Während der Schiffseigner Juan de La Cosa sich in der Folge Kolumbus' Befehlen verweigerte und sich auf einem Beiboot mit mehreren Matrosen zur Karavelle Niña davonmachte, füllte sich die Santa María immer mehr mit Wasser. Kolumbus schickte ein Boot an Land, um einen einheimischen Häuptling zu Hilfe zu rufen. Der Kazike sandte sämtliche Einwohner seines Dorfes mit Kanus zum Unglücksort. Zusammen mit der Mannschaft und der Niña (deren Kapitän Kolumbus nicht im Stich lassen wollte), konnte die Ladung der Santa María an Land geschafft werden. Kolumbus lobt dabei den Einsatz der Einheimischen: Sie hätten echte Anteilnahme gezeigt und wertvolle

Hilfe geleistet. Auch rechnete der Entdecker es den Indios hoch an, dass sie nichts für sich zurückbehielten, sondern das ganze Hab und Gut aufstapelten, um es danach in eigens dafür geräumten Hütten unterzubringen. Der Kazike, dem Kolumbus in der Folge Hemd und Handschuhe schenkte, lud Kolumbus zu einem Mahl ein. Mit einem Gefolge von über tausend nackten Eingeborenen habe er sich in das Dorf des Kaziken begeben.

Ein Großteil der Mannschaft der Santa María, insgesamt 39 Mann, musste zurückgelassen werden. Kolumbus gab noch am 26. Dezember den Befehl, eine Festung mit einem Turm und einem tiefen Graben zu erbauen. Er nannte sie *La Navidad* (Weihnachten). Den Zurückbleibenden, darunter ein Arzt, ein Schneider und einige Handwerker, sollte es an nichts fehlen, weder an Holz oder Munition noch an Nahrungsmittelvorräten; Brot, Schiffszwieback, Wein, alles sei in ausreichenden Mengen vorhanden und genüge für ein Jahr; hinzu kämen Samenkörner zur Aussaat sowie die gelöschte Fracht der gestrandeten Santa María. Er habe den Bau der Festung von La Navidad nicht aus Angst vor Überfällen in Auftrag gegeben, sondern mit dem Ziel, die Indios als zukünftige Untertanen der spanischen Krone von den militärischen Fähigkeiten der Spanier zu überzeugen. Die Einheimischen würden keine Waffen kennen und seien den gefürchteten Kariben somit wehrlos ausgeliefert. Kolumbus empfahl dem Kaziken Guacanagarí seine Männer als eine Art Schutztruppe. Er ließ einen guten Bogenschützen holen, der die Durchschlagkraft eines türkischen Pfeils demonstrierte. Auch ließ er in Gegenwart der Indios eine Bombarde und eine Steinschleuder abschießen; seine Männer mussten vor den (vermutlich staunenden) Indios sogar ein Scheingefecht durchführen. Dieses Angebot für „militärischen Schutz" erinnert an eine Phase der spanischen Reconquista, als Christen sich den rivalisierenden Emiren auf der Iberischen Halbinsel als Söldner anerboten. Ob der Kazike Kolumbus' ‚Angebot' richtig verstand, ist indes zweifelhaft. Der Untergang seines Schiffes an diesem Ort führte bei Kolumbus dennoch zu einer gewissen Erleichterung. Bei der Não Santa María handelte es sich nämlich um ein schwerfälliges, für Entdeckungsfahrten höchst ungeeignetes Schiff, das ihn stets gezwungen hatte, achtsam zu bleiben und die Wassertiefen minuziös auszuloten. Nie hatte er es wagen können, in kleinere Häfen oder Flussmündungen hineinzusegeln (was er gern getan hätte). Gemäß Las Casas waren die Einwohner von Palos de la Frontera Schuld daran, dass er ein für das Unternehmen derart ungeeignetes Schiff erhalten hatte.

Am 30. Dezember ging Kolumbus an Land, um mit dem Kaziken Guacanagarí und einigen eigens angereisten Stammesfürsten zu Mittag zu essen. Dem Admiral wurde der Kopfschmuck des Kaziken aufgesetzt und im Gegenzug legte Kolumbus ihm eine mit Achat und leuchtenden Steinen zusammengesetzte Kette um den Hals; der Genuese zog sein mit einer Kapuze versehenes Gewand aus und kleidete den Kaziken damit ein. Auch ließ er ihm ein Paar Schuhe anziehen und einen Silberring über den Finger streifen. Hierauf seien zwei Stammesfürsten vorgetreten und hätten dem Admiral je eine große Goldplatte überreicht. Längst hatte sich herumgesprochen, dass die Spanier erpicht auf Gold waren. Guacanagarí beabsichtigte – laut Kolumbus – den Tauschhandel mit Gold ausschließlich durch seine Hände gehen zu lassen.

Am 30. Dezember erreichte die Spanier die Nachricht, dass die Karavelle Pinta mit dem abtrünnigen Kapitän Pinzón auf einem Fluss am östlichen Ende der Insel gesichtet worden sei. Kolumbus befürchtete, Pinzón könnte als Erster oder gar Einziger Spanien erreichen; deshalb entschloss er sich zur sofortigen Rückfahrt. Am 2. Januar ging er an Land, um sich von Guacanagarí zu verabschieden. Er empfahl dem Kaziken die zurückbleibenden Spanier, darunter Diego de Harana, der Cousin von Beatrice Henríquez de Harana, Pedro Gutiérrez, der königliche Kämmerer und Truchsess Kastiliens und Rodrigo d' Escobedo aus Segovia. Die Aufgabe dieser drei sollte es sein, die Festung La Navidad fertig zu stellen und die Insel zu erkunden – vor allem hinsichtlich ihrer Goldvorkommen.

Mit Sonnenaufgang lichtete Kolumbus am 4. Januar 1493 die Anker seines Schiffes und segelte in Richtung Osten. Er nahm Kurs auf einen hohen Berg, der über eine flache Landzunge mit der Insel Española verbunden war. Kolumbus nannte diesen Berg Monte Christo (vgl. Abb. 20). Er beschreibt die Landschaft euphorisch: Im Inneren verlaufe eine der schönsten, jemals von ihm gesichteten Gebirgsketten von Nordosten gegen Südosten.

Am 6. Januar tauchte die Karavelle Pinta mit Martín Alonso Pinzón am Horizont auf. Sie segelte mit Ostwind heran und folgte der Niña eine Weile in Richtung Monte Christo. Schließlich ließ Kolumbus Kapitän Pinzón an Bord kommen, um ihn zur Rede zu stellen. Der entschuldigte sich und behauptete, er habe sich nicht absichtlich von Kolumbus getrennt. Kolumbus glaubte das nicht, machte aber gute Mine zum bösen Spiel. Später wollte er erfahren haben, dass Pinzón sich zuerst auf die vermeintliche Goldinsel Baveque (Inagua) abgesetzt hatte, wo er aber kein Gold fand. Darauf habe er größere Strecken entlang der Küste der Insel Española zurückgelegt und auf dem Tauschweg eine beträchtliche Menge Gold gesammelt; die eine Hälfte des Goldes habe der Kapitän für sich behalten, die andere unter die Seeleute verteilt.

In den letzten Tagen vor der Rückreise segelten die zwei Karavellen entlang der Nordküste Españolas, und Kolumbus konnte erstmals die tatsächliche Größe der Insel erahnen. Die Karavellen, die zuletzt auf den Kanarischen Inseln überholt worden waren, begannen nun aber zu lecken. Eine baldige Abreise drängte sich auf. Die Schiffe gingen mehrmals vor Anker, um Wasser und frische Lebensmittel zu laden. Dabei kamen die Spanier erstmals mit den Cigayos, einem weniger friedliebenden Indiostamm, in Kontakt. Die Männer waren mit Pfeilen und Bogen ausgerüstet, Kolumbus konnte einen von ihnen dazu bewegen, auf die Niña zu kommen. Die Gesichtszüge dieses Eingeborenen, so merkt Kolumbus an, seien hässlicher als die der bisher begegneten Indios, der Mann habe sein Gesicht mit Kohle geschwärzt und sein langes Haupthaar zu einem einzigen Knoten nach hinten gebunden und in eine Art Netz aus Papageienfedern gesteckt. Kolumbus glaubte, dass es sich um einen Angehörigen der Kariben handeln könnte, die Menschen äßen.[29] Offensichtlich sah der Admiral die Kariben nicht mehr als Sklavenfänger des Großen Khan; vielmehr erwähnt er sie nun immer öfter im Zusammenhang mit ihrer Aggressivität als Menschenfresser. „In den bisher aufgesuchten Gegenden lebten die Eingeborenen in steter Angst vor den Bewohnern von Carib [...]. Ich glaube, dass dies verwegene [*arriscada*] Männer sein müssen, da sie bis zu allen diesen Inseln vordrangen und die Menschen, deren sie habhaft werden konnten, verzehrten."[30]

Kolumbus verortete die Insel Carib in der Gegend der kleinen Antillen. Dort gebe es auch eine dazu gehörende, ausschließlich von Frauen bewohnte Insel, die Matinino (Martinique) genannt werde. Die Männer von Carib würden diese Fraueninsel zu bestimmten Jahreszeiten zum

Zweck der Fortpflanzung aufsuchen; dabei verblieben die Mädchen auf der Insel, während die Jungen von den Männern zu sich genommen würden. Als Kolumbus auf der zweiten Reise am 9. April 1496 auf der Insel Guadalupe landete, um letzte Vorräte für die Rückreise an Bord zu nehmen, wurde er angeblich Zeuge, wie wehrhafte, mit Federbüschen geschmückte sowie mit Pfeil und Bogen bewaffnete Frauen die Spanier an ihrer Landung hindern wollten. Eine festgenommene Kazikin habe bestätigt, dass diese Insel wie auch die Insel Martinique ausschließlich von Frauen bevölkert sei. Kolumbus schloss daraus, dass es sich um Amazonen handle, die Kraft und Mut zeigten und überdies klüger seien als die Frauen auf den anderen Inseln. Um ihre Intelligenz zu belegen, führt Kolumbus an, dass die Frauen die (Jahres-)Zeiten nicht nur nach der Sonne berechneten, sondern auch nach den Sternen. Diese Beobachtung einer Frauen- bzw. Amazoneninsel erinnert stark an eine Episode in Marco Polos Reisebericht, wo von einer sagenhaften Fraueninsel und ihrem Gegenstück, einer Männerinsel, berichtet wird. Hier zeigt sich, wie sehr sich Kolumbus von vorgefassten Topoi und Vorstellungen leiten ließ.

Am 16. Januar 1493 stachen die Karavellen in See und nahmen – den Strömungsverhältnissen entsprechend – einen nordöstlichen Kurs ein. Tagelang durchsegelten sie den Atlantik in Richtung Azoren. Die Fahrt auf offener See dauerte schon knapp einen Monat, als am 12. Februar 1493 ein Sturm mit heftigen Windböen und hohen Wellen losbrach. Kolumbus notiert am 13. und 14. Februar: „Im Laufe der Nacht ging ein Sturmwind los, die Wogenberge nahmen eine erschreckende Größe an; sie kamen von allen Seiten, stürzten aufeinander und bedrängten das Schiff so sehr, dass es weder vorwärts kommen noch auch nur aus dem entfesselten Hexenkessel sich zu befreien vermochte [...]. Ich gab Befehl, das Segel des Mittelmastes ganz tief zu setzen, gerade genug, um das Schiff von den anstürmenden Wogen etwas zurückzuhalten. Auf diese Weise legten wir in dreistündiger Fahrt 20 Seemeilen zurück. Da aber Meer und Wind immer toller wurden und die Gefahr immer bedrohlichere Ausmaße annahm, so ließ ich den Gewalten des Sturmes freien Lauf, gab es doch keine andere Rettung mehr. Auch die Pinta ließ sich vom Wind hertreiben und verschwand aus meinem Blick [...].“[31] Die Angst vor dem Untergang war groß; Kolumbus übergab die wichtigsten

Erkenntnisse seiner Entdeckungsfahrt, niedergeschrieben auf zwei Pergamentblättern, in einem mit Wachs verschlossenen Fass dem Meer.[32]

Nachdem das Unwetter vorbei war, lichtete sich der Himmel und Land kam in Sicht. Während die Mannschaft bereits die spanische Küste vor sich zu haben glaubte, wusste Kolumbus aufgrund seiner Berechnungen, dass es sich um die portugiesischen Azoren handeln musste. Die Schiffe gingen vor der Azoreninsel Santa María vor Anker, und Kolumbus schickte einige Seeleute an Land. Doch als die Seeleute dort ankamen, ließ sie der portugiesische Gouverneur festnehmen; Kolumbus wurde aufgefordert, mit seinem Schiff in den Hafen einzufahren. Der Admiral weigerte sich, dies zu tun, und drohte dem Gouverneur nun seinerseits mit Vergeltung wie der Verschleppung von Inselbewohnern u. Ä. Als die Portugiesen sahen, dass sie der Karavelle nicht habhaft werden konnten, willigten sie ein, an Bord der Niña zu kommen, um die Freibriefe der Katholischen Könige einzusehen. Die Mannschaft wurde in der Folge freigelassen.

Auf der Weiterfahrt nach Spanien kam es erneut zu schweren Stürmen: Es schien, als wollten die wild übereinander stürzenden Wogen und alles aufwirbelnden Windhosen die gebrechliche Karavelle „gegen Himmel schleudern".[33] Mit völlig zerrissenen Segeln erreichten Kolumbus und seine Mannschaft schließlich Cascais bei Lissabon. Die Bewohner der Ortschaft Rastello, wo Kolumbus vor Anker ging, konnten es kaum fassen, dass die Karavelle den Sturm überstanden hatte. Seit Monaten habe kein Schiff mehr den Hafen von Lissabon zu verlassen gewagt; allein vor der flandrischen Küste seien 25 Schiffe mit Mann und Maus untergegangen. Am folgenden Tag, dem 5. März 1493, kreuzte das große Kriegsschiff des portugiesischen Seefahrers und Entdeckers Bartolomeu Dias vor Kolumbus' Karavelle auf. Dias forderte ihn auf, an Bord zu kommen, doch Kolumbus lehnte entschieden ab: Er sei ein Admiral der Könige von Spanien und eher bereit, im Kampf zu sterben, als sich oder auch nur einen Mann seiner Besatzung an Fremde auszuliefern. Bartolomeu Dias respektierte das, verlangte aber dennoch Einsicht in die spanischen Freibriefe. Als er realisierte, dass Kolumbus aus dem vermeintlichen Indien zurückkehrte, schickte er einen seiner Kapitäne „mit großer Aufmachung und feierlichen Trompetenstößen" an Bord der Karavelle.[34] Es folgte eine längere Unterredung, und am nächsten Tag, so Kolumbus, war die Aufregung groß: Viele Menschen seien erschienen, um ihn zu besuchen und die Indios zu bestaunen.

Am 8. März erhielt Kolumbus durch die Vermittung des portugiesischen Adligen Don Martín de Noroñha einen Brief von König Johann II. von Portugal. Es war eine Einladung in die königliche Residenz im Valle del Paradiso. Wie Hernando Colón ausführt, misstraute Kolumbus dem König; dennoch habe er die Einladung angenommen – um Missverständnisse bezüglich der Legitimität seiner Reise auszuschließen und rechtliche Fragen zu klären. Der portugiesische König und seine Gemahlin bereiteten Kolumbus einen ehrenvollen Empfang. Der König zeigte sich über den Erfolg der Reise erfreut, betonte jedoch, das entdeckte Gebiet von *las Indias* falle rechtlich seiner Krone zu. Er berief sich dabei auf den Vertrag von Alcaçovas aus dem Jahr 1479, in dem das Gebiet des Atlantiks erneut Portugal zugesprochen wurde. Kolumbus antwortete, er kenne diesen Vertrag nicht, wisse aber, dass die Katholischen Könige seine Reise in allen Häfen Andalusiens öffentlich gemacht hätten.

Beim Zusammentreffen mit dem König im Valle del Paradiso bot sich Kolumbus offensichtlich als Vermittler zwischen Portugal und Spanien an; dies zumindest geht aus einem Protokoll hervor, in dem Johann II. betont, er brauche für die Klärung der Besitzansprüche mit Spanien „keinen Dritten".[35] Kolumbus schweigt sich über den Ausgang seiner „Verhandlungen" aus. Er gibt lediglich an, dass er das Angebot des portugiesischen Königs, ihn auf dem Landweg nach Spanien zu eskortieren, entschieden abgelehnt habe. Nach einer (angeblich) herzlichen Verabschiedung verließ Kolumbus mit der Niña die Tejomündung bei Lissabon und erreichte zwei Tage später, am 15. März, den Ausgangsort seiner Fahrt, den Hafen von Palos de la Frontera. Nach Hernando Colón hatte auch die Karavelle Pinta die Rückkehr geschafft. Martín Alonso Pinzón war in Galicien gelandet, von wo aus er an den Hof von Barcelona reisen wollte, um als Erster von der Fahrt zu berichten. Doch die Könige hätten ihm bedeutet, dass er dies nicht ohne den Admiral tun könne. Er sei in der Folge in seine Heimat zurückgekehrt, wo er kurze Zeit später verstarb.

Kolumbus schließt sein Schiffstagebuch, indem er Gott für den glücklichen Ausgang seiner Reise dankt, er spricht von den vielen *milagros señalados* (bedeutsamen Wundern), die ihm Gott gezeigt habe.[36] Er

Der Vertrag von Tordesillas wurde von Papst Alexander VI. aus dem Hause Borgia initiiert. Er hatte bereits im Mai 1493 eine Bulle erlassen, in der im Atlantik eine Demarkationslinie (*línea o rraya de „partición"*) festgelegt wurde. Die vom Nord- bis zum Südpol verlaufende Trennlinie sprach das Gebiet ab 100 Seemeilen westlich der Kapverdischen Inseln der Krone Spaniens zu. Portugal wehrte sich gegen diese Regelung und berief sich auf den Vertrag von Alcaçovas. Nach zähen Verhandlungen wurde am 7. Juni 1494 der Vertrag von Tordesillas unterzeichnet. Die Portugiesen erreichten, dass die Trennlinie von 100 auf 370 Seemeilen (ca. 2000 km) westlich der Kapverden erweitert wurde (dies ermöglichte die Kolonisation Brasiliens). Später teilte diese Demarkationslinie auch die *terra incognita* des Pazifiks auf. Die ganze Erde wurde dadurch in eine westlich-spanische Hälfte (mit zwei Ozeanen und einem Kontinent) und in eine östlich-portugiesische Hemisphäre (Afrika, Asien) aufgeteilt. Bei der Umsetzung des Vertrages von Tordesillas zeigten sich allerdings alsbald Probleme, die zu Territorialstreitigkeiten sowohl in Brasilien als auch auf den begehrten Molukken (Gewürzinseln) führte. Man stritt sich um den Ausgangsort (war die Ost- oder Westküste der Kapverden gemeint?) und die Maßeinheiten der Seemeilen (spanische oder portugiesische *leguas*?). Vor allem aber waren die Längengrade, auf denen die Demarkationslinie beruhte, damals noch gar nicht bestimmbar – dies sollte erst 250 Jahre später möglich werden. Dennoch blieb der Vertrag von Tordesillas – trotz oder vielleicht gerade wegen seiner fiktiven Elemente und Interpretierbarkeit – bis ins Jahr 1750 gültig.

plane nun eine Seereise nach Barcelona, wo er die *Reyes Católicos* treffen wolle. Las Casas schließt den Bericht seinerseits mit folgenden Worten: „Doch die törichten Menschen wussten die zeitlichen und geistlichen Güter, mit denen der allmächtige Gott Spanien beschenkte, nicht zu schätzen; denn Spanien zeigte sich, abgesehen von einigen getreuen Dienern des Herrn, vor lauter Ehrgeiz und Begierde dieser geistlichen Güter nicht wert."[37] Diese Worte, die aus der Retrospektive und der Erfahrung der nachfolgenden Ereignisse geschrieben wurden, erklären das Interesse von Las Casas am Schiffstagebuch. So ist anzunehmen, dass er bei Kolumbus sowohl seine positive Sicht der Ureinwohner von *las Indias* als auch seine kritische Haltung gegenüber den spanischen Regierungsvertretern bestätigt fand. Letztere kommen im Schiffstagebuch deutlich schlechter weg als die Indios.

In den Aufzeichnungen finden sich genaue Beobachtungen neben utopischen Vorstellungen, Anknüpfungen an die Antike (Amazonen-Insel) und biblischen Paradiesvorstellungen. Damit ist das Schiffstagebuch auch eine Plattform für Projektionen, in denen sich mitunter die mittelalterliche Rezeption antiken Kulturguts spiegelt. Wie ein roter Faden zieht sich die Suche nach dem sagenhaften Reich des Großen Khan durch den Reisebericht. Allerdings erfolgt im Laufe der Zeit eine Abschwächung. Die Erwartung, auf „zivilisierte" Vertreter einer Hochkultur zu stoßen, schwindet angesichts der angetroffenen Realität und der Andersartigkeit der Einheimischen.

Kolumbus bezeichnet die Kaziken, mit denen er Freundschaft schließt, als „Könige"; damit überträgt er seine Vorstellungen auf die Neue Welt. Während der Entdecker durch die Inselwelt segelt, legt er sich eine ideologisch und militärisch wirksame (Überlebens-)Strategie zurecht: Er teilt die Indios in gute Taínos und böse Canibas ein. Diese holzschnittartige Klassifizierung verstärkte das spätere Bild des unschuldigen, friedliebenden und „edlen" Wilden einerseits und des bösen Kannibalen andererseits. Bei den Indios löste die Ankunft der Spanier sehr unterschiedliche Reaktionen aus: Entweder sie ergriffen die Flucht oder sie suchten in fast zudringlicher Weise den Kontakt zu den Weißen. Als Gründe für letzteres Verhalten vermutet Kolumbus sowohl ein Interesse, mit den Fremden Tauschhandel zu betreiben, als auch eine Strategie, um sich der Sympathie der an Waffen überlegenen und teilweise für Götter gehaltenen Spanier zu versichern.

Der positive Grundtenor gegenüber den Indios ebnet die streckenweise befremdlichen Gefühle, die sich aus dem Kontakt mit einer völlig anderen Kultur ergeben. Über weite Passagen scheint sogar eine euphorische Stimmung durch. Unverkennbar für die ganze Fahrt ist aber auch eine bis zur Erschöpfung reichende Rast- und Ruhelosigkeit, angetrieben durch die Suche nach den vielfach verheißenen Reichtümern Asiens und Indiens. Die Suche nach Gold mutet fast verzweifelt an – als würde Erfolg oder Misserfolg der Mission sich daran festmachen.

Die zweite Reise (1493–1496)

Bei seiner Rückkehr nach Kastilien Mitte März 1493 wurde Christoph Kolumbus in Palos de la Frontera mit einer Prozession gefeiert. Im Kloster von La Rábida konnte sich der Seefahrer zwei Wochen lang erholen. Dann machte er sich nach Sevilla auf, wo man zu seinen Ehren ein großes Festmahl bereitete. Bartolomé de Las Casas erlebte als Junge den Einzug des Entdeckers in die Stadt: zehn Indios, goldene Masken, Papageien, exotische Pflanzen, Tiere und Früchte wurden zur Schau gestellt und sorgten für Aufsehen. Die geglückte Überquerung des Atlantiks und die Berichte über die Inseln, über fremde Menschen, Tiere und Pflanzen beflügelten die Imagination der Zeitgenossen.

Von Sevilla reiste Kolumbus nach Córdoba, wo es ein Wiedersehen mit Béatrice de Harana und den Söhnen Diego und Hernando gab. Dann ging es mit dem ganzen Tross auf dem Landweg über die Sierra Morena nach Murcia und von dort entlang der Küstenstraße nach Valencia und Tarragona. Zwischen dem 15. und 20. April erreichte er schließlich Barcelona, wo ihm Isabella von Kastilien und Ferdinand von Aragon einen großen Empfang bereiteten. Dabei kam ihm die Ehre zu, Seite an Seite mit den *Reyes Católicos* zu sitzen; Kolumbus befand sich auf dem Höhepunkt seiner Macht.

Die Aufbruchstimmung, die im Mittelmeerraum am Ende des 15. Jahrhunderts herrschte, erreichte mit der Edition des so genannten Kolumbusbriefs einen Höhepunkt: Er wurde zur eigentlichen Ankündigung der Neuen Welt in ganz Europa. Dieses Dokument ist in zwei spanischen Abschriften erhalten (nicht im Original) und fasst die wichtigsten Erlebnisse der ersten Entdeckungsfahrt zusammen: von der formell vollzogenen Besitznahme bis hin zur Begegnung mit den Indios, den Edelmetallfunden und der paradiesisch anmutenden Pflanzen- und Tierwelt.[38] Kolumbus hatte den Bericht, dessen Tonfall ähnlich euphorisch ist wie der des Schiffstagebuchs, sehr wahrscheinlich während der ersten Wochen seiner Rückreise verfasst, als er noch unter dem unmittelbaren Eindruck seiner Erlebnisse stand. Der Brief ist auf den 15. Februar (Ankunft Azoren) und den 4. März (Ankunft Lissabon) datiert. Es war wohl Kolumbus' Wunsch und strategisch natürlich außerordent-

ABB. 21: Skizze von Christoph Kolumbus, der sich hier selbst sozusagen in einem Boot mit Ferdinand von Aragon stilisiert (Bibliothèque Nationale, Paris).

lich geschickt, den Bericht über die Entdeckung von *las Indias* so rasch wie möglich bekannt zu machen.

Ungeklärt ist bis heute, auf welchem Weg der Brief von Lissabon nach Rom gelangte, denn dort wurde er bereits im Mai 1493 – wenige Wochen nach Kolumbus' Rückkehr – in einer lateinischen Fassung veröffentlicht.[39] Aufgrund dieser Ausgabe kam es sehr wahrscheinlich zu den italienischen Publikationen und zu den deutschen Druck- und Flugschriften, wobei die Edition von Michael Furter (Basel 1494) mit acht Holzschnitten illustriert ist (vgl. Abb 22).[40] Kolumbus' eindrückliche Darstellung einer üppigen Vegetation, der reichlich vorhandenen Edelmetalle sowie einer liebenswürdigen indianischen Bevölkerung, die sich im Gegensatz zu den Mauren widerstandslos bekehren lasse (und beim Tauschhandel keinen Sinn für den materiellen Gegenwert ihrer Güter zeige), verfehlte ihre Wirkung bei den Zeitgenossen nicht, schien sich hier doch für Könige wie Kaufleute, Gelehrte wie Geistliche die Erfüllung vielgestaltiger Erwartungen abzuzeichnen. Reiche Pfründe winkten den einen, die Bestätigung der alten These vom direkten Seeweg nach Indien und neuen Inseln im Westen den anderen; und zudem öffneten sich der Missionierung neue Ziele.[41] Der Kolumbusbrief, einmal in Lateinisch publiziert, verbreitete sich wie ein Lauffeuer durch halb Europa. Die *Reyes Católicos* konnten, selbst wenn sie es gewollt hätten, die Entdeckung von nun an nicht mehr als interne Angelegenheit behandeln.

In seinem Brief sprach sich Kolumbus für eine zweite Reise aus. Der Auftrag dazu erfolgte von den Katholischen Königen postwendend. Noch im selben Jahr 1493 sollte Kolumbus mit einer beachtlichen Flotte erneut nach Übersee reisen. Diesmal gab es keine Rekrutierungsschwierigkeiten: Adlige und Männer von Rang und Namen meldeten sich feiwillig für das Abenteuer. Die Krone hatte Juan Rodríguez de Fonseca, dem Bischof von Badajoz, ein Mitspracherecht bei der Auswahl der Mannschaft eingeräumt. Während dieser nun die Reise organisierte, unternahm Kolumbus eine Pilgerreise zum Hieronymitenkloster der Santa Maria de Guadalupe in der Extremadura. Hier, am Ort der Schutzheiligen aller Krieger und Seefahrer in Not, löste er ein Gelübde ein, das er auf dem Atlantik abgelegt hatte.

Während seiner zweiten Reise führte Kolumbus wieder ein (heute verlorenes) Schiffstagebuch; auch fasste er seine Erlebnisse in einem Briefbericht an die Könige zusammen.[42] Die Reise, die mehr als zweieinhalb Jahre dauern sollte, ist zudem durch Hernando Colón und Las Casas überliefert; ihre Darstellung wird im Wesentlichen bestätigt durch die Briefe des mitreisenden Arztes Diego Alvarez Chanca (an den Rat von Sevilla, Sommer 1496) und des Savoneser Michele de Cuneo (an seinen Freund Gerolamo Annari, Savona, 15.–28. Oktober 1495).[43]

Am 25. September 1493 brach Kolumbus mit 17 Schiffen der spanischen Flotte und einer Besatzung von 1200 bis 1500 Mann vom Hafen von Cádiz in Richtung *las Indias* auf. An der Fahrt nahmen Juan Ponce de Léon, der zukünftige Entdecker Floridas, und Diego Velázquez, der spätere Gouverneur von Kuba, teil. Auch Alonso de Hojeda, der am Hof des Herzogs von Medinaceli aufgewachsen und Kapitän einer Karavelle war, sowie der königliche Beamte Pedro Margarite aus Aragon und der

ABB. 22: Holzschnitt aus dem ältesten Bericht über die Entdeckungsreisen (Basel 1494). Es handelt sich um eine topographische Darstellung der von Kolumbus entdeckten Inseln – die größeren Inseln nannte er nach den Katholischen Königen: Fernandina (vermutlich Long Island) und Isabella (vermutlich Crooked Island), im Vordergrund die Santa María.

Benediktinerpater Juan Buil waren mit von der Partie; letztere sollten zu Kolumbus' großen Gegenspielern werden. Ziel und Zweck der Reise war die Gründung einer königlichen Handelskolonie in *las Indias* sowie die Bekehrung der Eingeborenen zum christlichen Glauben. Neben Waffen hatten die Schiffe Saatgut, Pflanzen, Haustiere, Werkzeuge und Geräte an Bord. Im Oktober 1493 erreichte die Flotte die Kanarischen Inseln. Kolumbus wurde im Hafen von La Gómera festlich empfangen.

Am 13. Oktober 1493, nach nur drei Wochen Überfahrt, war Kolumbus wieder in der Karibik. Er erkundete die Kleinen Antillen, die Inseln Guadalupe, Dominica, Maria-Galante und entdeckte am 19. November Puerto Rico. Auch die vermeintliche Amazonen-Insel Martinique wurde entdeckt. Kolumbus ließ Eingeborene gefangen nehmen, um sie zu Dolmetschern auszubilden und Informationen über die Inseln zu erhalten. Mehrere Taínos begaben sich freiwillig auf die Schiffe der Spanier bzw. sollen hier sogar Zuflucht gesucht haben, um den Kariben zu entgehen. Die Expedition endete im Dezember 1493 in der Bucht von La Navidad, wo Kolumbus im Jahr zuvor eine Festung hatte erbauen lassen. Schockiert und konsterniert mussten die Spanier feststellen, dass die Festung niedergebrannt war und die zurückgelassenen Männer alle tot waren. Der Bruder des Kaziken Guacanagarí suchte die Ermordung der Männer zu erklären: Demnach hätten die Spanier sich auf Goldsuche begeben und sich indianische Frauen genommen. Schließlich hätten sie sich untereinander zerstritten und Pedro Gutiérrez (der Truchsess des Königs) habe zusammen mit einem anderen Spanier den Genueser Schatzhüter Giacopo (Giacomo) ermordet. Hierauf sei Gutiérrez mit neun Mann zu dem Kaziken Caonabó gezogen, da diesem (Gold-)Minen gehörten. Dort seien sie jedoch erschlagen worden und der Häuptling, der mit zahlreichen Männern bis zur Festung La Navidad kam, habe auch Diego de Harana und die verbliebenen zehn Mann Bewachung töten lassen. Der Kazike Caonabó und seine Leute hätten nachts alle Häuser, in denen Weiße schliefen, ins Feuer gesteckt. Guacanagarí habe die Christen zu verteidigen versucht, sei dabei aber selbst verwundet worden. Obwohl die Glaubwürdigkeit Guacanagarís mehr als fragwürdig war, sah Kolumbus vorderhand von einem Vergeltungsschlag ab.

Am 7. Dezember 1494 stach Kolumbus in See, um einen günstigen Platz für eine neue Ansiedlung an der Ostküste der Insel zu suchen. Er fand einen geeigneten Hafen und ließ hier die Siedlung Isabella gründen. Vier Tage später, am 11. Dezember, erkrankte er schwer. Drei Monate lang, so Hernando, lag Kolumbus mit schwerem Fieber darnieder, das ihn seiner Sinne, seiner Sehkraft und seines Gedächtnisses beraubte; weitere drei Monate brauchte er, um sich von seiner Krankheit zu erholen. Im Januar hatte er Alonso de Hojeda mit 15 Mann auf die Suche nach den Minen von Cibão im Innern Españolas gesandt; von dort kehrte dieser mit der Nachricht zurück, die Indios würden Gold aus den Flüssen schürfen. Dennoch wurde den Mitreisenden langsam bewusst, dass sie das Gold mühsam und mit viel Zeitaufwand gewinnen müssten. Sie wurden immer unzufriedener und nutzten die Gelegenheit des darnieder liegenden Admirals, um zu meutern. Anstifter und Anführer war der königliche Zahlmeister, den Kolumbus jedoch rechtzeitig festnehmen lassen konnte.

Im Februar 1494 kehrten zwölf Schiffe der kastilischen Flotte unter dem Kommando von Antonio de Torres nach Spanien zurück. In einem Begleitschreiben bittet der Entdecker um Nachschub an Lebensmitteln, Saatgut, Zuchtvieh, Arzneimitteln und Pferden; als Gegenwert wurden 550 gefangen genommene Caníbales als Sklaven mit eingeschifft. In seinem Begleitbrief an Antonio Torres preist Kolumbus die Indios an: Es handle sich um Männer, Frauen, Knaben und Mädchen, die es wert seien, dass die Könige sie ausbildeten und in der kastilischen Sprache unterrichteten. Je schneller sie dieser Sprache mächtig seien und von dem unmenschlichen Brauch, Menschen zu essen, abließen, desto schneller könnten sie die Taufe erhalten.

Nachdem der Kapitän und Schiffseigner Antonio de Torres nach Spanien zurückgekehrt war, erteilten die Katholischen Könige am 12. April 1495 die Bewilligung, die Sklaven in Andalusien zu verkaufen. Doch schon zwei Tage später kam es zu einem Erlass, der den Menschenhandel verbot. Als Begründung für diese Kehrtwende gaben die Könige an, dass sie sich zuerst „von Juristen, Theologen und Kennern des Kirchenrechts beraten lassen wollten, ob man die Indianer als Sklaven verkaufen kann oder nicht.“[44] Die Gründe, die zu diesem Gesinnungswandel führten, sind nicht ganz klar. Möglicherweise war die Krone zu sehr auf die Lieferung von Edelmetallen fixiert, als dass sie sich auf den (weniger lukrativen) Sklavenhandel hätte einlassen wollen. Möglicherweise miss-

Sklavenmärkte gehörten im 15. Jahrhundert zum Alltag, vor allem in den christlich-islamischen Grenzgebieten Portugal, Südspanien und Sizilien. Zur Zeit der Reconquista betrieben Barbaresken (nordafrikanische Piraten) und Katalanen dieses Geschäft und machten mit ihren Raubzügen die Küsten der Iberischen Halbinsel unsicher. Als Malaga 1487 fiel, kam es in Sevilla zum Verkauf von Tausenden muslimischer Sklaven. Sklaverei gab es aber auch in Italien: Kein größerer Haushalt, kein Renaissancefürst, der sich nicht auf die Arbeit von Haussklaven (meist Frauen) verlassen hätte. Die römische Sklavengesellschaft war zwar im System mittelalterlicher Leibeigenschaft aufgegangen; im Zuge der islamischen Expansion erlebten die Sklavenmärkte jedoch bereits im 7. Jahrhundert einen neuen Aufschwung. Der Prophet Mohammed hatte Sklaverei infolge Kriegsgefangenschaft erlaubt. Der Koran verlangte allerdings eine menschliche Behandlung der Sklaven. Im Mittelalter verliefen Sklaventransporte von Irland und England nach Córdoba und von dort nach Alexandrien. Aber auch aus Polen, Russland und Dalmatien wurden Sklaven importiert (*sclavus* bezeichnete ursprünglich den Slawen). Sie gelangten bis nach Marseille und Venedig, von wo sie nach Konstantinopel verschifft wurden. Aus dem Sudan erreichten Sklaven in Karawanen Alexandria, von wo aus sie bis in den Vorderen Orient und nach Indien weiterverkauft wurden. Als die Portugiesen im 15. Jahrhundert nach Westafrika expandierten, stießen sie dort auf einen gut funktionierenden, von den Mauren betriebenen Menschenhandel.

traute sie Kolumbus und verdächtigte die sich in Übersee etablierenden Konquistadoren, sie könnten gleichzeitig Gold veruntreuen. Aber auch humanitäre Gründe sind nicht auszuschließen. Auf der Rückfahrt war es auf dem Sklavenschiff nämlich zu einer Katastrophe gekommen: Wie der mitreisende Cuneo erzählt, mussten die Schiffe wegen der starken Stürme mehrmals umkehren und auf einen nördlicheren Kurs einschwenken; infolge der Kälte seien 200 Indios gestorben.[45]

Kaum war Kolumbus wieder gesund, machte er sich erneut auf Entdeckungsfahrt. Tatsächlich war es immer noch seine vordringlichste Aufgabe, Neuland zu entdecken und Gold zu finden. Zwischen April und September 1494 unternahm er eine Expedition an die Südküste der Insel Kuba, die er nun für asiatisches Festland hielt. Von hier aus setzte er nach Jamaika über und erkundete diese – seiner Aussage nach –

schönste aller Inseln. Auf der Rückfahrt nach Kuba wurde er in seichtes Gewässer mit unzähligen Sandbänken abgetrieben: Kleine Inselchen tauchten auf. Kolumbus taufte die Vielzahl von Inseln *Jardinillos de la Reina* (kleine Gärten der Königin). An der Südküste Kubas wurden die Seefahrer freundlich aufgenommen und bewirtet. Wie Peter Martyr von Anghiera berichtet, erläuterte ein kubanischer Stammesältester Kolumbus, dass der Boden als gemeinsamer Besitz gelte wie die Sonne und das Wasser und ein Streit um Mein oder Dein bei ihnen nicht vorkomme.[46]

Kolumbus entwickelt ein ethnologisches Interesse, das für die Zeit auf Anhieb eher ungewöhnlich erscheint. Auf Española zeichnet er sorgsam auf, was er über Religion, Riten und Verhalten der Indios erfährt. Hernando zitiert die Beobachtungen seines Vaters im Wortlaut und verleiht ihnen dadurch Authentizität. Kolumbus war sich bewusst, dass die Missionierung der Eingeborenen zu seinen wichtigsten Aufträgen zählte; ohne sie gab es keine Legitimation für die Besitznahme. Kolumbus suchte nach einem Anknüpfungspunkt für die Bekehrung der Indios zum Christentum; er vergleicht christliche Kulthandlungen mit denen der Indios. Dabei stellt er fest, dass die Indios keine „Götzendiener" seien, sondern die Anbetung eines einzigen Kultgegenstandes pflegten, oft ein Holzbild, das *Cimi* bzw. *Zemi* genannt werde. Auch Bildwerke zu Ehren der Vorfahren wurden angebetet. Wie in einer Kirche würden die Eingeborenen auf Española in einer bestimmten Hütte Zeremonien durchführen. Kolumbus nahm offensichtlich an einer solchen Zeremonie teil, er beobachtete, wie die Beteiligten von einem runden Tisch euphorisierende Pulver (*alcune polveri*) auf den Kopf des Zemi legten: „Dann saugen sie mit einem zwiegegabelten Rohr, das sie in ihre Nase stecken, dieses Pulver auf [...] Dieses Pulver versetzt sie außer sich, sie werden wie berauscht davon."[47]

Jeder Kazike rühme sich, den besten aller Zemis zu haben; einer ihrer Bräuche sei es, sich gegenseitig Zemis zu rauben. Auch werde allerlei Humbug und Scharlatanerie betrieben: So hatten die Spanier hinter einem Zemi eine versteckte Person entdeckt. Die Kaziken verehrten drei Steine: Der erste Stein förderte Getreide und Aussaat, der zweite schmerzlose Geburten und der dritte bringe Regen und Sonnenschein. Kolumbus geht auch auf die Tradition der Mumifizierung und die Art der Aufbewahrung von Schädeln ein. Es war üblich, Alte und Kranke zu töten oder in der Wildnis auszusetzen. Mehr über diese Dinge, so schreibt Kolumbus, enthalte eine Schrift, die er dem sprachkundigen Fra Roman (Pater Ramon Pane vom Hieronymusorden) in Auftrag gegeben habe. Von Interesse seien alle Riten und alten Überlieferungen der Indios, aus denen hervorgehe, dass sie (auch) eine natürliche Ehrfurcht vor dem Kommenden hätten und an die Unsterblichkeit der Seelen glaubten.[48]

Als Kolumbus nach Española zurückkehrte, war es bereits zu beidseitigen Übergriffen zwischen Spaniern und Indios gekommen. Von dem Kaziken Guacanagarí begleitet, startete Kolumbus am 24. März 1495 einen Feldzug zur Befriedung der Insel. Hauptgegner war der Kazike Caonabó, der bereits für die Ermordung der spanischen Seeleute bei La Navidad verantwortlich gemacht wurde und nun angeblich einen Angriff auf die Siedlung Isabella plante, um die Europäer von der Insel zu vertreiben. Laut Hernando Colón standen den 200 Christen mit 20 Pferden und ein paar Bluthunden schließlich mehr als 100 000 Indios gegenüber. Wiewohl diese Zahl sicher stark übertrieben ist, kann man von einer deutlichen Überzahl der Indios ausgehen. Die Spanier siegten dennoch: Sie trieben die Indios, die in Panik gerieten, von zwei Seiten zusammen und veranstalteten ein entsetzliches Gemetzel. Wie viele Tote es unter der einheimischen Bevölkerung gab, ist unbekannt. Den Spaniern gelang es, Caonabó zusammen mit seinem Bruder, seinen Frauen und Söhnen gefangen zu nehmen.[49] Kolumbus setzt den Kaziken auf seinem Schiff fest und fragt ihn über dessen Glauben aus, er bezeichnet ihn plötzlich ehrfurchtsvoll als einen „bejahrten Mann von großem Wissen und scharfem Geist".[50] Eine solch hohe Persönlichkeit dürfe nicht verurteilt werden, ohne dass die spanischen Könige davon Kenntnis erhielten. Deshalb wolle er ihn nach Europa überbringen. Las Casas, der später in seiner berühmten *Brévissima relación de la destrucción de las Indias occidentales* (Kurzgefasster Bericht von den Verwüstungen der Westindischen Länder) das traurige Ende der Kaziken exemplarisch skizziert, berichtet, dass Caonabó sich auf einem der sechs Schiffe befand, die kurz vor der Abfahrt nach Kastilien durch einen großen Sturm versenkt wurden.[51]

Die Indios leisteten keinen Widerstand mehr. Kolumbus dankt Gott dafür, denn die Spanier hätten der Übermacht der Einheimischen nicht

Stand halten können; seine 200 halbkranken, schlecht bewehrten Männer wären nicht in der Lage gewesen, einen Angriff seitens der Indios abzuwehren: „Ihre Überzahl hätte genügt, um jeden unserer Vorteile zunichte zu machen."[52] Die Indios waren tatsächlich einem ganz anderen „Feind" erlegen: Krankheiten und Hungersnot hatten sie dezimiert – für Kolumbus ein Zeichen Gottes.

Hunger und Krankheit breiteten sich unterdessen auch unter den Europäern aus. Kolumbus kam überdies zu Ohren, dass es am spanischen Hof zu schweren Verleumdungen gegen ihn gekommen war. Er entschloss sich zur Rückfahrt, um Isabella von Kastilien und Ferdinand von Aragon persönlich Bericht zu erstatten, und ernannte seinen Bruder Bartolomeo zu seinem Stellvertreter (*Adelantado*). Am 10. März 1496 schiffte er sich mit 225 Christen und 30 Indios ein und setzte vom Hafen von Isabella auf die Kleinen Antillen über. Dort wurde tagelang nach Nahrungsmitteln gesucht, um den Proviant aufzustocken. Dennoch war der Hunger auf der Rückfahrt das weitaus größte Problem: Als Kolumbus nach einer Überfahrt von gut eineinhalb Monaten Land sichtete (er wusste, dass sie sich bereits am Kap von San Vicente befanden), waren die Seeleute so ausgehungert, dass sie sich weigerten, die Segel zu reffen; lieber wollten sie an der Küste zerschellen als auf dem Meer verhungern. Der Hunger sei so groß gewesen, dass manche Seeleute die Indios töten wollten – um sie zu verspeisen, oder, was wahrscheinlicher ist, um die Lebensmittelvorräte nicht mit ihnen teilen zu müssen.

In Kastilien erfuhr Kolumbus, dass er am spanischen Hof von Pater Buil und Pedro Margarite diskreditiert worden war. Die genauen Anklagepunkte sind unbekannt; wahrscheinlich wurde ihm ein (zu) strenges Regime gegenüber seinen spanischen Untergebenen vorgeworfen. Las Casas führt in seiner *Historia de las Indias* aus, der Entdecker habe spanische Hofleute, Ritter und Adlige zur Arbeit zwingen wollen. Aufgrund dieser Anschuldigungen zögerte die Regierung, Kolumbus zu unterstützen und ihm eine neue Flotte zur Verfügung zu stellen. Zwei Jahre musste er auf seine dritte Fahrt warten. Dies war umso schmerzhafter, als sein Bruder Bartolomeo, den er als Stellvertreter auf Española zurückgelassen hatte, dringender denn je auf Nachschub angewiesen gewesen wäre.[53]

Die zweite Reise ist nicht vergleichbar mit der ersten: Statt drei

Schiffen war eine ganze Flotte aufgebrochen, statt 90 Mann ein Heer von mindestens 1200 gut ausgerüsteten Soldaten. Unter den Indios muss das Auftauchen dieser „Armada“ Angst und Schrecken ausgelöst haben. Die mächtigen Kaziken erkannten offensichtlich die Bedrohung und begannen sich gegen die Spanier zu formieren. Dass diese dennoch obsiegten, hatte mit den sich rasant ausbreitenden Krankheiten unter den Indios zu tun. Kolumbus spricht von einem Bevölkerungsrückgang von bis zu einem Drittel der ursprünglichen Zahl. Frühere Historiker führten gern die technische Überlegenheit der kolonialen Eroberer als Grund für den „Sieg“ in Übersee an: die effizienten Schusswaffen und den Einsatz von Kavallerie (Pferde flößten den Einheimischen große Furcht ein). Neuere Forschungen gehen dagegen davon aus, dass die enorme Dezimierung der Indios weniger eine Folge von Niederlagen gegen die Spanier als vielmehr von Übertragung tödlicher Krankheiten war. Weil der amerikanische Kontinent Jahrhunderte lang isoliert geblieben war, fehlte es den Einheimischen an Abwehrkräften gegen eingeschleppte Erreger. So waren die Indios weder gegen Masern und Pocken noch gegen die Grippe oder einfache Erkältungen und schon gar nicht gegen Malaria und Lepra immun. Alle Krankheitserreger, die in Europa, aber auch in Afrika und Asien tiefe Kerben in die demographische Entwicklung geschlagen hatten – man denke nur an die Pestwellen des Mittelalters –, lösten eine todbringende Pandemie aus. Man nimmt an, dass es vor allem die Pocken waren, die die Indios zu Tausenden dahinrafften.[54] Der Bevölkerungsrückgang wurde schnell zum Bumerang für die europäischen Eindringliche: Nichts wurde mehr angepflanzt und der Hunger grassierte auch bei den Spaniern. Zudem fehlten die Indios als Arbeitskräfte.

Die zweite Reise war für Kolumbus ein böses Erwachen. Die Indios standen den Spaniern plötzlich als Feinde gegenüber. Zudem zeigte sich, dass die spanischen Adligen nicht bereit waren, selbst harte Arbeit zu verrichten und seinen Befehlen zu gehorchen; da jeder auf seinen Ehrenkodex und eigenen Vorteil bedacht war, kam es zunehmend zu unkontrollierbaren Übergriffen gegen die Indios und vor allem auch deren Frauen und Kinder. Da die Krone das eroberte Land als ihr Eigentum sah, sollte Kolumbus schon auf der nächsten, dritten Reise mit dem Verteilen von Pflanzland und der Zuteilung von Indios an einzelne Siedler beginnen (*repartimientos de Indios*). Diese „Verteilungen“ (*repartir* = verteilen) erhielten später den Namen *Encomiendas* (*encomendar* = anvertrauen) und wurden als Belohung für besondere Verdienste vergeben. Die Encomenderos hatten zwar die Auflage, die Indios zum Christentum zu bekehren und für ihren Schutz zu sorgen, doch sie hatten auch das Recht, von den Eingeborenen Abgaben zu verlangen. Missbräuche waren damit vorprogrammiert, und das Encomienda-System verkam alsbald zu einer Form der Sklaverei zu Gunsten von Plantagen- und Minenbesitzern. Zwangsarbeit und andere schlechte Lebensbedingungen führten bei den Indios zum Verlust des sozialen Gefüges, als Folge davon zu Unfruchtbarkeit („Gebärstreik") und (Massen-)Selbstmorden. Zu den wohl wichtigsten Kritiker dieses Zwangsarbeiter-Systems zählte der Dominikaner Bartolomé de Las Casas (siehe S. 229ff.).

Dritte Reise und Entmachtung (1500)

Christoph Kolumbus fasste seine vier Reisen in insgesamt sieben Briefberichten (*cartas-relaciones*) zusammen; die dritte Reise, die von 1498 bis 1500 dauerte, ist allerdings nur bis August 1498 überliefert; für die Zeit danach ist eine auf Mai 1499 datierte, unvollständige Verteidigungsschrift des Kolumbus gegen die Anschuldigungen seiner Feinde erhalten (sie bezieht sich allerdings hauptsächlich auf Ereignisse der zweiten Reise), gefolgt von einem Brief an Juana de la Torres aus dem Jahre 1500. Die ganze Reise ist auch von Hernando Colón und Bartolomé de Las Casas zusammengefasst; letzterer schildert in seiner *Historia de las Indias* ausführlich die Entmachtung des Kolumbus in Übersee.

Die dritte Expedition startete Kolumbus am 30. Mai 1498. Acht Karavellen, darunter einmal mehr die Niña, liefen unter seinem Kommando aus dem andalusischen Hafen von San Lúcar de Barrameda aus. Neben Alonso Sánchez de Carvajal war auch Pedro de Harana mit von der Partie, der Bruder von Béatrice de Harana, sowie sein Cousin Antonio Colombo, der aus Genua angereist war. Unter den insgesamt etwa 300 Mannschaftsmitgliedern sollen sich auch 30 christliche Frauen befunden haben.[55] Da sich Spanien seit 1494 im Krieg mit Frankreich befand, segelte Kolumbus mit einem Umweg über Madeira auf die Kanarischen Inseln. Zwei Schiffe mit Proviant schickte er direkt nach Española, um damit seinen Bruder Bartolomeo zu unterstützen; diese Schiffe und der Nachschub sollten allerdings in die Hände des aufständischen Francisco Roldán geraten, der einen Teil der Insel kontrollierte.

Kolumbus selbst nahm mit einem Schiff und zwei Karavellen auf der Höhe des afrikanischen Sierra Leone Kurs nach Westen. So erreichte er die Nordküste Südamerikas in nur 17 Tagen. Er beschreibt die anmutige Landschaft und die Einheimischen, die von schöner Gestalt seien und deren Haut viel heller sei als die der bisher gesichteten Indios oder Afrikaner derselben Breitengrade: „All das rührt her von der außerordentlichen Milde der Temperaturen, und diese ist die Folge davon, dass dieses Land das höchstgelegene und dem Himmel nächste der ganzen Erde ist."[56] Kolumbus stieß von der Insel Trinidad aus bis in die Orinokomündung vor, wo ihn die heftigen Strömungen der Meeresenge des Boca del Sierpe mitrissen. Von der Größe dieses Flusses überwältigt, wähnte Kolumbus sich in der Nähe des irdischen Paradieses, wo unter dem Baum des Lebens die vier Ströme der Welt entsprängen: der Ganges in Indien, der Tigris und Euphrat in Mesopotamien und der Nil in Äthiopien. Er sei zutiefst davon überzeugt, dass der von ihm entdeckte Strom aus dem Paradies fließe; und sei dies nicht der Fall, dann wäre das Wunder noch größer, dann müsste er aus einem „ungeheuren Land im Süden" kommen, von dem man „bis heute keine Nachricht" habe.[57] Er erkundete die Küste Venezuelas bis auf die Höhe der Insel Paria, die er Margarita taufte.

Auf Española kam es zum lang ersehnten Wiedersehen mit seinem Bruder Bartolomeo. Mit vereinten Kräften gelang es ihnen in der Folge, zwei verfeindete Gebiete zu befrieden. Bartolomeo unternahm einen schwierigen Feldzug in die Berge, um die Auslieferung des Kaziken Guarionex zu bewirken; unterdessen bemühte sich Kolumbus, den Konflikt mit den spanischen Meuterern unter Führung von Francisco Roldán beizulegen. Obwohl Ruhe und Frieden auf der Insel in den folgenden Monaten wieder hergestellt werden konnten, traf am 23. August 1500 der königliche Untersuchungsrichter Francisco de Bobadilla mit einer spanischen Flotte ein. Bobadilla war ein Mönch mit dem Komp-turkreuz des militärischen Ordens von Alcántara und galt nicht nur als Helfershelfer des Bischofs von Fonseca, sondern auch als Vollstrecker der Pläne Ferdinand von Aragon. Gemäß Las Casas ließ Francisco de

Bobadilla zuerst Kolumbus' Bruder Giacomo in Ketten legen und auf einer Karavelle festhalten – ohne eine Anklage vorzubringen oder eine Rechtfertigung anzuhören. Dann ließ Bobadilla auch den Admiral in eine Festung einsperren. Las Casas ereifert sich über die dreiste Inhaftierung des Entdeckers: „Das war eine unerhörte, verächtliche, erbärmliche, verabscheuungswürdige Tat. Einen Mann von solchem Rang, Vizekönig und Statthalter auf Lebenszeit dieses Erdteils, Admiral des Ozeans, einen Mann, der sich unter so viel Mühen, Gefahren und Schweiß diese Titel erworben hatte, der zu diesem außerordentlichen Rang von Gott auserwählt worden war [...], einen solchen Mann auf so unmenschliche und schändliche Weise zu behandeln, das ist eine nicht nur unwürdige Tat jenseits aller Vernunft, das ist mehr als eine Ungeheuerlichkeit."[58] Im Gefängnis wurde Kolumbus gezwungen, seinem Bruder Bartolomeo, der sich in der Provinz Xaraguá befand, zu schreiben: Er solle die 16 Meuterer, über die die Todesstrafe verhängt worden war, schonen und sie nach Santo Domingo bringen. Kaum war Bartolomeo angekommen, wurde auch er in Ketten gelegt.

Siedler und Meuterer erhielten nun die Gelegenheit, die Gebrüder zu beschimpfen und öffentlich zu verunglimpfen. Las Casas schreibt: „Es genügte ihnen nicht, sie so entehrt und niedergeschlagen zu sehen, mündlich und schriftlich, Tag und Nacht hörten sie nicht auf, sie zu beschimpfen und zu verhöhnen und überall Schmähschriften gegen sie öffentlich zu verlesen. Am meisten schmerzte es die Unglücklichen, sehen zu müssen, dass unter denen, die sich so verächtlich benahmen, Leute waren, die ihr Brot gegessen, Wohltaten von ihnen empfangen hatten und Freunde von ihnen gewesen waren."[59] Der Lohn, der dem Admiral zukomme, sei nicht weniger schmählich als der Dank gewesen, den einst der tapfere Belisar erhalten habe.[60] Bobadilla sei mit den Meuterern – „Francisco Roldán und andere ehrenlose Männer und Verbrecher" – nicht ansatzweise ähnlich streng verfahren, sondern habe sie, ganz im Gegenteil, geschont. Das schlimmste aber, was Kolumbus und seine Brüder erlebt hätten, sei die bittere Angst vor der Hinrichtung gewesen. Als die Gebrüder Colón realisierten, dass sie auf ein Schiff gebracht und nach Kastilien deportiert wurden, war die Erleichterung groß. Tatsächlich habe der Kapitän, ein ehrenwerter Edelmann namens Alonso de Vallejo (den Las Casas als seinen Freund bezeichnet), sie auf der Rückfahrt sehr gut behandelt und ihnen sogar erboten, die Ketten abzunehmen. Dies habe der Admiral aber abgelehnt: Nur die Krone solle dies veranlassen.

Das Schiff landete in Cadíz zwischen dem 20. und 25. November 1500. Kolumbus und seine Brüder wurden am 17. Dezember auf Befehl der Könige aus der Haft entlassen und rehabilitiert. Wie genau die Freilassung zustande kam, ist nicht ganz klar. Las Casas vermutet als Ursache Verteidigungsschriften, die Kolumbus unmittelbar nach seiner Ankunft in aller Eile an den Hof habe überbringen lassen. Wahrscheinlich handelt es aber „nur" um den umfangreichen Brief, den er an Juana de la Torres gerichtet hatte. In diesem Schreiben formuliert Kolumbus erstmals seinen prophetischen Auftrag und wirft damit eine religiöse Rhetorik in die Waagschale. Es wäre nicht das erste Mal gewesen, dass Juana de la Torres sich am Hof für ihn stark gemacht hätte.

Kolumbus musste nach seiner Deportation nach Kastilien fast zweieinhalb Jahre warten, bis er wieder nach Übersee fahren konnte. Er nutzte die Zeit, um mit seiner Heimatstadt Genua Kontakt aufzunehmen und seine urkundlich festgelegten Rechte zu kopieren und in Sicherheit zu bringen (siehe S. 35f.). Der Admiral und potenzielle Vizekönig arbeitete nun daran, seine Entdeckungsfahrten religiös zu untermauern. Unter Mitarbeit des Klosterabtes von Las Cuevas bei Sevilla sammelte er verschiedene Zitate mit teilweise prophetischem Inhalt, die er im *libro de las profecías* zusammenstellte (vgl. S. 166f.).

Auf der dritten Reise vollzog sich eine radikale Wende in Kolumbus' Leben. Auf eine Phase, die von Macht, der Verantwortung und höchster Anstrengung geprägt war, folgte ein Fall ins scheinbar Bodenlose. Die Probleme häuften sich, zumal er immer weniger auf die Unterstützung seiner spanischen Untertanen zählen konnte. Der Historiker Fernández de Oviedo schreibt später, dass Kolumbus entweder ein „Engel oder ein Übermensch" hätte sein müssen, um sich durchzusetzen. Über Nacht und in einem scheinbaren Willkürakt wurde der Admiral, Gouverneur und Vizekönig zum Gefangenen ohne Besitz und Würde. Diese Zäsur, die kompromissloser nicht hätte ausfallen können, sollte noch im Jahr 1500 dazu führen, dass sich in der Persönlichkeit des Genuesen eine neue Facette zeigte, die nicht nur seine Erben, sondern auch Las Casas beeinflussten. Bereits nach seiner zweiten Entdeckungsreise soll er seine

Admiralsuniform gegen eine schlichte Mönchskutte eingetauscht haben; nach 1500 änderte er auch seine Unterschrift. Von nun an wandte sich einem Gebiet zu, das ihm keineswegs fremd gewesen zu sein scheint: Der religiös-prophetischen Argumentation. Noch, so glaubte er anscheinend, hatte er einen wirksamen Pfeil im Köcher. Die vierte Reise soll deshalb nicht zuletzt unter dem Gesichtspunkt dieser „Metamorphose" betrachtet werden.

Stürme der Endzeit: die letzte Reise (1502–1504)

Die vierte und längste Reise ist durch Hernando Colón, der an der Reise teilnahm, dokumentiert; vor allem die unfreiwillige Wartezeit auf Jamaika wird von dem zur Zeit der Reise 13- bis 16-Jährigen anschaulich beschrieben. Hinzu kommt ein Bericht des mitreisenden Diego Méndez, der sich in einem Zusatz zu seinem Testament (1536) fand. Als Hauptquelle kann aber der Briefbericht des Entdeckers selbst gelten. Dieser ist in Spanien auch unter dem Namen *lettera rarissima* (äußert seltener Brief) bekannt und illustriert eindrücklich Kolumbus' Hinwendung zum Religiösen. In Zusammenhang mit diesem Brief sind auch drei Karten von Kolumbus' Bruder Bartolomeo überliefert, die zusammen eine Weltkarte ergeben: eine besteht aus einer Skizze der Neuen Welt (*Mondo Novo*), die zweite aus einer Zeichnung der Küste Afrikas und die dritte aus einer Darstellung Indiens und Asiens (siehe Abb. 23 und 24).

Am 26. Februar 1506 hatte Kolumbus den Katholischen Königen seine Pläne für die vierte Reise ausführlich erläutert. Diese bestätigten noch einmal seine Privilegien und erteilten ihm am 11. Mai 1502 die Bewilligung für die Überfahrt. Die längste und anstrengendste der vier großen Entdeckungsreisen konnte beginnen. Als Kolumbus mit vier Schiffen, der Capitana, der Gallega, der Santiago de Palos und der Vizcaína nach Übersee aufbrach, hatte die Krone ihm den Auftrag erteilt, auf geradem Weg gen Westen zu segeln, um weitere Lande zu entdecken; zudem sollte er die Suche nach Gold, Silber, Edelsteinen und Gewürzen fortsetzen und alles in die Obhut des Francisco Porras übergeben. Kolumbus erhielt auch ein Empfehlungsschreiben, das an den Seefahrer Vasco da Gama gerichtet war, dem er unterwegs möglicherweise

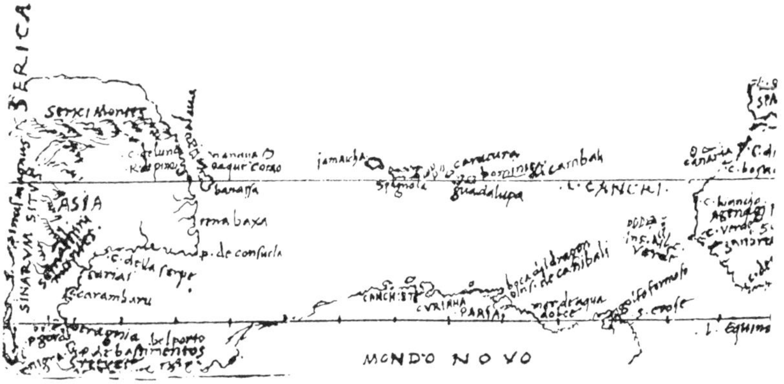

ABB. 23: Darstellung der Neuen Welt nach Bartolomeo Colombo. Kolumbus' Bruder fertigte diese Skizze auf der vierten Reise an. Zusammen mit zwei weiteren Kartenskizzen der äquatorialen Zone (eine Karte Afrikas, siehe Abb. 24, und eine Skizze Asiens) ergibt sich eine Weltkarte (Alessandro Zorzi, Biblioteca Nazionale, Florenz).

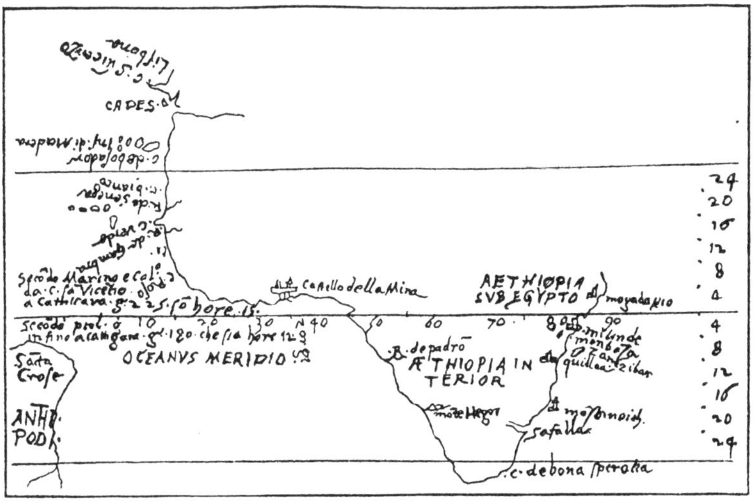

ABB. 24: Skizze der Küste Afrikas nach Bartolomeo Colombo (Alessandro Zorzi, Biblioteca Nazionale, Florenz). Bartolomeo brachte nach Kolumbus' Tod (zusammen mit dem venezianischen Kartographen Zorzi) eine Edition des Briefberichts der vierten Reise heraus, in diesem Rahmen publizierte er auch die Kartenskizzen.

begegnen würde. Im Auftrag des portugiesischen Königs hatte Vasco da Gama bereits 1497 einen Weg um Afrika herum nach Indien gesucht. Er umsegelte das Kap der Guten Hoffnung und erreichte 1498 die indische Küste bei Calicut. 1502/1503 wiederholte er die Reise – dieses Mal mit einer Kriegsflotte, mit deren Hilfe die Portugiesen die Oberhoheit in den Städten an der indischen Westküste sichern konnten.

Die Könige hofften, Kolumbus werde eine Passage finden, die ihn bis nach Indien und China führen könnte, so dass er von Osten her schließlich nach Spanien zurückkehren würde. Sollte dies nicht eintreten, dürfe Kolumbus auf dem Rückweg auf der Insel Española Zwischenhalt machen (auf dem Hinweg war ihm dies verboten).

Christoph Kolumbus war inzwischen ein alter, von Strapazen gezeichneter Mann; er litt an einer schweren Form der Gicht. Wäre er nicht immer noch einer der besten Seefahrer seiner Zeit gewesen, Isabella und Ferdinand hätten ihn wohl kaum mehr nach Übersee bzw. auf eine Weltumsegelung geschickt. Michele Cuneo beschreibt Kolumbus' navigatorische Fähigkeiten: „Allein aus dem Anblick einer Wolke oder eines Sterns in der Nacht konnte er auf hoher See erkennen, welchen Kurs er einzuschlagen hatte."[61]

Mit an Bord waren auf der vierten Reise auch Kolumbus' Bruder Bartolomeo und sein Sohn Hernando. Nach einer relativ ruhigen Überfahrt erreichten die vier Karavellen Española und gingen im Hafen von Santo Domingo vor Anker. Die weitere Reise führte ihn von Española über Jamaika bis zum Jardín de la Reina (Garten der Königin) und zur Isla del Evangelista (Insel Pinos) im Nordosten Kubas. Als er im Juli 1502 Kurs in Richtung Mittelamerika nahm, hinderten ihn widrige Strömungen am Fortkommen. Mehrere orkanartige Unwetter (vermutlich Hurrikane) ließen ihn die Macht der Naturgewalten spüren. „Der Sturm war schrecklich, und in jener Nacht verstreute er mir die Schiffe: Jedes von ihnen trieb er vor sich her, und es blieb mir nichts mehr zu erwarten als der Tod. Auf einem jeden von ihnen glaubte man gewisslich, dass alle anderen verloren seien [...] Ist jemals ein Mensch geboren, Hiob nicht ausgenommen, der so verzweifelt seinem Tod entgegen sah?"[62] In Anknüpfung an die Hiobmeditationen und die Stürme der Endzeit schildert er seinen Gemütszustand: „In dieser ganzen Zeit landete ich in keinem Hafen, weder wollte ich noch ließ mich der Sturm landen, mit seinem Wasser vom Himmel, Wirbelwinden und Blitzen ohne Unterlass, dass das Ende der Welt gekommen schien. [...] Achtundachtzig Tage hindurch hatte der schreckliche Sturm nicht von mir gelassen, man sah keine Sonne und keine Sterne auf dem Meer. Die Schiffe leckten und die Segel zerrissen, die Anker und Winden gingen verloren, dazu Taue und viel Proviant. [...] Viele Stürme hat man gesehen, doch keinen, der so lange währte und solche Schrecknis brachte. Der Schmerz um meinen Sohn [Hernando], der mich begleitete, zerriss mir die Seele, mehr noch, da er doch so zarten Alters war und mit dreizehn Jahren solche Mühsal litt und die Plage kein Ende nahm.“[63]

Am 30. Juli 1502 erreichte Kolumbus die mittelamerikanische Küste auf der Höhe des heutigen Honduras. Er, aber auch alle Mitreisenden sowie die Zeitgenossen waren überzeugt, dass er damit das asiatische Festland erreicht hatte. Entlang der Küste *Veraguas* (Honduras, Nicaragua, Panamà) segelte er weiter gen Süden. Sein Versuch, eine Niederlassung zu gründen, scheiterte am heftigen Widerstand der Indios. Regengüsse und Stürme behinderten wieder die Reise, Kolumbus malt ein apokalyptisches Bild: „Niemals sahen Augen das Meer so hoch, so hässlich, so ganz zu Schaum geworden. [...] So fuhr ich in diesem Meer umher, das flüssiges Blut schien und das kochte wie ein Kessel, unter dem großes Feuer brennt. Niemals ward der Himmel so schauerlich gesehen: Einen Tag und eine Nacht brannte alles, als sei es ein glühender Ofen. Feuer und Blitz fielen allenthalben, und jedes Mal hielt ich Ausschau, ob es mir Mast und Segel geraubt hätte. [...] In all dieser Zeit hörte es niemals auf, vom Himmel zu gießen, denn man kann das nicht mehr regnen nennen; eine zweite Sintflut schien begonnen zu haben.“[64]

Kolumbus suchte vor den Küsten Veraguas zweieinhalb Monate vergeblich nach einer Durchfahrt nach Indien. Seit dem Altertum vermutete man im Süden einen unbekannten Kontinent, der mit Asien verbunden war. Von Ptomeläus und Marco Polo wusste man, dass ein Kanal existieren musste, der eine Durchfahrt ermöglichte (gemeint war die Malakkastraße). Die Suche nach einer Durchfahrt sollte noch den portugiesischen Seefahrer Fernão de Magalhães beschäftigen, der im Auftrag der spanischen Krone 13 Jahre nach Kolumbus’ Tod die Küste Südamerikas absegelte, um diese Passage zu finden. Kolumbus machte sich auf den Weg nach Süden und segelte in eine Flussmündung in der

ABB. 25: Beschreibung eines Hurrikans in Zusammenhang mit der Entdeckung Amerikas. Kupferstich von Theodor de Bry (1528–1598) aus „Americae“ pars quarta (Reisebericht des Girolamo Benzoni) Frankfurt 1594

Nähe des heutigen Panamàkanals hinein. Im Januar 1503 wurde die Flussmündung plötzlich unbefahrbar – vermutlich hatte sie sich mit Schlamm und Sand gefüllt. Die Schiffe wurden von Bohrwürmern befallen und füllten sich immer mehr mit Wasser. Durch einen Kanal, der sich in der Flussmündung wieder bildete, konnten die drei Schiffe (nachdem sie entladen worden waren) schließlich wieder aufs Meer zurückgeführt werden. Bartolomeo Colombo befand sich mit der Mehrzahl der Seeleute noch in der Flussmündung, während Kolumbus auf dem Meer weder weitersegeln noch an Land gehen konnte, da die Indios ihn dort angegriffen hätten.

Nach monatelanger Odyssee gab Kolumbus die Suche nach Gold und einer Passage nach Indien entlang der zentralamerikanischen Küste auf. Er gewann die Überzeugung, dass die Landenge von Panamà – Passage der antiken asiatischen Hafenstadt Kattigara – im Laufe der Jahrhunderte versandet sei. Bartolomeo Colombo fertigte eine Weltkarte an, die noch heute erhalten ist.[65] Er nahm die Aufzeichnungen seines Bruders Christoph Kolumbus von der südamerikanischen Küste in eine seiner Skizzen auf und kombinierte sie mit dem neu erforschten Gebiet; zwischen den Orten *Beragua* (Veragua) und *Belporto* (Portobelo) ist denn auch die altchinesische Stadt *Kattigara* und dahinter ASIA eingezeichnet. Asien ist auf der Karte verbunden mit einem unbekannten Kontinent im Süden, der sich gegen Westen ausdehnt und auf dem MONDO NOVO (Neue Welt) steht (vgl. Abb. 23). Kein anderes Dokument zeigt so deutlich, wie sehr die Vorstellung eines asiatischen Festlandes verankert war. Auf der Skizze von Bartolomeo, die Afrika, Indien und Asien zeigt, entspricht der östliche Küstenverlauf kennzeichnenderweise demjenigen Mittelamerikas. Erst nach Fernão de Magalhães Weltumsegelung (1522) kam dieses Weltbild ins Wanken; erst jetzt verbreitete sich das Bewusstsein über die wahre Dimension der Erde und die Existenz eines riesigen pazifischen Ozeans.

Kolumbus musste eines seiner Schiffe, die Vizcaína, aufgeben; es war von Bohrwürmern so durchlöchert, dass es nicht mehr seetauglich war. Mit großer Wahrscheinlichkeit handelt es sich bei der Vizcaína um das Wrack, das 1998 der amerikanische Schatztaucher Warren White nahe des Fischerdorfes Portobelo in der Bucht von Nombre de Dios entdeckt hatte und das seit Anfang 2003 von internationalen Wissenschaftlern untersucht wird. Obwohl auch die restlichen Schiffe stark von Bohrwürmern zerfressen waren, gelang ihnen mit Müh' und Not die Überfahrt bis nach Jamaika. Hier begann im Juni 1503 das lange Warten auf Rettung (es sollte bis August 1504 dauern). Der bereits erwähnte Diego Méndez de Segura und der Genueser Adlige Bartolomeo Fieschi wurden von Kolumbus dazu bestimmt, das Meer von Jamaika nach Española auf einem Kanu zu überqueren. Nach einer äußerst strapaziösen Überfahrt mit Gegenströmungen und Trinkwassermangel erreichten sie schließlich Española. Dort sollte es ihnen jedoch erst nach Monaten gelingen, das Misstrauen des Gouverneurs Nicolás de Ovando (1451–1511) gegenüber dem potenziellen Vizekönig von *las Indias* zu zerstreuen, um mit Kolumbus' Geld ein Schiff zu dessen Rettung ausrüsten zu dürfen.

Auf Jamaika wurden unterdessen viele Mannschaftsmitglieder krank

– sie waren von den Anstrengungen der Reise erschöpft und ertrugen den Wechsel der Nahrung schlecht. Die Gesunden äußerten immer öfter ihren Unmut. Sie behaupteten, Kolumbus sei ein von der Krone Verbannter, dem die Rettung verweigert werde. Die Gebrüder Porras versprachen den Seeleuten die Rückkehr nach Kastilien, und so kam es unter ihrer Führung zur Meuterei. Der Umstand, dass Kolumbus, der an starker Gicht litt, bettlägrig war, wurde gemäß Hernando schamlos ausgenutzt: Beinahe sei sein Vater von den Meuterern getötet worden. Auch Kolumbus' Bruder geriet in die Hände der Aufständischen und musste um sein Leben bangen. Die beiden beschlossen, den Meuterern freies Geleit zu gewähren und ihnen die zehn Kanus zu überlassen, die von den Indios zusammengekauft worden waren. „Auf diese Kanus schifften sie sich ein und waren so fröhlich, als ob sie bereits in einem kastilischen Hafen gelandet wären.“[66] Auf ihrem Weg zur Ostspitze der Insel, von wo bereits Méndez und Fieschi abgereist waren, deckten sich Francisco de Porras und seine Männer bei den Indios mit Lebensmitteln und allen möglichen Dingen ein. Dabei verwiesen sie auf den Admiral, der dafür bezahlen werde. Die Überfahrt nach Española scheiterte an der Überfrachtung der Boote und an den ungünstigen Winden. Nachdem ein weiterer Versuch gescheitert war und alle Boote verloren waren, gaben die Meuterer auf.

Die Indios hatten aufgrund der Meuterei ihren Respekt vor dem Admiral und seinen Getreuen verloren. Hernando erinnert sich an die schwierige Situation: „[...] wir verzehrten an einem Tag mehr, als sie in zwanzig essen. Auch hatten sie [die Indios] kein großes Verlangen mehr nach unseren Sachen, die wir ihnen im Tausch gaben [...] Hätten wir ihnen die Sachen mit Gewalt wegnehmen wollen, dann hätte der größte Teil von uns an Land gehen müssen, um Krieg zu führen, und wir hätten den Admiral, der schwer unter seiner Gicht litt, in großer Gefahr auf den Schiffen allein lassen müssen. Wollten wir jedoch auf ihren guten Willen abstellen, dann hätten wir Not leiden müssen, auch hätten sie zehnmal mehr von uns verlangt, als sie vorher von uns erhielten. So waren sie ihres Vorteils sicher, und wir wussten nicht, wie wir uns verhalten sollten.“[67]

Kolumbus wusste, dass eine Mondfinsternis bevorstand. Deshalb lud er alle Kaziken der Gegend zu einem Fest ein. Die Stammesfürsten kamen am Tag vor der Mondfinsternis, und Kolumbus ließ ihnen durch einen Dolmetscher mitteilen, dass der Gott der Christen die Guten belohne und die Bösen bestrafe. Dies habe sich bereits bei den spanischen Meuterern gezeigt, die Gott nicht habe nach Española hinüberfahren lassen. Die Indios hätten ihn sehr erzürnt, da sie den Christen keine Lebensmittel mehr lieferten, und er habe deshalb beschlossen, ihnen Hunger und Krankheit zu schicken. Für den Fall, dass ihnen dies unwahrscheinlich erscheine, wolle Gott ein Zeichen am Himmel geben; dadurch könnten alle klar erkennen, dass sie von ihm eine Strafe zu erwarten hätten. Kolumbus forderte die Indios auf, den Mond zu beobachten. Dieser ging auf, und die Verfinsterung nahm ständig zu, je weiter der Mond am Himmel aufstieg. Darauf hätten die Indios eine solche Angst bekommen, das sie laut weinend von allen Seiten zusammenliefen und zuhauf Lebensmittel anschleppten. Kolumbus spielte die Inszenierung zu Ende, indem er erst dann „auftrat", als die Finsternis ihren Höhepunkt überschritt. Er teilte den Indios mit, Gott werde ihnen verzeihen, wenn sie die Christen künftig gut behandelten und ihnen die notwendigen Lebensmittel brächten. Hernando schreibt: „Sie blieben noch, bis die Mondfinsternis vollends vorüber war. Von nun an gaben sie sich große Mühe, uns mit allem, wessen wir bedurften, gut zu versehen, und lobten den Gott der Christen. Sie glaubten nämlich, die Mondfinsternisse, die sie früher beobachtet hatten, seien zu ihrem Schaden geschehen; sie kannten deren Ursache nicht und wussten nicht, dass sich diese Erscheinungen in bestimmten Zeiten wiederholten, auch glaubten sie nicht, auf Erden könne man wissen, was am Himmel vorgehen würde, dafür hielten sie es für sicher, dass es dem Admiral vom Gott der Christen geoffenbart worden sei."[68]

Acht Monate waren seit der Abreise von Diego Méndez und Bartolomeo Fieschi vergangen, ohne dass eine Nachricht von ihnen eingetroffen war. Man fürchtete, dass sie die Überfahrt nicht überlebt hatten. Schon drohte eine zweite Meuterei, diesmal unter der Führung eines Kräuterhändlers aus Valencia, als eine kleine Karavelle in der Nähe vor Anker ging. Der Kapitän der Karavelle setzte mit einem Boot zu Kolumbus über und teilte ihm mit, dass sich die Rettung etwas verzögert habe. Nachdem er ein Fässchen Wein und ein halbes gesalzenes Schwein übergeben hatte, segelte er unverzüglich wieder ab. Die Stippvisite gereichte allen zum Trost; doch die Vorstellung der nahen Rettung konnte nicht verhindern, dass die Spannungen zwischen den Kolumbus-Anhängern und den Verschwörern, zu denen sich nun Francisco de Porras und seine Getreuen gesellten, zunahmen. Alle Vermittlungsversuche scheiterten, und so kam es, dass Bartolomeo Colombo mit ein paar Männern die Meuterer zu einem Kräftemessen herausforderte. Bartolomeo gelang es, einige der ihn angreifenden Meuterer bereits beim ersten Zusammenstoß mit seinem Schwert niederzustrecken. Nach dem Kampf pflegten die Indios die (Fleisch-)Wunden der Weißen. Einem besonders übel zugerichteten Meuterer, der tagelang vergessen worden sei, hätten sie die Wunden mit Stäbchen geöffnet. Er hatte ein Loch im Kopf, das so groß war, dass das Gehirn bloß lag, und seine Schulter war fast gänzlich durchschlagen. Hernando wundert sich, dass dieser Mann im Gegensatz zu einem nur leicht verwundeten Mitkämpfer seines Onkels in der Folge wieder vollständig genas. Francisco de Porras wurde gefangen genommen und den restlichen Meuterern wurde ein Straferlass zugesichert, wenn sie denn ihre Taten bereuten.

Nach einem Jahr unfreiwilligen Aufenthaltes auf Jamaika lief das lang ersehnte Schiff ein, das Diego Méndez in Santo Domingo gekauft und ausgerüstet hatte. Freund und Feind gingen an Bord und stachen am 28. Juni in See. Über einen Monat mussten sie gegen widrige Winde aufkreuzen. Am 13. August 1504 landeten sie in Santo Domingo, wo Gouverneur Nicolás de Ovando dem Admiral einen freundlichen Empfang bereitete. Allerdings rehabilitierte Ovando kurz darauf Francisco de Porras und leitete ein Strafverfahren gegen diejenigen ein, die ihn gefangen gesetzt hatten. So war Kolumbus froh, als er am 12. September wieder die Segel hissen konnte. Obwohl auf der Überfahrt mehrere Stürme sowohl Mastbaum als auch Besammast zertrümmerten, liefen die Leidgeprüften, darunter Hernando Colón, nach 56 Tagen Überfahrt am 15. November 1504 endlich in den Hafen von Sanlucar de Barrameda in Spanien ein.

Königin Isabella von Kastilien, schwer erkrankt, starb wenige Tage nach ihrer Ankunft. Sie, die seiner Darstellung der Dinge immer Gehör geschenkt hatte, konnte Kolumbus nicht mehr empfangen. Dem ging es längst nicht mehr nur um seine Existenz, sondern auch um die seiner treuen Begleiter, denn viele der Überlebenden kehrten völlig mittellos zurück. Deshalb plante er trotz der beschwerlichen Reise zu König Ferdinand von Aragón nach Segovia zu gelangen. Doch während des ganzen Winters 1504/1505, den er in Sevilla verbrachte, wurde er von heftigen Gichtanfällen geplagt und konnte erst im Frühjahr aufbrechen. Seinem Ersuchen, sich auf der Totenbahre des verstorbenen Kardinals Jiménez de Cisneros transportieren zu lassen, wurde nicht stattgegeben. Wegen seiner eingeschränkten Reisefähigkeit wurde ihm immerhin die Reise auf einem Maultier bewilligt. Doch die Unterredung mit dem König führte zu nichts. Zwar ließ Ferdinand durchblicken, dass Kolumbus ein einträgliches Stück Land in Kastilien erhalte, wenn er denn auf seine erblichen Rechte als Admiral, Vizekönig und Gouverneur verzichte. Doch Kolumbus lehnte ab. Der Genueser Seefahrer folgte dem Hof von Segovia nach Salamanka und von dort nach Valladolid. Seine Gelenkentzündung verschlimmerte sich, er war kaum noch imstande, sich fortzubewegen. Die meiste Zeit verbrachte er im Bett. Er ließ sein Testament aufsetzen und schrieb verschiedene Briefe, von denen manche nur als Fragmente erhalten sind. Kolumbus starb am 20. Mai 1506 in Valladolid. In den Verzeichnissen der Stadt erinnert nichts an seinen Tod – der verdienstvolle Admiral der Katholischen Könige war zu diesem Zeitpunkt bereits vergessen.

Die letzte Reise von Kolumbus ist dank der minuziösen Aufzeichnung seines Sohnes Hernando vergleichsweise gut dokumentiert. Dieser Einblick in einen relativ kurzen Zeitabschnitt seines Lebens bestätigt den Eindruck der früheren Reisen, wenn auch diesmal mit eher negativen Vorzeichen: Die Vita des Kolumbus war ein fortwährender Überlebenskampf. Auf dieser letzten Reise kommt etwas deutlicher zum Ausdruck, das unterschwellig auch in den früheren Reisen immer wieder thematisiert wird: ein allgegenwärtiges Misstrauen. Es zeigt sich nicht nur gegenüber seinen Untertanen, sondern auch gegenüber den Katholischen Königen, gegenüber Beamten, Regierungs- und Ordensmitgliedern etc.

Dadurch antizipiert Kolumbus ein Stück weit eine Kulturkritik, wie sie von Bartolomé de Las Casas weiterentwickelt wurde. Meuterei, Vetternwirtschaft und Korruption stehen in zunehmendem Kontrast zu den vermeintlich wehrlosen, gutmütigen, liebevollen Bewohnern einer bis dato von Europa unberührten Welt.

V. Das heilige Grab zu Jerusalem

Zeittafel

1498–1500 Kolumbus glaubt die Goldgruben Salomos sowie das irdische Paradies gefunden zu haben.

1500 In einem Brief an Juana de la Torres bezieht sich Kolumbus auf die Prophezeiungen des Jesaia und die Apokalypse des Johannes. Er ändert seine Unterschrift auf *X-ferens* (Christus-Träger) ab, behält aber das Kryptogramm S·S·A·S XYM bei.

1501 Das *libro de las profecías* (Buch der Prophezeiungen) entsteht, eine Sammlung von Psalmen, Zitaten und prophetischen Texten. Kolumbus fasst einleitend seine Motive zusammen: den Wunsch, die Geheimnisse dieser Welt zu erforschen, die Vorstellung eines astrologisch berechenbaren Weltendes sowie die Finanzierung eines Kreuzzugs zur Wiederherstellung des heiligen Tempels zu Jerusalem.

1503 In seinem Bericht über die vierte und letzte Reise (*lettera rarissima*) erläutert Kolumbus seine Gold- und Paradiessuche in Zusammenhang mit seinen religiösen Vorstellungen.

Kolumbus – ein Häretiker?

Sechs Jahre vor der ersten Entdeckungsreise hatte Christoph Kolumbus sein Projekt einer Westfahrt nach Indien vor Theologen ein erstes Mal verteidigt. 1486 stand er in Salamanka (wie erwähnt) einem Expertengremium unter der Leitung von Hernando de Talavera Rede und Antwort. Über dieses „Tribunal" gibt es keinerlei Aufzeichnung. Wir wissen daher nicht, welche Position Kolumbus einnahm und welche Argumente er vorbrachte. Hernando Colón führt aus, dass sein Vater in Spanien erst ‚Aufklärungsarbeit' habe leisten müssen: In Kastilien habe es zu jener Zeit kaum gute Kosmographen gegeben und Kolumbus' Gegner hätten die alten Argumente der Scholastik vorgebracht gegen das Projekt der Westfahrt nach Indien: die Unbewohnbarkeit der äußeren Erdzonen, die Unmöglichkeit einer Rückkehr wegen fehlender Erdanziehung, die Inexistenz von Antipoden („Gegenfüßlern") etc. Die Zeit sei einfach noch nicht reif gewesen für ein Unternehmen diesen Ausmaßes.[1]

In einer Zeit, in der die inneren sozialen Konflikte mit der Vertreibung der Juden und der Bekehrung der Mauren „gelöst" wurden, konnte ein kostspieliges und risikoreiches Projekt wie das des Kolumbus kaum Priorität haben. Der Hauptgegner, Hernando de Talavera, war für die Finanzierung der *Reconquista* zuständig; die Kassen der Santa Hermandad – einer Art Schutztruppe mit polizeilichen Aufgaben – waren leer, Steuern wurden erhoben und Konfiskationen angeordnet. Ein Seefahrer ausländischer Herkunft, der zum Aufbruch in weit entfernte Gebiete aufrief und sich mit einer mystischen Prophetie Gehör zu verschaffen suchte, konnte vor diesem Hintergrund kaum auf Erfolg rechnen. Alessandro Geraldini da Amelia, ein Gesandter von Papst Innozenz VIII., erinnerte sich später an eine weitere Disputation, diesmal bei Santa Fé (1491) vor Granada. Kolumbus habe sich bei dieser Gelegenheit in eine Auseinandersetzung um den heiligen Augustinus einerseits und Nicolas von Lyra andererseits verstrickt und sei in der Folge von einem Teil des spanischen Klerus der Ketzerei beschuldigt worden.[2]

Kolumbus war in Kastilien umstritten. Das änderte sich auch nach der ruhmvollen Entdeckungsfahrt von 1492 nicht. Am 28. Mai 1503 – Kolumbus befand sich noch auf seiner vierten Reise – publizierte das Verlagshaus Stanislaus Polski und Jacobus Kromberger in Sevilla die erste spanische Übersetzung von Marco Polos Asienreise. Im Prolog attackiert der königliche Erzdiakon Fernández de Santaella eine bekannte Person, die Westindien mit dem biblischen Ophir, mit Tarshish und Kittim identifiziere; keine Frage: Gemeint war Christoph Kolumbus.

Das gängige Bild, Kolumbus habe mit seinem Weltbild die engstirnigen Kleriker vor den Kopf gestoßen, kann einer genaueren Betrachtung allerdings ebenso wenig standhalten wie die Auffassung, der Seefahrer sei allein deshalb abgewiesen worden, weil er als *idiota* (Ungebildeter) vor den *letrados* (Gelehrten) der Universität Salamanka nicht habe bestehen können. Doch was waren die streitbaren Argumente, von welchen Strömungen war Kolumbus beeinflusst? Auf der Suche nach Antworten auf diese Fragen sollte man die religiösen Aussagen des Genuesen ernst nehmen, auch wenn sie aus heutiger Sicht befremdlich oder gar bizarr wirken.

Das Buch der Prophezeiungen

Kolumbus' religiöse Weltsicht ist durch Randnotizen in seinen Büchern sowie seine ausführlichen Reiseberichte über die dritte und vierte Entdeckungsfahrt dokumentiert. Aufschlussreich ist ein Brief an die Katholischen Könige Ferdinand und Isabella aus dem Jahr 1501, in dem er seinen Plan, den heiligen Tempel zu Jerusalem wiederherzustellen, ausführlich begründet. Dieser Brief führt in den Inhalt eines größeren, unvollendet gebliebenen Werkes ein: den *libro de las profecías* (Buch der Prophezeiungen), auf dessen Pergamenteinband zu lesen ist: *Colón. Propec. de civit. Hierusalem et Indias.* Dieses kaum bekannte Buch befindet sich in der *Biblioteca Colombina y Capitular* in Sevilla und umfasste ursprünglich 84 folio-Blätter, von denen heute 14 fehlen. Neben Psalmen, apokryphen Bibelstellen und Textfragmenten (Isidor von Sevilla, Rabbi

Samuel von Fez, Augustinus etc.) versammelt der *libro* auch Bibelzitate aus Jesaia, Jeremias, Ezechiel, Zacharias, Joel etc. (Prophetenbücher des Alten Testaments).

Kolumbus wollte seine Entdeckungen offensichtlich mit der Zusammenstellung dieser Texte in einen prophetischen Horizont stellen. Dabei griff er auch auf die griechische Mythologie zurück: Seneca hatte in seiner Tragödie *Medea* die Erweiterung des Erdkreises durch einen „Neuen Tiphis" bzw. neuen Steuermann Jasons verheißen. Kolumbus zitiert auf Blatt 59 verso seines *libro de las profecías* folgenden Vers aus dem Schlusschor zu *Medea* (2. Akt):

> Kommen werden spätere Zeiten,
> Wo der Ozean sich öffnet,
> Wo der Erdkreis weit sich auftut,
> Und das Meer zeigt neue Welten,
> Nicht der Länder letztes ist Thule.

Der Admiral legt diesen Vers wie folgt aus: „In den letzten Jahren der Weltgeschichte wird die Zeit kommen, in welcher der Ozean sich öffnet und ein großer Erdteil sich zeigt; wie Tiphis, der Kapitän Jasons, wird ein neuer Seefahrer eine neue Welt entdecken und die Insel *Tille* [Tille = Island] wird nicht mehr das Äußerste der Welt bedeuten."[3] Tiphis war in der Mythologie der Kapitän, der das Schiff Argo ins Schwarze Meer führte, um von dort aus das Goldene Vlies nach Griechenland zu holen.

Kolumbus übergab das Manuskript am 13. September 1501 an Gaspare Gorricio, den Abt des Klosters von Las Cuevas zu Sevilla. Diesen wies er an, die Sammlung zu ergänzen und nach Texten des Theologen Nicolas von Lyra zu suchen. Er wolle, so der Entdecker in seinem Begleitbrief, die Zitatensammlung später ordnen und in Reime setzen. Gorricio behielt das Manuskript des *libro* ein knappes halbes Jahr und retournierte es am 23. März 1502, wenige Wochen vor Kolumbus' Abfahrt zu seiner vierten und letzten Reise. Der Abt hatte auf zusätzliche *auctoritates* (Schriftgelehrte, Kirchenväter etc.) hingewiesen, insgesamt jedoch wenig Änderungen vorgenommen. Kolumbus nahm die Zitatensammlung nach Übersee mit und arbeitete auf der Reise daran – wohl zusammen mit seinem Sohn Hernando und seinem Bruder Bartolomeo.[4] Es ist nicht bekannt, was mit dem Buch der Prophezeiungen nach

Kolumbus' Tod 1506 geschah. Wahrscheinlich ging es an Hernando Colón[5], der es seinem Neffen Luís Colón vermachte. Später kam es mit der Bibliothek von Hernando Colón in das Domkapitel von Sevilla.

Als der spanische Historiker Ambrosio de Morales (1513–1591) das Buch der Prophezeiungen in den sechziger und siebziger Jahren des 16. Jahrhunderts sichtete, waren bereits mehrere Seiten herausgetrennt worden. In einer Anmerkung auf Blatt 77 schreibt Morales: „Ein schlechter Zug desjenigen, der diese Blätter herausstahl, denn sie beinhalteten das Beste der Prophezeiungen, die dieses Buch zu bieten hatte."[6] Kolumbus glaubte mit seiner Entdeckung biblische Prophezeiungen eingelöst zu haben und nannte als eine seiner Hauptquellen dafür die Apokalypse des heiligen Johannes: „Gott machte mich zum Boten des neuen Himmels und der Erde, die Er durch die Apokalypse des heiligen Johannes und durch den Mund Jesaias' verhieß, und Er zeigte mir diesen Erdteil."[7] Da im *libro de las Profecías* seitenweise aus Jesaia und fast nichts aus der Apokalypse zitiert wird, enthielten die herausgetrennten 14 Folio-Blätter möglicherweise Zitate aus der Apokalypse.

Religiöse Vielfalt

Christoph Kolumbus wertschätzte Esdras als letzten Propheten vor Jesus und berief sich bei seinen Berechnungen des Atlantiks u. a. auf dessen apokryphes viertes Buch. Diese alttestamentarische Apokalypse war im ausgehenden Mittelalter wegen ihrer mystischen Symbolik besonders beliebt. So befasste sich der Florentiner Gelehrte Giovanni Pico della Mirandola (1463–1494) mit ihrem kabbalistischen Inhalt, er suchte in der Kabbala nach der Urform menschlichen Denkens. Mirandola sah den Menschen aufgrund seiner schöpferischen Fähigkeiten als gottähnliches Wesen und verknüpfte jüdische, islamische und christliche Elemente des philosophischen Denkens miteinander. Dieser Synkretismus, d. h. die Vermischung verschiedener philosophischer und religiöser Lehren, ist bereits in Komubus' Lieblingslektüre *Ymago mundi* von Pierre d'Ailly (1350–1420) feststellbar: Dieser hatte den Glaubenssätzen der Kirchenväter apokryphe Bibeltexte und heidnische Prophezeiungen gleichwertig zur Seite gestellt, wobei er zu letzteren auch das sibyllinische Orakel, islamische Weissagungen und den keltischen Zyklus des Merlin zählte.[8]

Dieses Zusammenstellen verschiedener religiöser und philosophischer Lehren, das vorchristliches Gedankengut mit einbezieht, war für Kolumbus' Zeit kennzeichnend und lässt sich noch im humanistischen Gedankengut der ersten Hälfte des 16. Jahrhunderts feststellen. Die Öffnung des abendländischen Christentums gegenüber anderen Religionen wurde durch die Niederlage der Christen bei Konstantinopel im Jahr 1453 in gewisser Weise befördert. Nikolaus von Kues, der die theologische und psychologische Bewältigung des Verlusts von Konstantinopel als Erster anging, betont in seinem Werk *De pace fidei* (1453), dass nicht die Unterschiede, sondern die Gemeinsamkeiten der verschiedenen Kirchen für die Glaubenswahrheit entscheidend seien.

Spuren einer derartigen „Offenheit" und Neugierde finden sich auch beim Entdecker Amerikas. So glaubte Kolumbus, die göttliche Offenbarung könne prinzipiell jedem Menschen zukommen, ungeachtet seiner Religion. An die Katholischen Könige schreibt er 1501: „Ich sage, dass der Heilige Geist sich bei Christen, Juden, Mauren und bei weiteren Menschen von allen möglichen Sekten offenbaren kann, und nicht nur bei den Gelehrten, sondern noch fast mehr bei den Unwissenden [...]"[9] Das Zitat steht im Zusammenhang der zuvor beschriebenen Mittelmeerfahrten, die ihn in Kontakt mit den verschiedensten Kulturkreisen gebracht und das Gespräch mit Gelehrten, mit Lateinern und Griechen, Juden und Mauren hatten suchen lassen.

Kolumbus war aber auch vom Offenbarungs- und Auserwähltheitsglauben des süditalienischen Zisterzienserabtes Joachim di Fiore (gest. 1202) beeindruckt. Der hatte im 12. Jahrhundert die okkulten Vorhersagen der heiligen Schriften gelehrt. Zu ihrem Verständnis setzt er ein spirituell-geistiges Verstehen voraus – den so genannten *espiritó de inteligençia*. Kolumbus verwendet diesen Ausdruck di Fiores mehrfach. In seinem Brief an die *Reyes Católicos* aus dem Jahr 1501 führt er aus, weshalb Gott ihm diesen *espiritó de inteligençia* verliehen habe: Von der Neugier getrieben, die Geheimnisse dieser Welt zu ergründen, habe er sich schon früh der Seefahrt zugewandt und sei in bekannte und unbekannte Gebiete vorgestoßen. Seine Wissbegierde habe Gott so gnädig gestimmt, dass er ihn mit *espiritó de inteligençia* ausgezeichnet habe.[10] Neben dem

ABB. 26: Isabella von Kastilien, Porträt eines unbekannten flämischen Malers (Museo del Prado, Madrid)

Talent zur Seefahrt sei ihm auch eine besondere Begabung für Astrologie, Geometrie und Arithmetik ‚geschenkt' worden sowie die Fähigkeit und Geschicklichkeit, die es brauche, um Karten zu zeichnen.

Der Genueser Seefahrer sah sich also quasi von Gott für seinen Wissensdurst und seine Neugierde belohnt. Dank des *espiritó de inteligençia* habe er alle einschlägigen Texte studieren und erfahren können, dass es möglich sei, nach Indien zu segeln. Mit dem Feuer der Überzeugung sei er an den spanischen Hof gekommen. Doch alle, die von seinem Unternehmen hörten, verwarfen sein Projekt – mit Ausnahme der Königin Isabella von Kastilien: „Ich fand bei allen nur Unglauben. Aber der Königin, meiner Herrin, schenkte Gott den Geist der Einsicht [*espiritó de inteligençia*] und großen Mut und gab ihr, der sehr geliebten Tochter, das Ganze zum Erbe."[11] Das geistig-religiöse Verstehen der Königin Isabella von Kastilien steht (natürlich) im Kontrast zur Argumentation seiner Gegner; letztere hätten ihr karges Wissen hinter dem Gerede von den Schwierigkeiten und den hohen Kosten des Unternehmens versteckt. Jenseits aller wohl kalkulierten Schmeichelei hatte Kolumbus der Königin tatsächlich viel zu verdanken. Wie es ihm gelang, Isabella von seinem Projekt zu überzeugen, ist unbekannt. Es ist aber anzunehmen, dass er seine Überzeugungsarbeit in Gesprächen leistete: Gesprächen mit nicht zuletzt religiösem Inhalt.

Spätmittelalterlicher Messianismus

Am Schluss seines Briefes an die Katholischen Könige von 1501 kommt Kolumbus auf die Schriften Joachim di Fiores zu sprechen. Diesen entnahm er offensichtlich, dass ‚der Endkampf mit dem Antichristen' von Spanien aus erfolgen müsse: „Und der Abt Joachim der Kalabrese [Joachim di Fiore] sagte, dass derjenige, der das Haus des Berges Zion wiederaufzubauen habe, von Spanien aus starten müsse."[12] Bereits auf seiner dritten Reise hatte Kolumbus auf die Mission Spaniens beim Wiederaufbau des heiligen Tempels aufmerksam gemacht. Diesmal berief er sich direkt auf den Propheten Jesaia: „Und Er [Gott] sprach durch den Mund Jesaias in vielen Stellen der heiligen Schrift vollkommen klar und versicherte, dass von Spanien aus sein heiliger Name verbreitet werden solle."[13] Tatsächlich sagte Jesaia nicht nur einen neuen Himmel und eine neue Erde voraus, sondern auch, dass die „Tharsisschiffe der Seefahrer dereinst Gold und Silber für den Namen des Herrn mit sich führen" würden.[14] Seit alters war „Tharsis" die Bezeichnung für ein unbestimmtes Gebiet in Südspanien.

Dieses Kombinieren prophetischer Aussagen zum Zweck der religiösen Untermauerung seines Unternehmens trägt kreative und demagogische Züge zugleich. Die messianische Prophetie Joachim di Fiores war während der *Reconquista* zu einem wichtigen propagandistischen Element im Kampf gegen den Islam geworden. Di Fiores Drei-Phasen-Modell verhieß, dass die Menschheit vom paradiesischen Urzustand (erste Phase) über die Phase der Entfremdung (zweite Phase) ins goldene Zeitalter (dritte Phase) hineingeführt werde. Der Schlüssel zur göttlichen Erleuchtung lag für ihn beim Individuum. Genau das machte seine eschatologische Weltsicht für den Auserwähltheitsglauben des 15. Jahrhunderts attraktiv.

Obwohl die mittelalterliche Scholastik nach wie vor das Fundament der bestehenden Kirchenhierarchie bildete, bewirkten die Bibelübersetzungen, dass das Alte und Neue Testament nun breiter diskutiert und interpretiert werden konnten. Gleichzeitig entstanden Glaubensgemeinschaften, die sich von einer endzeitlichen und zuweilen auch antiklerikalen Prophetie leiten ließen. In einer Zeit, in der Epidemien, Wirtschaftskrisen und Krieg breite Bevölkerungsschichten verunsicherten, erhöhte sich die Bereitschaft, an eine bevorstehende Erlösung zu glauben. Messianische Bewegungen bildeten sich, in denen charismatische Anführer die Angst vor der Endzeit schürten und die Umkehr zu Demut und Entsagung propagierten. Ein Beispiel dafür ist der Dominikaner

Savonarola (geb. 1452, hingerichtet in Florenz am 23.5.1498); er betrieb die Reform seines Klosters und der Kirche und beteiligte sich aktiv an der politischen Neugestaltung von Florenz, wo er nach der Vertreibung der Medici ein theokratisch geprägtes Gemeinwesen propagierte.

Das Phänomen der messianischen Prophezeiungen erfasste im 15. Jahrhundert verschiedenste Gebiete Europas. Als Protest gegen die Verweltlichung der Kirche wurden Laienbewegungen gegründet, und es fehlte nicht an klaren Voten für eine innerkirchliche Reform. Dabei spielt auch eine Nostalgie, eine Sehnsucht nach scheinbar besseren früheren Zeiten mit: In Frankreich sehnte man sich nach einer Reinkarnation des legendären Kreuzzugkönigs Ludwigs des Heiligen, in Deutschland wünschte man sich die Wiederkunft Friedrichs II. und Friedrichs I. (Barbarossa) herbei; in einem anonym erschienenen *Buch der 100 Kapitel* hatte der Friedrich-Mythos sogar dazu gedient, die Utopie eines goldenen Zeitalters heraufzubeschwören: Die Welt müsse mit einem Kreuzzug der Armen gegen die Reichen unterworfen werden, und zwar unter der Führung eines einzigen weltlich-religiösen Herrschers.[15] Messianisch-revolutionäre Bewegungen gab es zuvor bereits in Böhmen, wo sich die radikalen Taboriten gegen die Obrigkeit erhoben hatten. Und auch in den Niederlanden traten religiöse Eiferer hervor, so ein Jan Matthys aus Haarlem, der vorgab, sich für den bevorstehenden Kampf mit dem Antichristen zu rüsten, oder ein Jan Boeckelson aus Leiden, der sich als König der letzten Tage ausgab.

Endzeiterwartung und Mission

Kolumbus hatte eine charismatische Ausstrahlung: Er verstand es letztendlich, sich am kastilischen Königshof Gehör zu verschaffen und die Klerikerkaste zu spalten – die einen verherrlichten, die anderen verteufelten ihn. Aufgrund seiner Wetterprognosen und der Vorhersage einer Mondfinsternis wurde er als „Meister der Zauberei“ geachtet und gefürchtet.[16] Nicht nur Königin Isabella von Kastilien schenkte dem ausländischen Seefahrer Vertrauen, auch ein kritischer Geist wie Bartolomé de Las Casas bekundete wiederholt, Kolumbus sei ein von göttlicher Inspiration geleiteter Prophet.

Am Ende des Mittelalters war jeder Lebensbereich auf eine bestimmte Weise religiös besetzt. Die Frage, ob Kolumbus eher aus religiöser Überzeugung oder aus propagandistisch-politischem Kalkül heraus handelte, stellt sich daher so nicht. Dies gilt insbesondere für die Mission. Hernando Colón postuliert zu Beginn seiner Chronik fast selbstverständlich, dass sein Vater von Gott auserwählt worden sei, das ‚Öl der Taufe' über den Ozean zu tragen, um die vom Satan bedrohten Heiden zu bekehren und der himmlischen Kirche zuzuführen.[17]

Marco Polo hatte berichtet, dass der Mongolenkaiser Kubilai Khan im 13. Jahrhundert das Abendland erfolglos um Entsendung christlicher Missionare ersucht hatte. Kolumbus schreibt mit Bezug darauf im Vorspann seines Schiffstagebuchs der ersten Reise, dass er nach Indien geschickt werde, um die dortigen Fürsten und Völker zum heiligen Glauben zu bekehren: „[...] und im Hinblick auf die Nachricht, dass dieser [der Großkhan] und seine Vorgänger viele Male Boten nach Rom entsendet hatten, um gelehrte Doctores unseres heiligen Glaubens zu ersuchen, sie darin zu unterweisen, der Heilige Vater aber ihnen niemals Gehör geschenkt habe, weshalb so viele Seelen verloren gingen [...]"[18] Der Admiral bezichtigt hier gleichsam die römische Kurie, es Jahrhunderte lang verpasst zu haben, in Asien zu missionieren. Um die Dringlichkeit einer solchen Mission zu untermalen, stellt er die potenziellen Verbündeten im asiatischen Raum in einen endzeitlichen Kontext.

Im Motiv der Seelenrettung klingt die – in der Apokalypse verkündete – Auferstehung der Toten am Ende aller Zeiten an. Die Mission hatte für Kolumbus insofern eine andere Bedeutung als für die Missionare der nachfolgenden Kolonialzeit. Der Genuese verknüpfte seine Atlantiküberquerung mit der bevorstehenden Endzeit und strebte die Rettung der ‚Seelen' asiatischer Heiden an; sie galt es für den endzeitlichen Kampf zu rekrutieren. Kolumbus bezieht sich auf die Offenbarung des Johannes: „Die heilige Schrift bezeugt, dass diese Welt enden wird: im Alten Testament durch den Mund der Propheten, im Neuen Testament durch unseren Erretter Jesus Christus."[19]

Noch im Früh- und Hochmittelalter hatte eine eher „statische" Vorstellung des Kosmos vorgeherrscht: Die Welt galt als ein Ort, wo die Menschen als Reisende, Fremde und Pilger lebten, bevor sie ins Jenseits eintraten. Obwohl es seit dem frühen Christentum immer wieder apo-

Als Apokalypse oder Offenbarung des Johannes wird das letzte Buch des Neuen Testaments bezeichnet. Es knüpft an das prophetische Buch Daniel im Alten Testament an. Jesus erscheint darin auf der kleinen Ägäis-Insel Patmos vor Kleinasien (Türkei), und Gott prophezeit durch seinen Mund, was in Zukunft geschehen werde. Seine Botschaft ist an die bedrohten christlichen Gemeinden Kleinasiens gerichtet und wird durch Engelsbotschaft dem Johannes offenbart. Sie besteht aus einer nicht leicht zu verstehenden visionären Bildersprache und Zahlensymbolik; so gibt es sieben Sendeschreiben, sieben Siegel, sieben Posaunen, sieben Schalen, die den Ablauf der Ereignisse strukturieren. Bis zum Weltende und der Wiederkunft Christi gelte es, standhaft zu bleiben und sich zum Glauben zu bekennen. Beschrieben werden der zu erwartende Märtyrertod von Christen sowie Schrecken und (Natur-)Katastrophen aller Art. Die Weltgeschichte wird als Unheilsgeschichte dargestellt, die ihrem eigenen Ende zutreibt. Nach allen Schrecken und nach Ablauf eines tausendjährigen Reiches komme es zum Endkampf zwischen Licht und Finsternis, Gut und Böse. Bei diesem dualistischen Kräftemessen werden sich Gott und die Christenheit durchsetzen. Ein neues Jerusalem entstehe und Christus werde zum Gericht erscheinen. Die Apokalypse bezweckte mit ihrer Wortgewalt eine Stärkung der christlichen Gemeinden, die sich nicht im Zentrum des Römischen Reiches befanden und die es im Hinblick auf die – tatsächlich eintretenden – großen Christenverfolgungen in Kleinasien unter Trajan und Hadrian vorzubereiten galt.

kalyptische Vorstellungen gegeben hatte, kam es erst im ausgehenden Mittelalter zu einer eigentlichen, eschatologischen Dynamik. Eine treibende Kraft war dabei der aufkommende Buchdruck: Aus der Johannes-Apokalypse, die nunmehr übersetzt und veröffentlicht wurde, konnte herausgelesen werden, dass der letzte Kampf zwischen Antichrist und Christen ein Jahrtausend nach dem Untergang des Römischen Reiches stattfinden werde. In Anlehnung an Augustinus und Pierre d'Ailly suchte Kolumbus dieses Weltende sogar zu datieren: Nach König Alfons dem Weisen sei Christus 5343 Jahre und 318 Tage nach Adam und der Erschaffung der Welt erschienen. Zähle man 1500 Jahre plus ein unvollendetes Jahr dazu, so ergebe sich für den Weltuntergang das Jahr 1655.[20] Je mehr heidnische Seelen bis zu diesem Zeitpunkt gerettet werden konnten, so die Auffassung, desto gnadenvoller musste die Endzeit für die Christenheit ausfallen.

Am 12. Oktober 1492, kurz nach der erlösenden Landsicht, schreibt Kolumbus in das Schiffstagebuch, dass er die Indios zu seinen Freunden machen wolle, weil sie weit besser durch Liebe als mit dem Schwert zu retten bzw. zum heiligen Glauben zu bekehren seien. Diese gewaltlose Bekehrung sei deshalb möglich, weil sie noch keiner Religion bzw. Sekte angehörten. Was Kolumbus unter „Sekten" verstand, lässt sich in Pierre d' Aillys *De legibus et sectis* nachlesen. Der Franzose ordnete die „Sekten" den Planeten zu: Die „Sekte" der Hebräer dem Saturn, die der Chaldäer dem Mars, die der Ägypter der Sonne, die der Sarazenen der Venus, die der Christen dem Merkur und die der Antichristen dem Mond. Der Aufstieg und der Untergang dieser Sekten – oder Religionen – könne mit Hilfe des Konjunktions-Zyklus von Jupiter und Saturn berechnet werden: Alle zwanzig Jahre finde eine große Konjunktion statt, die das Kommen eines bedeutenden Herrschers oder Propheten ankünde, und alle 240 Jahre komme es zur Verbreitung einer neuen Sekte bzw. zur Gründung einer neuen Religion. Die größte Konjunktion, die Saturn-Jupiter-Konjunktion, ereigne sich nur alle rund 900 Jahre und sei bereits von apokalyptischer Dimension: Feuerzeichen in der Luft, Überschwemmungen und Erdbeben kündigten sie an. Kolumbus hatte Pierre d'Ailly offensichtlich mit Interesse gelesen, denn er fasst in seinem Buch der Prophezeiungen in Anlehnung daran zusammen: „Es gibt drei Arten von Konjunktionen zwischen Jupiter und Saturn, namentlich eine große, eine größere und eine größte [...] Die größere findet alle 240 Jahre [...] die größte alle 900 Jahre statt, und Saturn herrscht über Indien, Jupiter über Babylonien [...]"[21]

Da im Christentum die endzeitliche Erwartung (Jüngstes Gericht, Auferstehung Jesu, Wiederaufbau Jerusalems etc.) verankert ist und eine Erlösung aus den vorendzeitlichen Katastrophen nur die getauften Christen erwarten durften, zählte die Bekehrung zu einer der wichtigsten Aufgaben. Der Sieg der Christenheit im Kampf gegen den kommenden Antichristen hing nicht zuletzt von der Zahl der Christen ab.

Es ist schwer abzuschätzen, ob und wie sehr sich Kolumbus bei seinem Projekt der Westfahrt nach Indien von solchen Vorstellungen leiten ließ. Eine religiöse Grundierung war in jener Zeit aber sicher nicht nur legitim, sondern unabdingbar, wenn es darum ging, politische wie wirtschaftliche Interessen durchzusetzen.

Das Gold Salomos

Von Anfang an suchte Kolumbus intensiv nach Gold. Bereits auf der ersten Entdeckungsreise 1492 fragte er die Einheimischen nach Minen aus und ließ sich von deren (vermutlich unverständlichen) Aussagen zur Vorstellung eines ostasiatischen El Dorado anregen. Noch für die vierte Reise ist eine fieberhafte Suche nach Goldgruben etc. belegt. Obwohl sein Bestreben handfeste materielle Ursachen hatte – es fehlte der Münzprägung im damaligen Europa akut an Edelmetallen –, stellte Kolumbus selbst die Suche nach Gold in einen durch und durch religiösen Kontext.

Wie der Chronist Peter Martyr von Anghiera berichtet, hatte der Admiral auf Española tiefe Schächte gefunden, die er dem biblischen König Salomo zuschrieb: Von dort, so Kolumbus, habe Salomo einst Edelmetalle gewonnen![22] Wie aus seiner Randnotiz in der *Historia* von Plinius sowie einem Brief an Papst Alexander VI. hervorgeht, identifizierte der Genuese die Insel Española mit dem biblischen Ophir, ein im Alten Testament erwähntes Goldland. Doch nicht alle Mitreisenden konnten dies nachvollziehen. In seinem Bericht über die dritte Reise beklagt sich Kolumbus darüber, dass seine spanischen Untertanen ihn nicht verstehen wollten: „Unnütz war es, dass ich daran erinnerte, auf welche Weise die großen Fürsten handelten, um ihren Ruhm zu vermehren, wie zum Beispiel Salomo, der Schiffe bis in den äußersten Osten aussandte, um den Berg Sopora zu suchen, bei dem sich seine Schiffe drei Jahre lang aufhielten; Eure Hoheiten haben jetzt auf der Insel Española diesen Berg in Besitz.“[23]

Auf seiner letzten Reise gesteht er ein, dass auf Española wohl doch nicht so viel Gold zu finden sei wie ursprünglich angenommen. Umso zuversichtlicher gibt er sich hinsichtlich des zu entdeckenden Landes Veragua an der mittelamerikanischen Ostküste. Bereits in den ersten zwei Tagen habe er hier „mehr Zeichen von Gold“ gesehen als „auf La Española während vier Jahren“.[24] Auf der Suche nach den sagenhaften biblischen Goldschätzen spricht er mit Indios und erfährt, dass es eine

Provinz namens Cigurare gebe, wo die Einwohner ihre Häupter, Füße und Arme mit viel Gold schmückten und selbst Stühle, Truhen und Tische mit Gold beschlagen würden. Da er Ophir bereits für Española verwendet hatte, bezeichnet er Veragua nun als Aurea: „Dem Salomo brachte man in einer Ladung 666 Zentner Gold, abgesehen von dem, was Kaufleute und Seefahrer mit sich führten, und abgesehen von dem, was man ihm aus Arabien bezahlte [...] Josephus behauptet, dass dieses Gold aus dem Lande Aurea gekommen sei. Wenn dem aber so ist, dann sage ich, dass jene Gruben des Goldlandes ein und dieselben sind und mit denen von Veragua übereinstimmen."[25] Tatsächlich hatte der Historiker Flavius Josephus, auf den Kolumbus sich hier bezieht, Ophir in seinen *Antiquitates* mit Aurea (Chersonesus) identifiziert. Aurea lässt sich von der antiken Stadt Soupara oder Oupara an der Westküste Indiens ableiten, denn das koptische Wort für Indien ist *Sophia* (und Sophia ist gemäß der Septuaginta wiederum Ophir). Das legendäre Goldland wurde also seit jeher in Indien vermutet – ein wichtiger Grund, warum Kolumbus zeitlebens nicht bereit war, von seiner Vorstellung abzulassen, er habe die Ostküste Indiens entdeckt.

Das Goldland Ophir wird im Alten Testament mehrmals erwähnt.[26] Aus den meisten Textstellen geht hervor, dass die Könige David und Salomo Schiffe ausgerüstet hatten, um Goldschätze aus dem indischen Ophir abzutransportieren. Kolumbus kannte das Alte Testament gut und somit auch das erste Buch der Könige, in dem steht, dass Josaphat von Judas mit demselben Vorhaben später scheiterte: „Josaphat hatte auch ein Tharsisschiff bauen lassen, das nach Ophir gehen sollte, um Gold zu holen; aber man fuhr nicht, denn sein Schiff scheiterte [...]" (22: 48) Der Begriff „Tharsisschiff" lässt aufhorchen, denn „Tharis", „Tarsis" oder „Tarschisch" (bibl.) war mit der erzreichen Handelsstadt Tartessos (in der Nähe des heutigen Cádiz) identisch, die von Herodot jenseits der Säulen des Herakles lokalisiert wurde.[27] Und die Säulen des Herakles weisen wiederum auf Südspanien als Ausgangspunkt des Josaphat hin.

Kolumbus' Goldgier ist so legendär wie vielschichtig. Die Vorstellung, er werde in Übersee das sagenhafte biblische Ophir auffinden, war allerdings nur einer von mehreren Gründen, seine Suche nach Gold voranzutreiben. Die Faszination des Goldes sprengte den materiellen Rahmen bei weitem. Er maß dem begehrten Edelmetall nämlich nicht nur eine religiöse Bedeutung, sondern auch eine religiöse Wirkung zu. Dabei stützte er sich auf die Theorie des Ablasses, denn er schrieb, dass das Gold das Beste sei, was es gebe, und wer es besitze, erreiche, dass die Seelen in das Paradies eingehen konnten. Dies gelte auch für die Indios: „Die Gebietsherren von Veragua [Panamà] beerdigen ihre Herrscher, wie versichert wird, mit dem Gold, das sie besitzen.“[28] Die Verbindung von Mission, Gold und Paradies war geschaffen.

In der Privatbibliothek des Herzogs von Medina Sidonia, bei dem Kolumbus längere Zeit als Gast lebte, wurde eine bedeutende Anzahl alchimistischer Bücher gefunden.[29] Kolumbus weist darauf hin, dass ihm die einschlägigen Bestrebungen zeitgenössischer Alchemisten nicht unbekannt waren. Auf seiner letzten Reise beschreibt er die Umwandlung aller Wertgegenstände zu Gold mit folgenden Worten, die später von Karl Marx im *Kapital* zitiert wurden: „Genuesen, Venezianer und alle die Völker, die Perlen, kostbare Steine und andere wertvolle Dinge besitzen, bemühen sich, sie in Gold zu verwandeln.“[30]

Das Gold wurde auf höchst geheimnisvolle Weise gewonnen. Kolumbus glaubte beobachtet zu haben, dass die Eingeborenen der Insel Baveque „das Gold während der Nacht mit Fackelbeleuchtung am Meeresstrand auflasen [...]“[31] Er hielt sogar ein „Wachsen des Goldes“ bei günstigem Klima für möglich, wobei er der Sonne – dem eigentlichen Symbol des begehrten gelben Edelmetalls – besondere Bedeutung zumaß. Tatsächlich wurde die Gewinnung von reinem Gold und Silber seit dem 13. Jahrhundert als ein heiliger Akt betrachtet, der für die Beteiligten mühselig und gefährlich war.

Die Metalle mussten aus der Tiefe der Schächte und Minen gewonnen werden, und manche der Minenarbeiter und Schmiede galten als Demiurgen (Weltenschöpfer, -baumeister), weil sie sich dem Einfluss sowohl der guten Geister wie auch der bösen Dämonen aussetzten.[32] Die Goldgewinnung konnte nur Menschen gelingen, die sich – ähnlich wie die Alchemisten – um den Erfolg der Prozedur bemühten. So machte Kolumbus immer wieder auf den schwierigen und mühevollen Prozess der Umwandlung der Metalle in Gold aufmerksam und betonte, nur mit „viel Fleiß und Mühe“ sowie der Hilfe Gottes könne die Umwandlung zum Erfolg führen.[33] Er verlangte von den spanischen Siedlern, vor Beginn der Goldwäscherei die Beichte abzulegen und das Abendmahl zu empfangen. Diese Maßnahme begründete er damit, dass die Taíno-Indianer vor Beginn der Goldsuche zwanzig Tage lang fasteten und keusch lebten.[34] Solche Reinigungsriten vor der Edelmetallgewinnung wurden bei den Ureinwohnern tatsächlich beobachtet - auch bei den Indios, die weniger eine materielle, denn eine spirituell-religiöse Beziehung zum Gold hatten.

Das irdische Paradies

Auf seiner dritten Entdeckungsfahrt erblickte Kolumbus erstmals die Küste des südamerikanischen Kontinents. Fasziniert vom milden Klima, der üppigen Vegetation und den Einheimischen, die hier nackt oder fast nackt lebten, war er nach eigener Aussage überzeugt, das irdische Paradies vor Augen zu haben. Er berief sich bei seiner geographischen Lokalisierung des irdischen Paradieses auf mindestens fünf Schriftgelehrte und Kirchenväter (*auctoritates*) sowie auf die Bibel: „Der heilige Isidor von Sevilla, Beda, Strabon, der Magister der Historia scholastica, der heilige Ambrosius, Scotus und alle die anderen gelehrten Theologen sagen einstimmig aus, das irdische Paradies habe im Osten gelegen [...] Die Heilige Schrift bezeugt, dass Gott unser Herr das irdische Paradies schuf, den Lebensbaum dareinsetzte, unter dem eine Quelle entspringt, von der vier Flüsse ausgehen: der Ganges in Indien, der Tigris und der Euphrat [...] und der Nil, der in Äthiopien entspringt und bei Alexandrien ins Meer mündet."[35]

Im Mittelalter wurde der Garten Eden tatsächlich im östlichen Asien vermutet - als geographischer Gegenpol zur Stadt Jerusalem. Auch meinte man zu wissen, das irdische Paradies liege auf einem hohen Berg oder einer Hochebene. In Anlehnung an diese Vorstellung beschreibt Kolumbus, wie die gewaltigen Süßwassermassen des Orinoko aus großer Höhe - vom Paradies - hinunterstürzten und sich bei der Boca del Sierpe vor der Insel Trinidad tosend mit dem Salzwasser vermischten (siehe S. 149). Um seiner Vorstellung, vor ihm befinde sich eine massive Erderhebung, Nachdruck zu verschaffen, war Kolumbus sogar bereit, die Kugelform der Erde zu hinterfragen. „Ich habe immer gelesen, die Erde - Festland und Wasser - sei kugelförmig. Das behaupteten die glaubwürdigen Berichte und Erfahrungen von Ptolemäus und aller andern, die darüber geschrieben haben [...] Ich habe jedoch so viele Unregelmäßigkeiten beobachtet, dass ich dazu gelangt bin, mir von der Erde eine andere Vorstellung zu machen. Ich habe gefunden, dass sie nicht kugelrund ist, wie sie beschrieben wird, sondern die Gestalt einer zwar im Ganzen sehr runden Birne hat, mit Ausnahme jener Stelle, wo der Stiel sitzt. Dieser Punkt ist bedeutend erhöht. Oder sie hat die Form einer Kugel, der an einer Stelle etwas wie eine weibliche Brustwarze aufgesetzt ist."[36]

Wollte Kolumbus damit sagen, dass das irdische Paradies diese Erhebung verursacht und die Erde deshalb nicht rund, sondern birnenförmig sei? Dies ist anzunehmen, denn er fügt hinzu, dass Ptolemäus zu seiner Zeit noch nicht habe wissen können, wie die Welt auf der anderen (westlichen) Halbkugel beschaffen war. Die vor ihm liegende Erderhöhung sei die „höchste, dem Himmel am nächsten", sie befinde sich „im äußersten Osten", und das irdische Paradies liege „auf der Höhe jenes Ortes, der die Gestalt eines Birnenstils hat".[37] So seltsam die Vorstellung einer birnenförmigen Erde heute klingen mag, so weiß man doch, dass selbst die gelehrtesten Kosmographen des 16. Jahrhunderts die Kugelform der Welt zuweilen bezweifelten bzw. die Erde einmal als oval, ein anderes Mal als gewölbt oder sogar als birnenförmig beschrieben.

Kolumbus glaubte durch die Erkenntnisse der dritten Reise auch eine Erklärung für die seltsame Verschiebung der Kompassnadel „um eine Viertelwindrichtung" gefunden zu haben - ein Phänomen, das er seit der ersten Atlantiküberquerung beobachtet hatte und das ihn immer wieder von neuem beunruhigte. Diese Abweichung der Magnetnadel vom astronomischen Nordpol (Deklination) beschäftigte die seefahrenden Nationen noch bis ans Ende des 18. Jahrhunderts; auch der englische Astronom und Mathematiker Edmond Halley (1656-1742) und der Mathematiker und Philosoph Gottfried Wilhelm Leibniz (1646-1710) versuchten das rätselhafte Phänomen zu entschlüsseln. Kolumbus' Erklärung dafür war nun, dass alle Schiffe, die ab 100 Seemeilen westlich der Azoren noch weiter gegen Westen segelten, allmählich „himmelwärts fahren" würden: „Je mehr wir vorwärts fahren und uns erheben, eine umso stärkere Abweichung zeigt die Nadel nach Nordwesten. Diese Erhebung verursacht die Abweichung des vom Polarstern beschriebenen Kreises in Bezug auf die ‚Wächter' [Sterne des Großen Bären], die umso höher emporsteigen, je mehr man sich dem Äquator nähert und der Abstand zwischen diesem Stern und deren Bahn größer wird."[38]

All diese Erklärungsversuche und Projektionen des Kolumbus wurden von der Nachwelt zum Teil als peinliche Auswüchse einer abstrusen Unwissenheit abgeurteilt. So schrieb der humanistisch gebildete Peter Martyr von Anghiera (1457–1526) bereits im frühen 16. Jahrhunderts nicht ohne ironischen Unterton, Kolumbus sei „mit seinem Schiff den Rücken des Meeres hinaufgeklettert, wie ein Wanderer einen hohen Berg himmelwärts emporsteige".[39] Kolumbus war keineswegs der Erste, der sich mit Existenz und Natur des irdischen Paradieses auseinander setzte. Was an seiner Darstellung aber Aufsehen erregte, war die Vorstellung, dass dieses Paradies durch die Entdeckungen seiner Reise nun fassbar, ja sogar betretbar geworden war.

Mit der „Entdeckung" des irdischen Paradieses schrieb Kolumbus sich indirekt auch zu, einen entscheidenden Schritt zur Rettung der Christenheit geleistet zu haben. In der spätmittelalterlichen Theologie existierte nämlich die Vorstellung, dass Enoch und Elias im irdischen Paradies darauf warteten, befreit zu werden, um sich im Kampf gegen den Antichristen zu bewähren.[40] Seit dem 14. Jahrhundert kam es immer wieder zu messianischen Volksaufständen, bei denen die Wiederkunft von Enoch und Elias auf die eine oder andere Weise zelebriert wurde: Bei der Ciompi-Erhebung in Florenz (1378) gab sich ein anonymer Religionsführer als Elias aus, bei Aufständen in Rom war es der Volkstribun Cola di Rienzo (1313–1354) und in den Niederlanden begeisterte der bereits erwähnte Jan Matthys aus Haarlem in diesem Namen die Massen.

Weniger bekannt ist, dass auch Bartolomé de Las Casas und sein Mitstreiter Rodrigo de Ladrada sich im Kontext dieser endzeitlichen Prophetie sahen. Die beiden wurden von den Dominikanern des Konvents San Gregorio zu Valladolid mit Elias und Enoch angesprochen.[41] Sowohl Bartolomé de Las Casas als auch Kolumbus sahen sich als Werkzeuge Gottes, dazu auserwählt, einen schwierigen Auftrag auszuführen. Dabei war der südspanische Ausgangsort der ersten Entdeckungsreise für den Genueser Seefahrer genauso prädestiniert wie seine „wundersame" Ankunft in Portugal.

Der Neue David

Das Leben des Christoph Kolumbus war nach Ansicht von Las Casas trotz seines Erfolgs ein einziges Martyrium. Tatsächlich hatte der Seefahrer seit seiner entwürdigenden Entmachtung allen Grund, mit Gott zu hadern. Trotz seiner langjährigen Dienste und der Leistung, *las Indias* entdeckt und für die Christenheit zugänglich gemacht zu haben, blieben Anerkennung und Lohn weitgehend aus. So schreibt er im Jahr 1503: „[...] aber wenig Gewinn ward mir zuteil in zwanzig Jahren, die ich in Mühsal und Gefahren diente; heute ist nicht ein Ziegel in Kastilien mein eigen. Will ich essen oder schlafen, so weiß ich nicht, wo, muss in Herberge und Schenke gehen, und oft fehlt mir das Geld, um zu zahlen."[42]

Auf der vierten Entdeckungsfahrt wurde Kolumbus vor der Küste Mittelamerikas von zahlreichen Sürmen und Orkanen heimgesucht, die er in steigender Intensität beschreibt. Vor der gefährlichen Küste Veraguas (Panama) geriet er in eine scheinbar ausweglose Situation. Als er die Hoffnung fast aufgegeben hatte, so berichtet er, ermahnte ihn eine Stimme: „O du Tor und Zauderer im Glauben und im Dienst an deinem Gott, dem Gott von allen! Hat er wohl für Moses mehr getan und für David seinen Knecht? Seitdem du geboren bist, stets nahm er sich deiner gütig an. Als er sah, dass du das Alter erreichtest, dessen er zufrieden war, da ließ er wundersam deinen Namen allenthalben auf der Erde erschallen. Die Indischen Lande, die ein so reicher Teil der Welt sind, gab er dir zu eigen, und du verteiltest sie, wie es dir gefiel, und dir ward die Macht dazu gegeben. Die Bande des Ozeanischen Meeres, die mit so festen Ketten geschlossen waren, du öffnetest sie mit dem Schlüssel, den er dir gab. Und in vielen Landen war man dir gehorsam, und bei allen Christen gewannst du so viel Ehre und Ruhm. Was tat er für das hehre Volk Israel, als er es aus Ägypten führte? Was für David, den er vom Hirten zum König in Judäa erhob? Zu ihm wende dich, bekenne deinen Irrtum!"[43]

Die Menschen des ausgehenden Mittelalters suchten angesichts des Auserwähltheitsglaubens und der Vorstellung einer nahenden Endzeit in eine möglichst direkte Beziehung zu Gott zu treten. Bereits 1500 hatte Kolumbus gegenüber Juana de la Torres versichert, eine göttliche Stimme vernommen zu haben[44], und es beruhigte ihn, dass ihm nun ein zweites Mal – im wahrsten Sinne des Wortes – die Leviten gelesen wurden. Diese eindrückliche Textpassage aus Kolumbus' viertem Reisebericht (*lettera rarissima*), zeigt, wie sehr ihn der Hinweis auf den alttestamentarischen David zu trösten vermochte. Bartolomé de Las Casas, der sich mehr als alle anderen Chronisten um eine Klärung der religiösen Motive des Kolumbus bemühte, betont, der Admiral habe sprichwörtlich jede Stunde darauf hingewiesen, dass Gott ihm „wie David" große Gnade habe zukommen lassen. Kolumbus verglich sich auch im Brief an die *Banco di San Giorgio* mit diesem bedeutenden König des Alten Testaments und er machte klar, dass der Titel *Novus David* keineswegs vom gesellschaftlichen Status abhänge. Schließlich sei der alttestamentarische David, so Kolumbus in einem Brief an Juana de la Torres, nicht aufgrund seiner Machtposition von Gott auserwählt worden: „[...] am Ende war der sehr weise David Schafhirte, bevor er König von Jerusalem wurde: und ich bin ein Diener desselben Herrn, der ihm zu dieser Stellung verhalf."[45]

Dem „Neuen David" kam die Aufgabe zu, an der Spitze der Christenheit den endzeitlichen Kampf gegen den Antichristen einzuleiten. Bewegten sich Kolumbus' extensive Bibelauslegungen noch einigermaßen im Rahmen der allegorischen Mystik seiner Zeit, so dürften die Vergleiche mit David seine Anhänger beeindruckt haben. Auch König Ferdinand von Aragon beliebte sich als „Neuen David" zu bezeichnen. Der Titel war in der Geschichte oft von Monarchen beansprucht worden – Karl der Große und eine ganze Reihe französischer Könige hatten sich den Beinamen *Novus David* gegeben. David ist die Präfiguration von Jesus im Alten Testament, und wenn sich Herrscher mit diesem Namen schmückten, dann wollten sie sich für die ideale Verbindung von Christentum und Herrschaft in ihrem Reich feiern lassen. Kolumbus sah sich nun aber als eigentlichen Urheber (*Repertor*) der Neuen Welt, wie in einem Gemälde festgehalten ist (siehe Abb. 1), und er befand sich nach dem Vertrag von Santa Fé tatsächlich im Besitz sämtlicher, von ihm entdeckten Gebiete in Übersee.

Dass die spanische Krone den Titel des *Novus David* für sich beanspruchte, wurde im ausgehenden Mittelalter und in der frühen Neuzeit mehrmals in Frage gestellt. Radikale Franziskaner glaubten, dass David in der Figur eines Reformators erscheine, als einer, der die von Joachim di Fiore verheißene dritte und letzte Menschheitsepoche einleite.[46] Juan Alemán, der Autor des Buches *Venguda de Antichrist* (Valencia 1520), forderte für diese bedeutendste Aufgabe der Christenheit – für den Endkampf gegen den Antichristen – einen Vertreter der Geistlichkeit und nicht der Monarchie. Die Vorstellung einzelner Berufener, in der Nachfolge Davids zu stehen, führte noch in der zweiten Hälfte des 16. Jahrhunderts zu messianisch-revolutionären Bewegungen. Wie aus den Prozessakten der Inquisition hervorgeht, wurde im Jahr 1578 ein „Neuer David" namens Francisco de la Cruz in Lima zum Tode verurteilt; er hatte die Zerstörung der Christenheit in Europa prophezeit und ein tausendjähriges christliches Friedensreich in Peru verheißen. Aber auch auf der Iberischen Halbinsel kam es zu oppositionell-eschatologischen Bewegungen – nicht zuletzt als Reaktion auf die absolutistische Herrschaft Philipps II. So sprach sich im damaligen Spanien ein Gegner der Habsburger-Monarchie aus dem Kreise der Lukrezia de Léon ebenfalls eine übernatürliche Legitimation als „Neuer David" und Auserwählter Gottes zu – natürlich nicht, ohne die Aufmerksameit der Inquisition auf sich zu ziehen.[47]

Im religiösem Weltbild des Christoph Kolumbus sind verschiedene Einflüsse erkennbar. Das von ihm geschaffene Bild des von Gott auserwählten Entdeckers des irdischen Paradieses ist ähnlich wie seine Hinwendung zu David Ausdruck einer mittelalterlich-eschatologischen Weltauffassung. In Bezug auf die Endzeiterwartung waren Bettelorden wie die Franziskaner, die sich auf Franz von Assisi (ca. 1181–1226) beriefen und stark von Joachim di Fiore beeinflusst waren, am radikalsten. Eine Prägung durch die Franziskaner wäre mit Blick auf Kolumbus, wie in der Folge skizziert wird, denkbar. Eine Ordensmitgliedschaft kann jedoch mit einiger Sicherheit ausgeschlossen werden.

Jiménez de Cisneros

Kolumbus äußerte seine prophetischen und eschatologischen Vorstellungen erst nach seiner Entmachtung; sowohl sein Buch der Prophezeiungen als auch der endzeitlich geprägte Reisebericht *lettera rarissima* fallen in seinen letzten Lebensabschnitt (1500–1506). Der Seefahrer war damals mit Gaspare Gorricio befreundet, dem Abt des Klosters Santa Maria de Las Cuevas zu Sevilla. Dieser Konvent beherbergte am Ende des 15. Jahrhunderts Pilger aus ganz Europa; die blühenden Gärten mit ihren Zitronen-, Orangen-, Feigen- und Mandelbäumen sowie die schönen Patios und der Speisesaal mit weißen Marmortischen entzückten die Reisenden.[48] Am gegenüberliegenden Ufer des Flusses Guadalquivir befanden sich die Casas de Colón, in denen Hernando Colón seine umfangreiche Renaissance-Bibliothek aufbaute (siehe Abb. 30).

Vom Abt Gaspare Gorricio ist bekannt, dass er aus einem alten, lombardischen Adelsgeschlecht stammte. Seine Brüder kamen schon früh mit dem berühmten spanischen Reformkardinal Jiménez de Cisneros in Kontakt, denn sie veröffentlichten dessen Frühwerk.[49] Auch später standen die Gorricios unter der Schirmherrschaft dieser mächtigen Persönlichkeit. Es ist anzunehmen, dass Cisneros die Rolle einer „grauen Eminenz" einnahm, die auch in Bezug auf Kolumbus im Hintergrund die Fäden zog bzw. die religiösen Prämissen setzte.

Jiménez de Cisneros war 1436 im Lehensgebiet der berühmten spanischen Granden-Familie Mendoza geboren worden. Er studierte in Salamanka und hielt sich mehrere Jahre in Rom auf. 1484 trat er in das Franziskanerkloster von la Salceda ein, wo er bis zu seiner Ernennung zum Beichtvater der Königin Isabella in Armut und Abgeschiedenheit lebte. Nach dem Tod von Kardinal Pedro González de Mendoza (1428–1495) wurde Cisneros von Königin Isabella als dessen Nachfolger vorgeschlagen. Dabei hatte sie sich erhofft, er würde ihr einen Teil der Pfründe aus der reichen Diözese Toledo abtreten. Doch Cisneros übernahm das stark reformbedürftige Bistum erst, nachdem ihm sämtliche Einnahmen zugesichert worden waren. Unter seinem strengen Regime kam es in der Folge zur Reform der stark verweltlichten Klöster. Im Frühjahr 1498 legte Jiménez de Cisneros den Grundstein zum Bau der Universiät Alcalá de Henares, wo er das Studium der alten Sprachen mit dem Ziel förderte, die heilige Schrift in der griechischen und hebräischen Orginalversion zu veröffentlichen. Das Ergebnis dieses ehrgeizigen Projekts war die Bibelausgabe von Alcalá. Die Bibelpolyglotte, zu der auch jüdische Talmudkenner herangezogen worden waren, wurde erst nach einem jahrelangen Verfahren vom Papst zur Veröffentlichung freigegeben. Durch diese Verzögerung geriet die Bibel nach dem Tod des Kardinals über Jahrhunderte in Vergessenheit.[50]

Jiménez de Cisneros und Christoph Kolumbus verband die gemeinsame Feindschaft gegen Hernando de Talavera, den Bischof von Granada; dieser war nicht gewillt, ähnlich radikale Reformen durchzuführen. Cisneros und Kolumbus teilten ein ausgesprochenes Interesse an endzeitlichen Vorstellungen, wie es für das damalige Franziskanertum kennzeichnend war. Beide verknüpften den Endzeitgedanken mit der Jahrhunderte alten Tradition der Kreuzzüge. Wie es noch zu zeigen gilt, war die Befreiung des heiligen Grabes zu Jerusalem ein großes Anliegen von Kolumbus. Aber auch Jiménez de Cisneros hatte dieses Ziel vor Augen: Drei Jahre nach Kolumbus' Tod finanzierte der Kardinal einen Kreuzzug, der zur Einnahme der nordafrikanischen Stadt Oran führte. Dies entfachte eine euphorische Aufbruchstimmung und wurde als Auftakt zur Einnahme Jerusalems gefeiert.

Endziel Jerusalem

Die Rückeroberung der heiligen Stadt Jerusalem war für Christoph Kolumbus ein vordringliches Ziel. Bereits auf seiner ersten Reise notierte er am 26. Dezember 1492 in sein Schiffstagebuch, er hoffe, nun bald Gewürze und Goldminen zu finden, damit den *Reyes Católicos* Isabella und Ferdinand „innerhalb von drei Jahren" ein Kreuzzug zur Eroberung des heiligen Grabes ermöglicht werde: „Aus diesem Grunde habe ich Euren Hoheiten gegenüber erklärt, dass der ganze sich aus meinem Unternehmen ergebende Gewinn zur Wiedereroberung Jerusalems verwendet werden müsse. Eure Hoheiten geruhten Eure Befriedigung darüber auszudrücken und zu sagen, dass dieser Plan Ihnen höchst willkommen und Ihnen sehr am Herzen gelegen sei, auch ohne den Gewinn, von dem ich sprach."[51] Bernáldez zufolge träumte der Genueser Seefahrer auf seiner zweiten Reise von einer Weltumsegelung, die ihn mit Gottes Hilfe durch den Indischen Ozean und den Arabischen Golf bis nach Jerusalem führen werde.[52]

Obwohl die spanische Krone nach der Entdeckung von *las Indias* keinerlei Anstalten machte, einen Kreuzzug zu unternehmen, hielt Kolum-

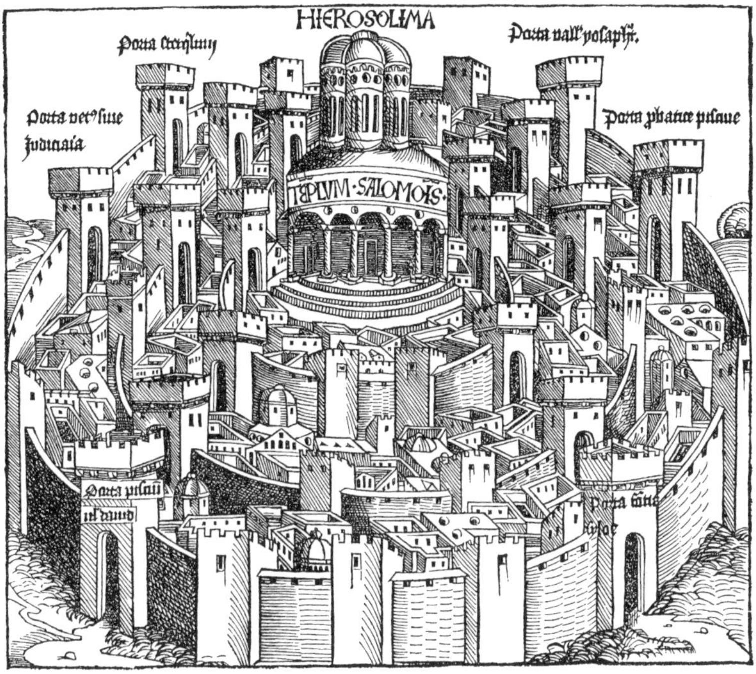

ABB. 27: Jerusalem (Hartmann Schedel, *Liber Chronicarum*, Nürnberg 1493)

bus an seiner Vision fest. So wies der Admiral noch in den Jahren 1502/1503 auf das Werk des „Wiederaufbaus“ von Jerusalem hin und dass dies von Spanien aus erfolgen müsse. In seinem Testament wies er seine Erben an, den Kreuzzug zur Eroberung Jerusalems – wenn nötig – auf eigene Faust zu initiieren. Er verpflichtete seinen Sohn und Nachfolger Diego Colón, zu diesem Zweck Geld auf der Genueser *Banco di San Giorgio* anzulegen: „Als ich mich aufmachte, um Indien zu entdecken, tat ich es in der Absicht [...] die Eroberung Jerusalems zu betreiben. Wenn sie [die Könige] es tun werden, ist es gut, wenn nicht, so soll der genannte Don Diego, oder wer immer Erbe sein wird, zu diesem Zwecke so viel Geld als möglich aufhäufen, um mit dem König, unserem Herrn, nach Jerusalem zu ziehen und es zu erobern, andernfalls allein, mit der größten Macht, die er haben und die ihm Gott verleihen wird, wenn es sein Wille ist. Wenn er nicht mächtig genug ist, um das Ganze zu erobern, wird ihm Gott vielleicht so viel Macht verleihen, einen Teil zu erobern; deshalb soll er das Kapital seines Schatzes in den Schuldbriefen von San Giorgio in Genua anhäufen, damit es sich dort so lange vermehre, bis er glaubt, er könne das gute Werk der Eroberung Jerusalems unternehmen."[53]

Die Ernsthaftigkeit, mit der Kolumbus sein Ziel der Befreiung des heiligen Grabes in die Realität umzusetzen versuchte, war selbst für die damalige Zeit ungewöhnlich. Dies lässt sich vielleicht mit seinen langjährigen Diensten unter René von Anjou und Ludwig XI. erklären – beide waren für ihre Kreuzzugsnostalgie bekannt. Zeitweise hatte sich Kolumbus scheinbar stärker als der Papst selbst der Kreuzzugsidee verschrieben. Wie weit er seinen Plan einer Befreiung des heiligen Grabes zu Jerusalem ausgearbeitet hatte, zeigt ein Brief von Kolumbus an Papst Alexander VI. (1502): „Dieses Unternehmen [d. h. die Entdeckungsfahrten] wurde ins Werk gesetzt mit der Absicht, den ganzen Gewinn aufzuwenden, um der heiligen Kirche das heilige Grab zurückzugeben. Nachdem ich nach Indien gelangt bin und das Land gesehen hatte, schrieb ich dem König und der Königin, unseren Herren, dass ich nach sieben Jahren die notwendigen Ausgaben übernehmen wollte, um 50 000 Mann Fußvolk und 5000 Mann Reiterei auszurüsten, um das heilige Grab zu erobern und nach weiteren fünf Jahren wollte ich abermals 50 000 Mann Fußvolk und 5000 Reiter, zusammen also 100 000 Mann Fußvolk und 10 000 Reiter, zu diesem Zwecke ausrüsten."[54]

Kolumbus verwendet nie den Begriff „Kreuzzug". Stattdessen spricht er vom „Wiederaufbau" des heiligen Grabes als „Unternehmen" bzw. „Geschäft" (*negocio*). Dem Abendland wären durch einen erfolgreichen Kreuzzug tatsächlich neue Handelsprivilegien etc. erwachsen.

Rätselhafte Unterschrift

Der Seefahrer unterzeichnete seine Briefe mit einem Kryptogramm – einem Geheimtext aus einer spiegelbildlichen, pyramidenförmigen Buchstabenfolge. In seinem Testament verfügte Kolumbus, dass dieses Kryptogramm – im Gegensatz etwa zum Familienwappen – einzig von seinem offiziellen Nachfolger benutzt werden dürfe: „Der Erbe des Majorats soll mit der gleichen Unterschrift unterschreiben, wie ich es jetzt tue, und zwar ist das ein X, mit einem S darüber, ein M mit einem römischen A darüber und ein S, nachher ein griechisches Y mit einem S darüber, in gleicher Anordnung und mit den gleichen Zeichen, wie man es auf meiner Unterschrift sieht."[55] Daraus ergibt sich folgendes Kryptogramm:

·S·
·S·A·S·
X M Y

Die Pyramidenform und die hochgestellten Punkte erinnern an eine mystische oder mathematische Formel – wobei die Zahlen Drei und Sieben auf die christliche Zahlensymbolik verweisen. Kolumbus setzte unter das pyramidenförmig angeordnete ·S·S·A·S· abwechselnd *El Almirante* (Der Admiral) oder *Virey* (Vizekönig). Nach seiner Entmachtung wechselte er zu dem scheinbar bescheideneren *Xpo FERENS* bzw. *Xpo ferens* mit einem abschließenden Schrägstrich und Punkt (/.) . Die Wörter *Xpo* (griech. = Christus) und *ferens* (lat. = tragend) ergeben zusammengesetzt *Christus-Träger* oder schlicht *Christoforus*, den Vornamen des Entdeckers. Christoforus war zugleich der Schutzheilige aller Reisenden und wurde im mittelalterlichen Europa überall dort verehrt, wo Pilger über ein Gewässer transportiert wurden. In Zusammenhang mit der Entdeckung Amerikas findet sich auf der berühmten Weltkarte Juan de La Cosas (1500) im äußersten Westen der heilige Christoforus abgebildet.

Der Hang des Genueser Seefahrers zur Kryptographie war für die Zeit nicht untypisch. Allerdings unterscheidet sich Kolumbus' Unterschrift

Kryptographie nennt man das Wissen um die Verschlüsselung von Informationen und die Entwicklung von Geheimschriften (*krypto* = geheim). Dementsprechend sind Kyptogramme Texte, die eine geheime Botschaft enthalten. Die Römer verwendeten Kyptogramme zur Nachrichtenübermittlung im Gallischen Krieg. Und noch im 15. Jahrhundert war die Kryptographie sehr beliebt. Der Genuese Leone Battista Alberti (1404–1472) beispielsweise war nicht nur Kunstmaler, Musiker, Architekt und Kartograph – er arbeitete mit Paolo dal Pozzo Toscanelli zusammen –, sondern auch Kryptograph; Alberti benutzte die so genannte Cäsar-Verschlüsselung, die aus einer Verschiebung des Alphabets um bis zu drei Buchstaben bestand.

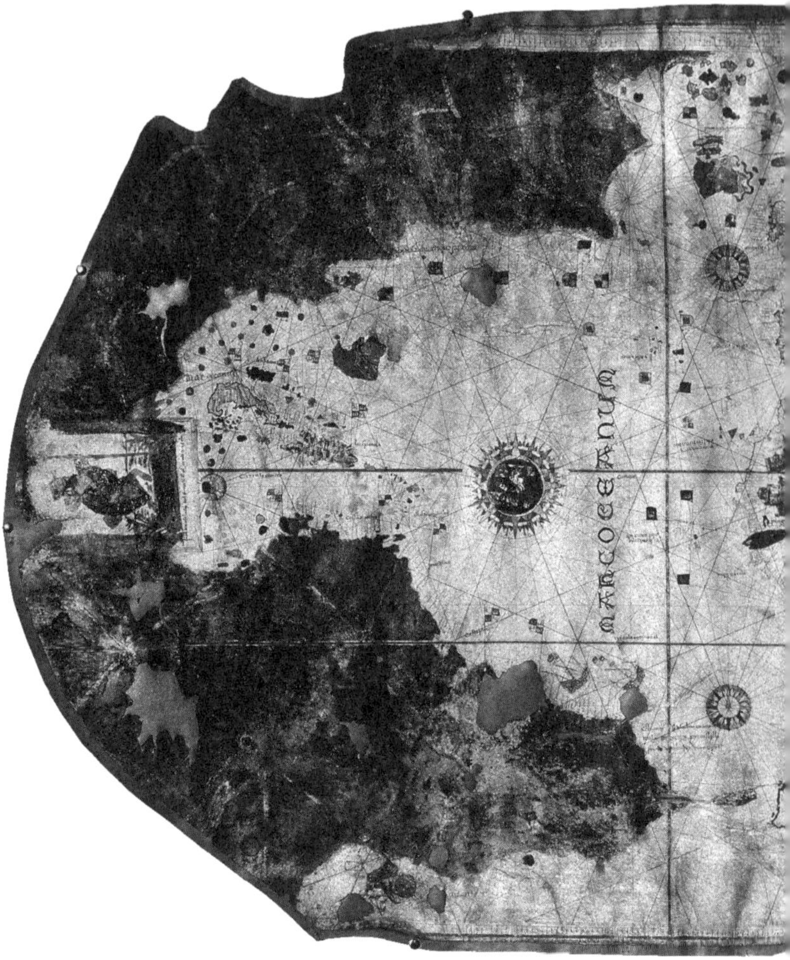

ABB. 28: Karte von Juan de La Cosa (um 1500). Cosa zeigt im Westen bereits einen großen Kontinent mit vorgelagerten Inseln. Wo der Zugang nach Cathay (China) vermutet wurde (Panama), setzte er ein Bild des heiligen Christophorus ein (Museo Naval, Madrid).

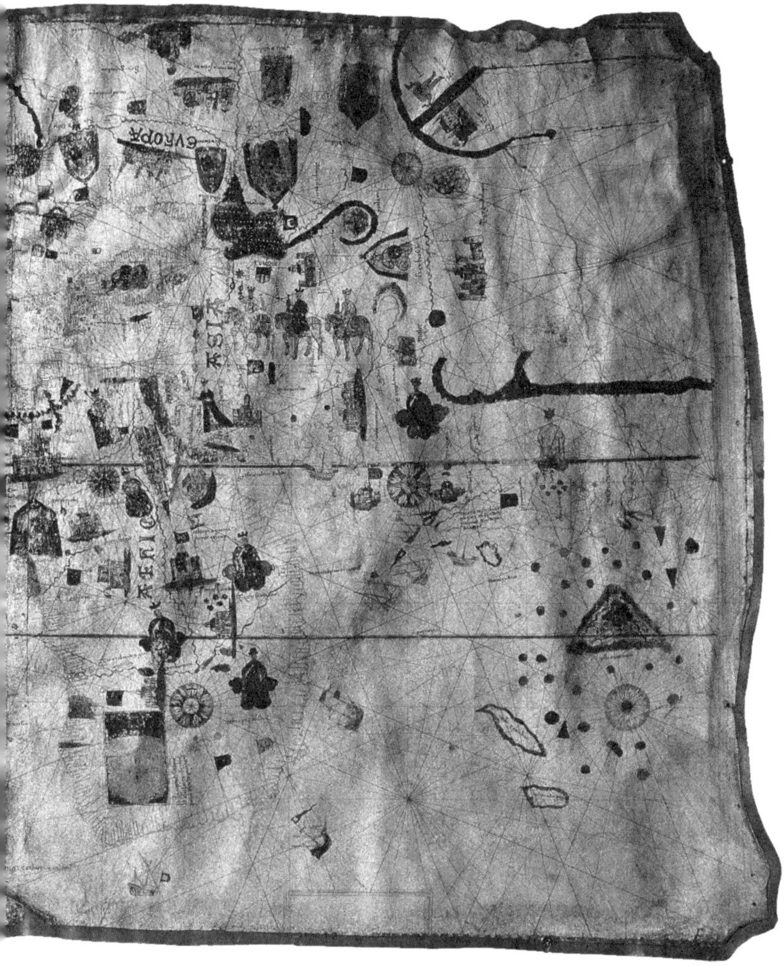

von einer simplen alphabetischen Verschiebetechnik, wie sie beispielsweise Alberti verwendete. Die groß geschriebenen Steinschrift-Buchstaben erinnern an alte (Grabstein-)Inschriften oder an römische Abkürzungen. Bereits im Alten Testament sind Geheimschriften zu finden (Atbash-Schlüssel, Jeremias); doch waren es vor allem die Römer, die mit der systematischen Verschlüsselung von Informationen begannen.

Im Lauf der Zeit versuchten verschiedene Wissenschaftler das Kryptogramm zu entschlüsseln. Doch ähnlich wie bei der verschnörkelten Schlinge, die Kolumbus oft auf der linken Seite seiner Unterschrift anbrachte sowie bei den sporadisch verwendeten Schrägstrichen und Punkten (//..) nach *Xpo ferens* kam es zu keiner überzeugenden Auflösung. Schon früh glaubte man, dass Christus für *X*, Maria für *M* und Joseph für *Y* stehe.[56] Deshalb versuchte es Alexander von Humboldt mit der Lesweise von unten nach oben und interpretierte: **X**ristu **S**anctus, **MA**ria **S**ancta, **Y**usephus **S**anctus. Zu Beginn der dreißiger Jahre des 20. Jahrhunderts interpretierte der Jesuit Fritz Streicher das Kryptogramm als Zeichen der Geltungssucht Kolumbus' wie folgt: **A**lmirante **X**ristóbal **M**ayor (de las) **Y**ndias, umgeben von: **S**ub **S**crip **S**i.[57] Obwohl es noch eine ganze Reihe weiterer Auslegungen gibt, die vorab dem Zweck dienten, eine katalanische, jüdische oder portugiesische Abstammung des Entdeckers zu beweisen, kann man eine allgemeine Ratlosigkeit bezüglich dieser Unterschrift konstatieren. Am meisten Beachtung verdienen vielleicht die Deutungen, die in Zusammenhang mit der *idée fixe* von Kolumbus stehen, einen Kreuzzug zur Befreiung des Heiligen Grabes zu Jerusalem initiieren zu müssen: so die des französischen Polarforschers Charcot und des Italieners Sanguineti:

Supplex
Servus **A**ltissimi **S**alvatoris,
(Demütiger Diener des höchsten Erlöses)
Supplex
Salvato **S**anctum **S**epulchrum
(Demütig sollst du erretten das Heilige Grab)
Salva
Sanctum **A**ltissimum **S**epulcrum
(Rette das Heilige höchste Grab)

Sarraceno
Subjuget **A**vertat **S**ubmoveat.[58]
(Den Sarazenen möge er unterwerfen)

Die hoch gestellten Punkte vor und zwischen den Buchstaben stehen demnach für die Auslassung weiterer Buchstaben oder Wörter. Ende des 15. Jahrhunderts stießen alte Inschriften auf Interesse. Im Verzeichnis des Römers Valerius Probus, das kurz nach der ersten Entdeckungsfahrt des Kolumbus 1494 ediert wurde, findet sich zu **·S·A·S·** die römische Grußformel *Salve ... Sacrum*. Der Gruß bezieht sich auf eine Stadt, eine Ortschaft oder ein Heiligtum, wie das von Probus angeführte Beispiel zeigt: **S**alve **A**quileia **S**acrum (**SAS**). Interessant ist auch eine gleichfalls bei Probus zu findende Interpretation der Formel: **SSSAS SS**, die eine ähnlich spiegelbildliche Struktur besitzt wie Kolumbus' Unterschrift und sich auf Gräber und Heiligtümer bezieht: **S**it **S**epulcrum **S**acrum **A** **S**acro **S**ancto **S**piritu (es sei das Grab heilig vom heiligen Geist) oder für **SSS**: **S**anio **S**anctissimo **S**acrum (ich heilige für den Hochheiligen das Heiligtum).[59] Ob sich Kolumbus' Unterschrift in Analogie zu *Aquileium* von einem heiligen Ort ableiten lässt wie beispielsweise von *Agaunum*, dem Heiligtum bei Saint Maurice, sei dahingestellt. Interessant ist immerhin, dass dieselbe Abkürzung **·S·A·S·** sich auch bei der Familie Grimaldi findet; die Grimaldis gehörten in Genua zu derselben (guelfischen) Partei wie die Colombos und traten nach 1492 im Umfeld des Kolumbus in Kastilien auf. Aber auch die Familie Gonzaga von Mantua, die im Zusammenhang mit der Publikation von Hernando Colóns *Historie* eine Rolle spielte (vgl. S. 217), verwendete zeitweise dieses (geheime) Kürzel.

Milites Christi

Bartolomé de Las Casas behauptet, der Admiral habe einem Orden angehört. Er habe sich streng an alle religiösen Gebote gehalten und die kanonischen Stunden so diszipliniert eingehalten wie ein Ordensbruder.[60] Auch Hernando Colón bestätigt, dass Kolumbus zu den kanonischen Stunden regelmäßig betete, dass er fastete und beichtete und dies alles so konsequent durchführte wie ein „Berufskleriker" (*professa nella religione*).[61] Doch weder Las Casas noch Hernando Colón sagen, welchem Orden Kolumbus angehörte. Am Ende seines Lebens pflegte sich der Admiral in eine einfache Mönchskutte zu kleiden. Deshalb mutmaßt Las Casas, dass er sich den Franziskanern angeschlossen haben könnte. Doch abgesehen davon, dass dieses Argument kaum ausreicht – auch andere Orden schrieben eine schlichte Kleidung vor –, macht Las Casas kein Hehl daraus, dass ihm die Identität der Bruderschaft letztlich unbekannt war.

Hernando Colón verweist verschiedentlich darauf, dass die Vorfahren der Colóns *del regal sangue di Gierusaleme*, also vom königlichen Blut Jerusalems abstammten.[62] Tatsächlich lässt sich eine Geistesverwandstadt von Kolumbus mit den Tempelrittern feststellen, die sich die Befreiung des heiligen Grabes und den Wiederaufbau des Tempels Salomons zu Jerusalem auf die Fahnen geschrieben hatten.

Der Orden der Tempelritter (*Pauperes commilitones Christi templique Salomonis* = arme Ritterschaft Christi vom Tempel Salomons) wurde nach dem Ersten Kreuzzug sehr wahrscheinlich von Hugo von Payens 1119/1120 in Jerusalem gegründet; ursprünglich zum Schutz der heiligen Stätten sowie der Pilger auf ihrer Reise nach Jerusalem. Die Templer, wie die Ordensbrüder auch genannt wurden, verbanden strategisch wichtige Festungen durch ein Wege- und Straßennetz mit den Überseehäfen (Marseille, Genua, Venedig etc.). Diese Bastionen nahmen mit der Zeit auch die Funktion von Geldwechsel- und Polizeistationen ein und standen im Dienst eines immer lukrativer werdenden Handelsaustausches zwischen Orient und Abendland. Im Besitz des Ordens befanden sich neben ausgedehnten Ländereien und Burgen auch Häfen und Werften sowie eine eigene Flotte mit Schiffen, die nach dem neusten Stand der Nautik ausgerüstet wurden (als Erste verfügten sie z. B. über einen Magnetkompass). Das achtspitzige rote Kreuz der Templer prangte als Wahrzeichen noch Jahrhunderte auf den Segeln der portugiesischen und spanischen Seefahrer und fehlte auch bei der Entdeckung Amerikas nicht.

Am Ende des 13. Jahrhunderts hatte der Tempelritterorden seinen Zenit überschritten. Nach dem Fall von Jerusalem (1187) verlegten die Templer ihren Hauptsitz nach Akkon, das als letzte christliche Bastion 1291 an die Sarazenen fiel. Ein Jahrzehnt danach kam es zur Auflösung des Ordens auf hartnäckiges Betreiben des französischen Königs Philipp IV. des Schönen, der sich an den unkontrollierbaren Finanzgeschäften des Ordens störte und sich in seiner Macht bedroht sah. Tatsächlich waren die Templer im Laufe der Zeit zu einem internationalen Machtfaktor aufgestiegen. Der Orden verfügte über große Reichtümer, ‚der Schatz der Templer' ist legendär. Durch den Kontakt zur jüdischen und islamischen Welt hatten sich die Templer neuen Ideen und Wissenschaften geöffnet, so etwa der arabischen Medizin und der Kartographie. Im Jahr 1305 erfolgte eine erste offizielle Anklage gegen den Orden wegen Geheimlehren, ketzerischer Umtriebe und unsittlicher Gebräuche. Der kulturelle Austausch mit dem Orient wurde nunmehr gegen die Templer ausgelegt. Nicht Geldwechsel- und Bankgeschäfte, sondern morgenländische Magie und Alchemie wurden für das Vermögen der Ordensbrüder verantwortlich gemacht. Papst Clemens V., der den Orden bis zu diesem Zeitpunkt unterstützt hatte, willigte schließlich in das Vorhaben des französischen Königs ein. Ab 1307 kam es, vor allem in Frankreich, zu Verfolgungswellen. Das Vermögen der Bruderschaft wurde eingezogen, die Ordensmitglieder in ihren Burgen festgehalten und zum Teil zu lebenslanger Haft oder aber zum Tod verurteilt. Der Großmeister des Ordens, Jacques de Molay, und der Praeceptor der Normandie, Geoffroy de Charnay, wurden in Paris auf dem Scheiterhaufen verbrannt.

Der Ritterorden löste sich aber trotz dieser Verfolgungs- und Enteignungswelle nicht spurlos auf. Mehrere betroffene Adelsfamilien aus dem zentraleuropäischen Raum wanderten nach Portugal aus, das sich als Exil anbot. Die Krone Portugals setzte auf eine baldige Rehabilitation des Ordens. Nach einer ‚pro forma'-Auflösung des Templerordens durch den Bischof von Lissabon trat der portugiesische König Dinis I. in Verhandlungen mit dem Papst und bewirkte, dass die Güter der Templer in Portugal in die 1318 gegründete Bruderschaft der Ritter Christi (*Milites Christi*) – kurz Christusorden – überführt werden konnten. Nach einem Treueschwur durften die Templer in Portugal ihr Vermögen behalten, ohne ihren Symbolen und Bräuchen abzuschwören.

Die portugiesischen *Milites Christi* waren von Rom dazu verpflichtet, die koloniale Expansion im Atlantik und entlang der Küsten Afrikas voranzutreiben. Als Großmeister des Christusordens setzte Heinrich der Seefahrer die Gelder der Bruderschaft für ausgedehnte Entdeckungsfahrten ein. Astronomie, Astrologie, Mathematik und andere klassische Wissensgebiete der Templer konnten dabei weiterentwickelt werden. Die Stützpunkte der Kreuzritter wurden zu Zentren des nautischen Wissens. Auch das Kloster La Rábida bei Huelva war ursprünglich eine solche Tempelritter-Bastion.[63] Von hier aus wurde die Entdeckungsfahrt des Kolumbus gefördert. Der Abt Juan Pérez und der Astronom und Mathematiker Antonio de Marchena hatten Kolumbus und seinen Sohn Diego 1484 herzlich aufgenommen. In der Historiographie wird gern kolportiert, dass dies aus reiner Barmherzigkeit geschah. Doch die Aufnahme könnte auch deshalb erfolgt sein, weil Marchena wie auch Kolumbus mit dem Christusorden in Beziehung standen und einander gegenseitig empfohlen wurden.

Der Hauptsitz der *Milites Christi* befand sich im portugiesischen Tomar, das nördlich von Lissabon im Landesinneren liegt. Auf Madeira aber war das Zentrum des nautischen Wissens und der Entdeckungsfahrten, zu denen sich der Orden verpflichtet hatte. Bereits im 15. Jahrhundert liefen in Funchal, der Hauptstadt der portugiesischen Insel Madeira, die Fäden der Seefahrtsunternehmungen zusammen, und ab dem 16. Jahrhundert stieg der Ort gar zum Hauptsitz der portugiesischen Überseemission auf. Kolumbus, der mit seiner Frau Felipa Moñiz Perestrello und seinem Sohn Diego auf der Nachbarinsel Porto Santo lebte, war in Funchal kein Unbekannter: Als er 1498 während seiner dritten Reise auf Madeira Zwischenhalt machte, wurde er hier wärmstens empfangen.[64]

Ein gewisser Maurice Privat äußerte zu Beginn der 1930er-Jahre gar die Hypothese, Kolumbus sei ein Großmeister des Christusordens gewesen. In einem Vortrag, gehalten in der Societé géographique vor den Ministern Lateinamerikas, führte Privat aus, dass der Genuese sich deshalb auf einschlägige Dokumente und Seekarten habe stützen können und Zugang zur höheren Mathematik, Zahlenmystik und Astrologie gehabt habe. Die Templer seien nämlich, so Privat, bereits Ende des 13. Jahrhunderts in Mexiko gewesen.[65] Privats These ist schon deshalb fraglich, weil es sich bei den Großmeistern des Christusordens, deren Namen im Übrigen bekannt sind, ausschließlich um Mitglieder des Königshauses handelte; auch für eine präkolumbianische Entdeckung Amerikas durch die Templer gibt es keine ausreichenden Beweise.[66]

Wie es auch immer um die Zugehörigkeit des Seefahrers und seiner Vorfahren zum Tempelritterorden gestanden haben mag, eines lässt sich nicht bestreiten: Kolumbus' *idée fixe* eines Jerusalem-Kreuzzugs stellte eine wesentliche Motivation zur Überquerung des Atlantiks dar.

Das religiöse Weltbild des Kolumbus im Spiegel der Nachwelt

Kolumbus war von den Vorstellungen seiner Zeit geprägt. Doch gerade das bereitete der Nachwelt offensichtlich Probleme. Bereits zu Beginn des 16. Jahrhundert hatte sich der portugiesische Chronist Barros über Kolumbus' religiöse Imagination mokiert. Auch der ironische Unterton des Peter Martyr von Anghiera bei der Aussage, der Admiral Kolumbus sei das Meer hinaufgestiegen wie auf einen Berg, ist unüberhörbar. Hernando Colón skizziert die religiösen Vorstellungen seines Vaters eher kurz im ersten Kapitel seiner *Historie*, ein paar Kapitel später führt er die naturwissenschaftlichen Aspekte und Vorlagen des Unternehmens umso ausführlicher aus. Der jüngere Kolumbus-Sohn war selbst ein kritischer Humanist und tat sich mit den „mittelalterlichen" Vorstellungen seines Vaters eher schwer. Damit wies er den Weg für die Historiker der Aufklärung.

Zur Zeit der Gegenreformation und des Absolutismus geriet der Genueser Seefahrer als historische Figur für fast zwei Jahrhunderte in Vergessenheit – und mit ihm sein mystisch-religiöses Weltbild. Erst während der Aufklärung und zur Zeit der Französischen Revolution rückte Kolumbus wieder ins Zentrum des Interesses. Als Nicht-Spanier und Einzelkämpfer bot er sich als Vorbild an: Kolumbus agierte als Individuum, einer, der selbst der Krone die Stirn zu bieten gewagt hatte. Der schottische Historiker William Robertson und der Amerikaner Washington Irving beschrieben Ende des 18. und zu Beginn des 19. Jahrhunderts das Leben des Christoph Kolumbus.[67] Das religiöse Weltbild nahm dabei keinen allzu großen Raum ein. Alexander von Humboldt (1769–1859) zeichnete schließlich das heute bekannte Bild eines quasi aufgeklärten Forschers und Entdeckers. Zwar war dem deutschen Universalgelehrten der „geheimnisvolle Spiritualismus" des Kolumbus sowie dessen Vermengung von „mystischer Theologie und kosmographischer Gelehrsamkeit“ keineswegs entgangen, Humboldt betont auch den „wahrhaft dichterischen Schwung“, mit dem Kolumbus alles „Erhabene und Bizarre, was das Mittelalter hervorgebracht hatte“, zurückstrahle.[68] Dennoch blieben dem vom Humanitätsideal der Klassik geprägten Humboldt die spirituellen Aspekte der Entdeckung Amerikas fremd. Keiner der nachfolgenden Kolumbusforscher stellte dieses Bild je wieder in Frage – im Gegenteil: Die Religiosität des Genuesen bzw. seiner Zeit wurde als Motivation der Entdeckungsfahrten ausgeschlossen.[69]

Im Lauf des 19. Jahrhunderts machte sich eine radikale Gegenbewegung bemerkbar, einige Kleriker fühlten sich berufen, eine Heiligsprechung des Christoph Kolumbus voranzutreiben. Die Geschichtswissenschaft sah sich nun erst recht aufgefordert, die profanen Aspekte der Entdeckung Amerikas herauszustreichen. Der Kolumbusforscher Henry Vignaud warnte in der zweiten Hälfte des 19. Jahrhunderts eindringlich davor, religiöse Beweggründe in Erwägung zu ziehen. Denn diese würden einer kritischen Aufarbeitung entgegenstehen.[70] Die diesbezüglichen Schriften und Aussagen des Entdeckers wurden ignoriert, und das Buch der Prophezeiungen blieb unter Verschluss. Erst Ende der fünfziger Jahre des 20. Jahrhunderts begann man die Spiritualität des Christoph Kolumbus im Zusammenhang mit den mannigfaltigen religiösen Strömungen seiner Zeit zu betrachten. Seither hat das Interesse an der religiösen Motivation des Entdeckers zugenommen; 1997 erschien das Buch der Prophezeiungen in einer kritischen Ausgabe, in der Folge wurden zahlreiche Artikel dazu publiziert. Und der Philosoph Peter Sloterdijk sieht in seinem Buch *Im Weltinnenraum des Kapitals* (2005) als Ursprung der Globalisierung nicht nur die Entdeckungsfahrten des Christoph Kolumbus, sondern auch dessen Ziel, damit einen Kreuzzug zur Befreiung Jerusalems zu finanzieren.

VI. Überlieferung und Zensur: Die Erben

Zeittafel

1506 Der Genueser Kanzler Antonio Gallo verfasst einen Nachruf auf Kolumbus, den er *commentariolum* (kleinen Kommentar) betitelt.
1519–1522 Weltumsegelung durch Fernão de Magalhães (Magellan) – damit war Kolumbus' Plan, Asien von Westen her zu erreichen, verwirklicht.
ab 1520 Hernando Colón schreibt bis zu seinem Tod (1539) an einer Chronik über das Leben seines Vaters. Er vermacht das unveröffentlichte Manuskript – zusammen mit seinem gesamten Besitz – dem Neffen Luís Colón.
1558– Luís Colón wird unter der Regierung Philipps II. (1556–1598) verhaftet und in die Festung von Simancas überbracht. Dort schenkt er der Bruderschaft Jesu die umfangreiche Bibliothek seines Onkels Hernando.
1560 Luís Colón vertraut das Manuskript seines Onkels dem Genueser Adligen di Fornari zur Veröffentlichung an.
1566 Bartolomé de Las Casas stirbt. Seine *Historia de las Indias* (Geschichte Westindiens) wird konfisziert.
1571 Die Chronik Hernando Colóns erscheint unter dem Titel *Historie del S. D. Fernando Colombo* in Venedig.
1572 Luís Colón stirbt im Alter von fünfzig Jahren.
1875 Erstausgabe von Las Casas' *Historia de las Indias*. Die Chroniken von Hernando Colón und Bartolomé de Las Casas gehen als ‚Kolumbinische Tradition' in die Geschichtsschreibung ein.

Kein Grab für Kolumbus

Christoph Kolumbus starb am 20. Mai 1506 in Valladolid in Anwesenheit seiner engsten Verwandten und Vertrauten. Hernando Colón berichtet, dass sein Vater die Sakramente erhalten und kurz vor seinem Tod das Sterbegebet *In manus tuas, Domine, commendo spiritum meum* gesprochen habe.[1] Das Datum des Todestags ist fast von symbolischer Bedeutung: Es war der Vortag von Christi Himmelfahrt. Der Leichnam wurde im Kloster des heiligen Franziskus aufgebahrt, und es soll eine Totenmesse in der Kirche Santa Maria de la Antigua gegeben haben.

Zwölf Jahre später ließ Diego Colón, Kolumbus-Erbe und Vizekönig auf Española (1509–1515 und 1520–1523), die Gebeine seines Vaters von Valladolid in die Kapelle des Klosters Santa María de Las Cuevas bei Sevilla überführen. In seinem Testament verfügte er, dass die sterblichen Überreste seines Vaters zusammen mit den Gebeinen der „ersten" Generation der Familie Colón – darunter Kolumbus' Frau Felipa Moñiz Perestrello sowie seine Brüder Bartolomeo und Giacomo Colombo – nach Übersee verschifft und in der Kathedrale von Santo Domingo beigesetzt werden sollten. Diegos Colóns Witwe María de Toledo y Rojas bemühte sich um die Vollziehung dieses letzten Willens, doch erst unter Kaiser Karl V. wurde die Überführung nach Española genehmigt. Der in Santo Domingo lebende Kolumbus-Enkel Luís Colón kümmerte sich dort um die Gestaltung des Familiengrabs im Chor der Kathedrale.

In der zweiten Hälfte des 16. Jahrhunderts nahm der englische Freibeuter Sir Francis Drake (um 1540–1596) die Stadt Santo Domingo ein. Er plünderte auch die Kathedrale. Die Gebeine des berühmten Entdeckers gerieten dabei möglicherweise in die Hände des englischen Freibeuters, und es ist nicht ausgeschlossen, dass er sie in der Folge nach England mitnahm. Drake hatte nämlich von Königin Elisabeth I. von England den Auftrag erhalten, sämtliche Insignien spanischer Macht in Übersee zu konfiszieren und ihr zu überbringen; dadurch glaubte Elisabeth ihren Widersacher Philipp II. demütigen zu können. So könnten die sterblichen Überreste mitsamt Grabbeigaben nach England gelangt sein.

Die Kontroverse um den Verbleib der Gebeine des Entdeckers ist reich an Vermutungen. Am Vorabend einer weiteren englischen Besetzung von Santo Domingo durch den Admiral Sir William Penn (1621–1670) schreibt sich der Erzbischof Francisco Pio das Verdienst zu, die Gebeine des Admirals versteckt zu haben, um sie vor den Ketzern zu schützen; es ist jedoch fraglich, ob es sich tatsächlich um die sterblichen Überreste des Entdeckers handelte, denn es kommen auch die Gebeine des Kolumbus-Enkels Cristóbal Colón II. sowie seines Bruders Luís in Frage. In der zweiten Hälfte des 18. Jahrhunderts wird in einer Nische der Kathedrale eine Bleikiste mit menschlichen Gebeinen gefunden. Da Santo Domingo 1795 an Frankreich fällt, wird die Kiste vorsorglich in die spanische Kolonie Kuba, genauer: in die Kathedrale von Havanna überbracht.

In den siebziger Jahren des 19. Jahrhunderts vermeldet der italienische Kapuziner Rocco Cocchia einen „sensationellen Fund" in der Kathedrale von Santo Domingo: eine silberne Kiste mit der Aufschrift: „Berühmter und auserwählter Mann – Don Cristoval Colon – Entdecker von Amerika – Erster Admiral".[2] Obwohl der Fund sich in der Folge als Fälschung entpuppt, kommt es im Vorfeld der Jahrhundertfeier 1892 – vor allem auch im Hinblick auf eine mögliche Heiligsprechung von Kolumbus – zu einem regelrechten Reliquienhandel. Die Universitätsstadt Pavia und der zukünftige Papst Leo XIII. wähnen sich bereits im Besitz einiger „Knochen" des zukünftigen Heiligen, da mischt sich die spanische Regierung ein und erhebt ihrerseits Anspruch auf die vorgeblichen Gebeine des Entdeckers. Die Überreste aus Havanna werden in der Kathedrale von Sevilla beigesetzt, wo bereits Hernando Colón bestattet ist. Nachträglich wird das Grab pompös ausgestaltet: Zwei überlebensgroße, die spanischen Könige Isabella und Ferdinand darstellende Figuren tragen Kolumbus' Sarg wie in einer Prozession auf ihren Schultern. Dass die Spanier damit wohl nicht dem Entdecker, sondern eher den sterblichen Überresten seines geschmähten Enkels Luís und dessen Bruder ein Denkmal gesetzt haben, mutet wie eine späte Sühneleistung an.

Antonio Gallos *commentariolum*

Interessanterweise stammt die erste Einschätzung des Genueser Seefahrers aus Genua, und zwar aus der Feder des bereits erwähnten Antonio Gallo. Der Vorsteher der *Banco di San Giorgio* verfasste 1506 einen kurzen Abriss, den er „Kleiner Kommentar [*commentariolum*] zu Kolumbus' Seefahrt durch den zuvor unzugänglichen Ozean" titulierte. Darin lobt er den Aufstieg seines Landsmanns zu Ruhm und Ansehen in fremden Landen in den höchsten Tönen. Bezüglich der sozialen Stellung der Familie des Entdeckers in Genua findet der Bankier weniger schmeichelhafte Worte: Klar und deutlich weist er auf deren niedrige bzw. „plebejische Abstammung" (*plebejis parentibus*) hin und betont die bescheidene Schulbildung (*parvis literulis*) der Gebrüder Colombo.[3]

Hernando Colón berichtet nun aber, dass Kolumbus eine Schulausbildung in der Universitätsstadt Pavia absolvierte. Er beruft sich dabei auf den Seefahrer selbst: „Und zudem erzählte er [Kolumbus], dass er in frühester Kindheit schreiben und lesen lernte und dass er in Pavia genügend lernte, um die Kosmographie zu verstehen, für deren Lehre er sich besonders interessierte: Um ihretwillen beschäftigte er sich auch mit der Astrologie und Geometrie [...]"[4] Kolumbus las Bücher in den alten Sprachen und war in Astronomie, Mathematik und Nautik beschlagen. Die Stellung von Kolumbus' Vater Domenico Mitte des 15. Jahrhunderts erlaubte es durchaus, dem ältesten Sohn eine gute Ausbildung zu finanzieren.

Der Grund, warum Antonio Gallo auf eine plebejische Herkunft und bescheidene Schulbildung hinweist, besteht wohl darin, dass die Genueser Colombos nach dem Umsturz von 1461 verarmten und ihr Ansehen verloren. Antonio Gallo gehörte zu Beginn des 16. Jahrhunderts dagegen zu den reichsten Männern der Stadt, er führte das Leben eines Renaissancefürsten. Sein Nachruf ist in Bezug auf die Vita von Kolumbus im Übrigen eher dürftig – zu dürftig dafür, dass er die Familie des Entdeckers so gut gekannt haben soll, wie die Genueser Schule heute zu wissen glaubt. Der Vorsteher der *Banco di San Giorgio* ging weder auf den frühen Werdegang des Seefahrers noch auf die politische Positionierung der Familie Colombo unter den Fregoso-Dogen ein. Und bezüglich der Entdeckungsfahrten stützte er sich auf die mündliche Berichterstattung zweier mehr schlecht denn recht informierter genuesischer Agenten.[5]

Das *commentariolum* blieb Jahrhunderte lang unveröffentlicht. Erst in der Aufklärung publizierte der italienische Historiker Ludovico Muratori das *commentariolum* zusammen mit Gallos Geschichte Genuas (*Commentarii de rebus Genuensium et de navigatione Columb*) in der lateinischen Originalsprache. Im Vorwort zur - ebenfalls lateinischen - Neuauflage von 1911 lobt Pandiani: „Dieses Werk wurde von den Kolumbusforschern stets für einen sehr großen Glücksfall gehalten."[6] Tatsächlich ermöglichte Gallos Bild vom ungebildeten Plebejer, den Entdecker an Genua zu binden - als Visionär aus einfachem Hause mit autodidaktischer Bildung.

Antonio Gallos *commentariolum* diente im 16. Jahrhundert lediglich dem internen Gebrauch der Stadtregierung Genuas. Einer der Ersten, der Gallo als Quelle benutzte, war der Genueser Bischof Augustino Giustiniani (1470-1537). In seiner mehrsprachigen Bibelübersetzung (*Bibbia Poliglotta*) des Jahres 1516 verwies er - analog zu Gallo - auf die bescheidenen Wurzeln und die geringe Bildung von Kolumbus (in einer Glosse zu Psalm David, 19); ähnlich fehlerhaft wie Gallo berichtet er über den Lebenslauf und die Entdeckungsfahrten des Christoph Kolumbus. Diese Glosse in der *Bibbia Poliglotta* war dem Büchersammler und -liebhaber Hernando Colón nicht entgangen. Verärgert über Giustinianis Ungenauigkeit und das Aburteil bezüglich Abstammung und Schulbildung seines Vaters versuchte er sogar ein Druckverbot zu erwirken.[7]

Die Kolumbinische Tradition

In den zwanziger Jahren des 16. Jahrhunderts begann Hernando Colón eine Chronik über das Leben seines Vaters zu schreiben, die „Erzählungen über das Leben und die Taten des Christoph Kolumbus", kurz *Historie* genannt.[8] Diese Chronik ging später zusammen mit den Ausführungen von Bartolomé de Las Casas als so genannte Kolumbinische Tradition in die Geschichtsschreibung ein.

In der *Historie* geht Hernando auch auf die Herkunft und die ersten Seefahrten seines Vaters ein – dies im Gegensatz zu anderen Chronisten wie Peter Martyr von Anghiera, Fernández de Oviedo und López de Gómara. Er betont in seiner Vorrede, dass er ursprünglich nicht die Absicht gehabt hätte, die Taten des Entdeckers aufzuzeichnen; er habe geglaubt, die Chronisten hätten dies schon zur Genüge getan. Doch nachdem er mit ihren Darstellungen konfrontiert worden sei, habe er es nicht verantworten können, die ‚Wahrheit' über seinen Vater mit ins Grab zu nehmen.

Für Hernando war die Darstellung dieser ‚Wahrheit' das vorgebliche Anliegen. Alle ihm zugänglichen Quellen bezog er in seine Darstellung ein – für die vierte Reise stützte er sich etwa zusätzlich zu seinen eigenen Erinnerungen auf die Berichte des Schiffsarztes Diego Alvarez Chanca und die Ausführungen des Chronisten Bernáldez. Auch hatte er freien Zugang zum Nachlass seines Vaters. In den ersten fünf Kapiteln seines Werkes – sie betreffen die quellenmäßig schlecht dokumentierten frühen Lebensjahre von Kolumbus – zitiert er aus verschiedenen, heute zum Teil verlorenen Schriften. Zudem war er auf der längsten der vier Entdeckungsreisen mit von der Partie und dürfte viele Informationen und Begebenheiten aus dem Munde seines Vaters direkt erfahren haben.

Hernando rechnete mit allen ab, die seiner Ansicht nach die Wahrheit bzw. das, was er dafür hielt, mit Füßen getreten hatten. Im zweiten Kapitel reitet er eine Attacke gegen den Genueser Bischof Augustino Giustiniani, dem er zwölf Lügen vorhält. Auch mit dem spanischen Chronisten Fernández de Oviedo geht er ins Gericht und bezichtigt ihn mangelnder Lateinkenntnisse. Oviedo hatte versucht, die Ansprüche der spanischen Krone auf die überseeischen Kolonien zu untermauern, indem er *las Indias* als die mythischen Hesperiden der Antike – angeblich altes iberisches Besitztum – identifizierte; dadurch wäre Christoph Kolumbus lediglich die Rolle eines ‚Wiederentdeckers' von spanischem Besitztum zugekommen.

Hernando Colón verweist explizit auf die weit reichenden erblichen Admirals-, Vizekönigs- und Gouverneursrechte einschließlich der damit verbundenen wirtschaftlichen Privilegien. Im Gegensatz zu seinem älteren Bruder Diego, der sich gegenüber der spanischen Krone zurückhielt – er war durch seine Heirat mit María de Toledo y Rojas mit dem Königshaus und mit dem Haus Alba verbunden –, hatte der jüngere Kolumbus-Sohn den Mut, gegen die spanische Krone zu prozessieren. Er klagte zu Beginn des 16. Jahrhunderts ein, dass der von den *Reyes Católicos* 1492 unterzeichnete und 1497 bestätigte Vertrag von Santa Fé nicht eingehalten werde. Dadurch werde die Familie Colón um ein riesiges Erbe geprellt. Dieser Prozess führte vermutlich dazu, dass seine Chronik in Spanien nicht veröffentlicht werden bzw. erst Jahrzehnte nach seinem Tod in einer italienischen Übersetzung erscheinen konnte.

Hernando Colóns Darstellung wurde von Bartolomé de Las Casas (1474?-1566), dem berühmten Kämpfer für die Rechte der Indios, bestätigt. Seine *Historia de las Indias* enthält eine bearbeitete und vermutlich gekürzte Fassung des Schiffstagebuchs von Kolumbus' erster Reise 1492. Allerdings wurde die *Historia des las Indias* erst 1875 veröffentlicht, und die Kolumbusforschung sah sich nun mit der unangenehmen Tatsache konfrontiert, dass bereits widerlegte Aussagen von Hernando Colón hier enthalten waren. Bis heute wird die Kolumbinische Tradition von der Geschichtsschreibung abgelehnt, zumindest was die Darstellung der frühen Lebensjahre von Kolumbus betrifft.

Hernando Colóns *Historie* wurde 1571 in Venedig gedruckt. Obwohl es Anfang des 17. Jahrhunderts zu einer Neuauflage kam, geriet das Werk in der Folgezeit in Vergessenheit. Erst zu Beginn des 19. Jahrhunderts untersuchten die spanischen Historiker Eustaquio und Martín Fernández de Navarrete die Chronik. Sie kamen zu dem Schluss, dass das Werk als authentische historische Quelle zu bewerten sei. Eustaquio schreibt, der Sohn des Entdeckers habe es verstanden, trotz persönlicher Betroffenheit sachlich zu bleiben und seine Quellen umsichtig und ausgewogen zu präsentieren.[9] Auch italienische Kolumbusforscher betrachteten die Chronik in der Folge als wichtiges Dokument für die Geschichte Kolumbus' und Amerikas. Diese wohlwollende Beurteilung steht der heutigen Bewertung allerdings diametral entgegen.

Die Wende erfolgte Mitte der siebziger Jahre des 19. Jahrhunderts und kann nur vor dem Hintergrund der damaligen Restauration der Monarchie in Spanien verstanden werden (ab 1874). Konservativ-national denkende Historiker begannen damals das restriktive Vorgehen der spanischen Könige gegen den Entdecker zu rechtfertigen. Der deutsche Hispanist Häbler bedauerte noch 1892, Kolumbus werde seine „große Tat aus falschem Patriotismus und nationaler Eifersüchtelei vergönnt".[10] Das Werk Hernando Colóns wurde immer mehr zur Zielscheibe einer rigorosen Kritik. Auch die Chronik von Bartolomé de Las Casas – das zweite Standbein der Kolumbinischen Tradition – stieß auf Ablehnung. Der Ordensbruder war eine Provokation für das kolonialpolitisch schwer angeschlagene Nationalbewusstsein am Ende des 19. Jahrhunderts. Und auch noch im 20. Jahrhundert war man weit entfernt von einer nüchternen Einschätzung seiner Person und seines Werkes.

Der amerikanische Jurist und Kolumbusforscher Henry Harrisse hatte zeitgleich mit der spanischen Restauration – in der zweiten Hälfte der siebziger Jahre des 19. Jahrhunderts – Hernando Colóns Chronik als Fälschung bezeichnet.[11] Harrisse hatte unstimmige Details in der Ereignisgeschichte und im zeitlichen Ablauf der Berichterstattung entdeckt. Obwohl er mit seiner These, Hernando Colóns *Historie* sei eine Fälschung, in Widerspruch zu anderen renommierten Kolumbusforschern geriet[12], blieb ein Makel an der Chronik haften. Die Zeit verlangte nach einem neuen Entdeckerbild – ein Umstand, der Harrisses These schließlich zum Durchbruch verhalf. Durch die Ablehnung der Kolumbinischen Tradition zeichnete sich die Möglichkeit ab, ein in mancher Hinsicht gefälligeres Kolumbusbild zu zeichnen – eines, das sowohl der Glorifizierung der kolonialen Epoche Vorschub leistete, als auch den Entdecker selbst – vor allem, was seine Beziehung zur italienischen Heimat betraf – in ein vorteilhafteres Licht stellte. Während in Spanien die Vorwürfe gegen die Krone auf wenig Gegenliebe trafen und Hernandos Werk deshalb auf Ablehnung stieß, war für die Genuesen die Kolumbinische Tradition insofern inakzeptabel, als sie den Entdecker Amerikas in Aktivitäten (als Korsar unter fremder Flagge) verwickelt zeigte, die im 15. Jahrhundert nicht der offiziellen Politik der Republik Genua entsprachen.

In den dreißiger und vierziger Jahren des 20. Jahrhunderts erreichte die Ablehnung einen weiteren Höhepunkt: Als Hernandos Chronik in Italien und Spanien ediert wurde, fiel es den Herausgebern Caddeo und Serrano y Sanz offensichtlich schwer, den Inhalt mit dem stark idealisierten Kolumbusbild ihrer Zeit in Übereinstimmung zu bringen. Keine Aussage der ersten fünf Kapitel der *Historie* blieb unkritisiert. Dabei stellten die Herausgeber unterschwellig auch die moralisch-sittliche Integrität des Autors in Frage und verwiesen auf mögliche ‚Minderwertigkeitskomplexe' Hernandos als unehelicher Sohn – in Anspielung auf die angeblich illegitime Beziehung von Kolumbus zu der Córdobesin Beatrice de Harana. Die Herausgeber ließen unberücksichtigt, dass Hernando von Kolumbus selbst als *fijo ligítimo* – also als rechtmäßiger Sohn – anerkannt wurde. Neben diesen Versuchen, Hernando Colón zu diskreditieren, wurde im 20. Jahrhundert vielfach versucht nachzuweisen, dass seine *Historie* von Dritten im Wortlaut manipuliert oder verfälscht worden sei.

Einer derartigen „Fälschlung" bezichtigt wurde Luís Colón, der Enkel des Entdeckers, ebenso wie Alfonso Ulloa, der die Chronik ins Italienische übersetzt hatte. Hartnäckig hielt sich auch der Verdacht, Bartolomé de Las Casas könnte die Chronik verfasst und Hernando Colón untergeschoben haben. Diese von Harrisse geäußerte Vermutung wurde von dem argentinischen Historiker Carbia in den 1930er-Jahren aufgegriffen: „Armer Bruder Bartolomé de Las Casas! Gestern ein Apostel las Indias', beinahe ein Heiliger; heute ein Gauner niedrigster Beschaffenheit, ein lügnerischer Zyniker, der in seiner Mönchszelle Dokumente fälschte, indem er eine Don Hernando zugeschriebene ‚Geschichte' über Cristóbal Colón zusammenstellte, die er nachher als unwiderrufliche Quelle der Wahrheit zitierte."[13]

In den siebziger Jahren des 20. Jahrhunderts kam es zur so genannten Pseudo-Hernando-These. Ihr zufolge sollen die umstrittenen ersten fünf Kapitel der Chronik gefälscht sein; danach habe ein unbekannter Kompilator geschickt gefälschte und echte Texte zusammengefügt. Diese Hypothese – sie stammt von Rumeu de Armas – fand insbesondere bei der Genueser Historiographie großen Anklang, da die Genueser Schule schon immer vor allem diese Kapitel für fragwürdig gehalten hatte. Rumeu de Armas – bestrebt, die Geschichtsschreibung der Mittelmeerländer auch bezüglich der Biographie des Entdeckers in Einklang zu bringen – warnte 1991 einmal mehr vor der „ersten gefälschten Chronik der spanischen Geschichte" und deren „skandalösen Erfindungen".[14]

Die genaueren Umstände der Veröffentlichung, einschließlich einer Betrachtung der beiden Chronisten der Kolumbinischen Tradition, sollen in der Folge erhellen, ob die These der Fälschung haltbar ist bzw. inwiefern Hernando Colóns *Historie* als Quelle Bestand haben kann.

Hernando Colón (1488–1539)

Der jüngste Sohn von Kolumbus wurde am 15. August 1488 in Córdoba geboren. Zusammen mit seinem älteren Halbbruder Diego aus Kolumbus' Ehe mit der Portugiesin Felipa Moñiz Perestrello genoss er am kastilischen Hof als Page des 19-jährigen Erbprinzen Juan die bestmögliche Ausbildung; zu seinen Lehrern gehörte auch der italienische Humanist Peter Martyr von Anghiera – ein Bekannter seines Vaters. Als der Thronfolger Juan am 4. Oktober 1497 überraschend starb, verschlechterte sich die Situation am Hof für die Gebrüder Diego und Hernando Colón allerdings drastisch. Kolumbus wurde aufgefordert, unverzüglich die Auslagen seiner Söhne zu begleichen.[15] Die auf den 31. Oktober 1497 datierte Zahlungsaufforderung ist vermutlich ohne Wissen Isabellas von Kastilien erfolgt; die Königin versank nach dem Tod ihres Sohnes in tiefe Depression und Beamte der Krone Aragons übernahmen die Regierungsgeschäfte.

Ende Mai 1498, nachdem Kolumbus zu seiner dritten Entdeckungsreise aufgebrochen war, kam es am Hof zu ersten Intrigen gegen den ausländischen Seefahrer. Dass die Herrschaft des Kolumbus in Übersee weder erwünscht noch gesichert war, bekamen nun auch seine beiden Söhne zu spüren. Sie wurden Zeugen, wie ihr Vater von seinen Feinden am Hof verleumdet wurde; sie wurden aber auch selbst zur Zielscheibe von Hass und Spotttiraden. Im Hintergrund stand dabei die Frage, wem das Gebiet in Übersee zukünftig gehören sollte. Die erblichen Besitzansprüche, die der Familie Colón im Vertrag von Santa Fé 1492 zugesichert worden waren, waren durch den Vertrag von Tordesillas im Juni 1494 in Frage gestellt (vgl. S. 135). Papst Alexander VI. (Rodrigo Borgia) hatte alle entdeckten und noch zu entdeckenden Inseln und Festländer jenseits einer Demarkationslinie der spanischen Krone als Besitz zugesprochen – unter der Bedingung, dass sie die heidnische Bevölkerung unterwerfe und bekehre. Alexander VI. stammte aus Valencia und war mit Ferdinand von Aragon befreundet. Er war kurz nach Kolumbus' Abreise zur ersten Entdeckungsfahrt zum Papst gewählt worden und beendete die Ära der Päpste Sixtus IV. und Innozenz VIII., die beide aus Savona bzw. der Republik Genua stammten.

Vor allem für den jüngeren, noch minderjährigen Sohn Hernando war an ein Verbleiben am kastilischen Hof nicht mehr zu denken. Deshalb beschloss Christoph Kolumbus, ihn auf seine vierte Entdeckungsreise mitzunehmen. Doch die Reise, die zweieinhalb Jahre dauern sollte und eigentlich als Weltumseglung geplant war, hätte strapaziöser und entbehrungsvoller nicht ausfallen können: Hurrikans vor der Küste Mittelamerikas, Überfälle seitens der einheimischen Indios, Schiffbruch und Meuterei prägten diese letzte Fahrt.

Trotz aller Widrigkeiten sei Hernando Colón tapfer und mutig gewesen sein, ja er soll, so sein stolzer Vater, die Mannschaft aufgemuntert haben: „Gott verlieh ihm so viel Mut, dass er auch die anderen aufzurichten vermochte, und er stellte sich so geschickt an, als wäre er schon seit achtzig Jahren zur See gefahren. Er gereichte mir zu großem Trost, denn ich war erkrankt und manchmal dem Tod nahe."[16] Dass Christoph Kolumbus viel von den Fähigkeiten seines jüngeren Sohnes hielt, geht auch aus einem am 1. Dezember 1504 an den Haupterben Diego Colón gerichteten Brief hervor. Darin lobt er den hervorragenden Charakter und die ausgezeichnete Auffassungsgabe Hernandos.[17]

Drei Jahre nach Kolumbus' Tod reiste Hernando mit seinem Bruder Diego und einigen spanischen und italienischen Adligen nach Übersee, um die Regierung auf Santo Domingo zu übernehmen. Hernando, der inzwischen dem Franziskanerorden beigetreten war, gründete auf der Insel Kirchen und Klöster. Schließlich kehrte er nach Spanien zurück und unterbreitete Ferdinand von Aragon das Projekt einer Weltumsegelung. Er konnte den König zwar nicht für das Projekt gewinnen, in der Folge nahm Hernando jedoch an mindestens drei Überseereisen teil. Nachdem er sich aus der Seefahrt zurückgezogen hatte, reiste er nach Italien, in das Land seiner Vorfahren. Dort, in Rom, Genua, Florenz und anderen Metropolen der Renaissance, fand er ein neues Betätigungsfeld als leidenschaftlicher Büchersammler.

Nach dem Tod Ferdinands von Aragon 1516 kehrte Hernando nach Andalusien zurück, wo er auf seinen – inzwischen entmachteten – Bruder Diego traf. Die beiden erwarben von den Erben des Herzogs von Medina Sidonia das Kleinstädtchen La Palma sowie die Festung Alpizar in der Nähe der Hafenstadt Huelva – zwei Stützpunkte, die sie knapp drei Jahre später wegen der hohen Zinslast wieder abstießen. Im Mai 1520

ABB. 29: Porträt von Hernando Colón (unbekannter Maler, Biblioteca Colombina, Sevilla)

verzichtete der kinderlose Hernando zu Gunsten seines Bruders Diego bzw. dessen Nachkommen auf sein Erbe. Der Verzicht entsprach dem letzten Willen seines Vaters, der mit seinem Testament zu Gunsten einer Familiendynastie der Verzettelung seines Erbes vorbeugen wollte.

Im selben Jahr stellte sich Hernando in den Dienst des Habsburger Kaisers Karl V. und begleitete ihn als Kosmograph nach Brüssel, Gent und Worms. Auf diesen Reisen machte er die Bekanntschaft bedeuten-

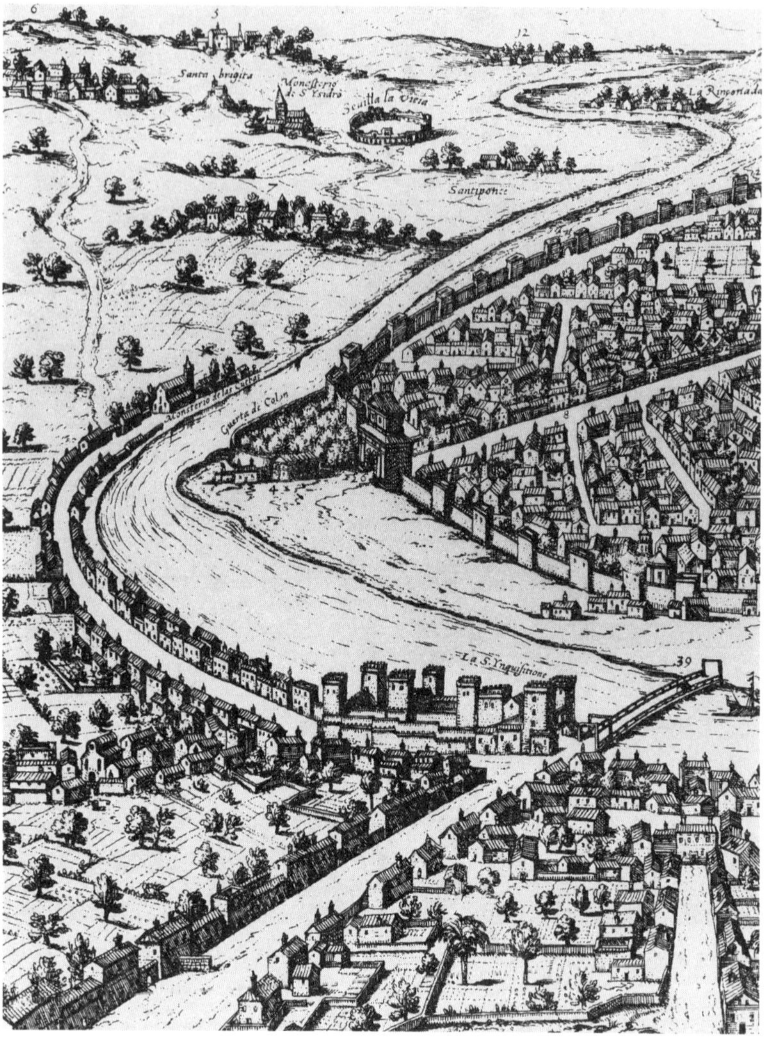

ABB. 30: Auf dieser Ansicht von Sevilla kann man anhand der Beschriftung Haus und Bibliothek von Hernando Colón (*Huerta* bzw. *Guerta de Colón*) ausmachen sowie das *Monasterio de Las Cuevas* auf der gegenüberliegenden Flussseite (Biblioteca Nacional, Madrid).

der Humanisten, darunter Erasmus von Rotterdam, der ihm eines seiner Werke schenkte. Nach einem Aufenthalt in England reiste er zweimal (in den Jahren 1520–1522 und 1531) von den Niederlanden nach Italien und wieder zurück. Er verfasste für Karl V. in der Folge verschiedene Schriften, von denen heute – außer einem Bericht über die Schifffahrtsrouten zwischen Spanien und Flandern – keine erhalten ist. Bekannt ist, dass er sich auch mit der habsburgische Kolonialpolitik in Persien, Arabien und Indien beschäftigte und mit der Niederschrift eines umfassenden Geographiewerks über die Reichsgebiete Spaniens begann. Obwohl er für die Vermessungsarbeiten bereits die schriftliche Einwilligung von Karl V. erhalten hatte, hinderte ihn die spanische Behörde am 13. Juni 1523 mit einem Erlass daran, seine „Beschreibung und Kosmographie ganz Spaniens" fortzusetzen[18] – offensichtlich waren Vermessungen im Land der *Reconquista* ein heikles Unterfangen, ging es doch dabei auch um Zuordnung und Festschreibung von Grenzen und Einflussbereichen.

In den zwanziger Jahren des 16. Jahrhunderts wandte sich Hernando wieder vordringlich dem Aufbau einer umfangreichen Bibliothek zu. Er reiste ein zweites Mal nach Italien, wo er neben Rom, Genua, Florenz und Venedig diesmal auch Ferrara, Perugia, Cremona und Piacenza besuchte. Auch nördlich der Alpen erstand der bibliophile Franziskaner eine beträchtliche Anzahl Bücher, u. a. in Brüssel, Köln, Innsbruck, Augsburg, Ulm, Konstanz, Basel und Freiburg im Breisgau.[19] Hernando Colón sammelte hier möglicherweise auch Druckerzeugnisse protestantischer Provenienz vorab, weil die Entdeckungsfahrt des Kolumbus in der reformatorischen Literatur den Stellenwert einer neuen Offenbarung einnahm. Bezüglich der Bedeutung des neuen Kontinents für die alte Welt waren die Konfessionen geteilter Meinung: Während Papst Leo X. 1513 die Indios zu den zu christianisierenden Untertanen der spanischen Krone zählte, wandte sich Martin Luther gegen eine solche Missionierung: Bei den Ureinwohnern von *las Indias* handle es sich nicht um Heiden, sondern um die Jahrhunderte zuvor nach Osten abgewanderten, von Rom abgefallenen Christen.[20]

Die beachtliche Bibliothek Hernandos befand sich ursprünglich in den Casas de Colón zu Sevilla. Diese Häusergruppe außerhalb des Stadttors Puerta de Goles lag am Flussknie des Guadalquivir – in der Nähe des Quais, an dem im 16. Jahrhundert die Schiffe aus Übersee anlegten. Das Anwesen wurde auch *Huerta de Colón* genannt, da Hernando in seinem Garten exotische, aus der Neuen Welt eingeführte Bäume anpflanzte. Auf der gegenüberliegenden Seite des Guadalquivir befand sich das Kloster Las Cuevas; dort wurden Papiere und Dokumente der Familie Colón verwahrt (vgl. Abb. 30).

Hernandos Bibliothek schrumpfte im Laufe der Zeit auf einen Bruchteil ihres ursprünglichen Bestandes und war zudem Jahrhunderte lang unzugänglich. Der Chronist Argote de Molina beklagte sich 1588 in seinem *Aparáto a la historia de Sevilla* darüber, dass ihm der Einblick in die Bücher des Domkapitels verweigert werde und er sich daher nicht ausreichend über die Anfänge der Entdeckungsgeschichte informieren könne.[21] Dieser Verschluss der Bibliothek bzw. der Sammlung von Kolumbus und Hernando ist vor allem auch deshalb bedauerlich, weil es Hernando Colóns letzter Wille gewesen war, die Sammlung öffentlich zugänglich zu machen. Von den sechzehn Seiten seines Testaments sind ganze sieben dem Zuwachs, der Archivierung und der fachgerechten Pflege seiner Bücher gewidmet.

Nach dem Tod von Diego im Jahr 1526 setzte sich Hernando für dessen Sohn Luís Colón ein. Als direkter männlicher Erbe hatte er gemäß Kolumbus' Testament Anspruch auf den Titel des Vizekönigs auf Santo Domingo. Hernando kämpfte in den folgenden Jahren vor Gericht gegen königliche Erlasse, die die Machtansprüche des noch minderjährigen Luís fortlaufend beschnitten. Doch sein Kampfwille erlosch mit seinem Lebenswillen: Nach der Vollendung seiner umfangreichen *Historie* starb Hernando Colón im Jahr 1539. Ein Bote überbrachte dem gerade 17-jährigen Enkel des Entdeckers die Todesnachricht in Santo Domingo. „Eure Hoheit wisse, dass der selige Don Hernando, euer Onkel, am Samstag, den 9. Juli um acht Uhr gestorben ist [...] Fünfzig Tage zuvor wusste er bereits, dass er mit seinem großen Wissen sterben würde, und er rief seine Diener und teilte ihnen mit, wie kurz er noch mit ihnen auf dieser Welt weilen werde."[22] Hernando, so der Bote, habe kurz vor seinem Tod ein bemerkenswertes Ritual durchgeführt: Er habe nach einem Teller Erde verlangt und befohlen, ihm die Erde ins Gesicht zu werfen; man habe gezögert und geglaubt, er sei von Sinnen. Deshalb habe er selbst nach der Erde gegriffen, sein Gesicht damit bedeckt, seine Augen geschlossen und die Worte *Recognosce homo, quia pulvis est, et in ci-*

nerem reverteris gesprochen; seine Hände zum Himmel erhebend und das *Te Deum laudamus* sprechend, habe er Gott seinen Geist übergeben.

Hernando Colóns Leichnam wurde feierlich in der Kathedrale von Sevilla beigesetzt. An der Trauerfeier nahmen italienische Kaufleute und Handelsagenten teil, darunter auch etliche aus der „Nation des Verstorbenen".[23] Tatsächlich hatten nicht nur die florentinischen Geschlechter Bardi, Berardi und Verde den Kontakt mit Christoph Kolumbus und dessen Nachkommen gesucht, auch die aus Ligurien stammenden Familien Grimaldi und Fieschi bemühten sich darum, die finanziellen Transaktionen des immer lukrativer werdenden Überseehandels durchführen zu dürfen.[24]

Hernando Colón genoss bei seinen Zeitgenossen hohes Ansehen. Der Hofchronist Oviedo charakterisiert ihn als „historisch gebildeten Humanisten und Gelehrten" und „tugendhaften Ritter von großem Edelmut, angenehmer Konversation und breiter Bildung".[25]

Historie del S. D. Fernando Colombo

Hernando Colón vermachte seinem Neffen Luís sein gesamtes Erbe. Dazu gehörten nicht nur die Casas de Colón zu Sevilla samt der umfangreichen Bibliothek, sondern auch das unveröffentlichte Manuskript der „Erzählungen über das Leben und die Taten des Christoph Kolumbus" (*Historie*). Die Aufzeichnungen dürften für den Kolumbus-Enkel allein deshalb interessant gewesen sein, weil sein Onkel darin die Kronverträge des Kolumbus auflistet und – noch wichtiger – auf deren Erblichkeit hinweist. Für Luís Colón bedeuteten die Privilegien handfeste Regierungskompetenzen (vergleichbar mit einer Admiralität oder einem Vizekönigtum in Kastilien-Léon). Doch gelang es ihm nicht, das Manuskript zu publizieren und auf diesem Weg auf seine Rechte aufmerksam zu machen. Zwei Jahrzehnte lang blieben die Handschriften unveröffentlicht. Die *Historie* erschien erst 1571 in einer italienischen Übersetzung, und zwar in Venedig, das zu einem internationalen Zentrum des Buchdrucks aufgestiegen und zu jener Zeit (noch) von Habsburg unabhängig war. Wer veranlasste die aufwändige Übersetzung und welche möglichen Auftraggeber standen dahinter?

HISTORIE
Del S. D. Fernando Colombo;
Nelle quali s'ha particolare, & vera relatione della vita, & de' fatti dell'Ammiraglio
D. CHRISTOFORO COLOMBO,
ſuo padre:
Et dello ſcoprimento, ch'egli fece dell'INDIE Occidentali, dette MONDO NVOVO, hora poſſedute dal Sereniſs. Re Catolico:
Nuouamente di lingua Spagnuola tradotte nell'Italiana. dal S. Alfonſo Vlloa.
CON PRIVILEGIO.

IN VENETIA, MDLXXI.
Appreſſo Franceſco de' Franceſchi Saneſe.

ABB. 31: Titelblatt von Hernando Colóns *Historie* (Venedig 1571)

Die Einleitung der *Historie* ist von einem gewissen Giuseppe Moleto (1531–1588) verfasst, der die Edition offensichtlich am Schluss betreut hatte. Der gebürtige Sizilianer hatte zuerst in Messina, später in Padua Mathematik und Astronomie gelehrt und sich mit Geographie, Optik und hydraulischen Maschinen befasst. Auch zählte er zusammen mit Giovanni Battista Benedetti (1530–1590) und Simon Stevin (1548–1620) zu den Vordenkern der galileischen Mathematik und hatte sich in der Auslegung des Ptolemäus sowie als Kartograph einen Namen gemacht. Als Colóns *Historie* veröffentlicht wurde, stand Moleto im Dienst des Herzogs Guglielmo Gonzaga III. von Mantua (1538–1587). Als weithin bekannter Mäzen der Wissenschaften, Literatur und Künste hatte der Herzog zweifellos die finanziellen Mittel, um die Übersetzung in Venedig voranzutreiben. Moleto erwähnt den Renaissancefürsten im Vorwort allerdings nicht, sondern einen Genueser Adligen namens Baliano di Fornari. Dieser habe das Manuskript von Luís Colón persönlich erhalten. Aus Freundschaft zu diesem und zu Ehren der Familie Colón sei Baliano di Fornari nach der Übergabe unverzüglich nach Venedig gereist, um dort eine italienische Ausgabe des Werks in die Wege zu leiten. Auch habe er eine zweite Übersetzung ins Lateinische geplant sowie eine Ausgabe in der spanischen Originalsprache. Di Fornari musste Venedig jedoch plötzlich verlassen, und der Auftrag der Publikation ging an einen anderen Genuesen, an Johann Baptist di Marino über.[26]

Dass die Übergabe des Manuskripts nicht in Italien, sondern in Spanien erfolgte, geht aus einschlägigen Dokumenten hervor. Baliano di Fornari, der im Vorwort zur *Historie* als treibende Kraft der Publikation genannt wird, reiste im Jahr 1560 nach Andalusien. In seiner Begleitung befanden sich der Übersetzer der Chronik, der Spanier Alfonso Ulloa, sowie ein Kirchenmann namens Próspero Publicola. Die Reisenden hatten sich offensichtlich direkt nach Sevilla begeben, wo Luís Colón inhaftiert war. Der überreichte einem Valián di Forne (Baliano di Fornari) 1560 einen Geldbetrag in Höhe von 2600 Dukaten[27], offenbar mit dem Auftrag, das Manuskript nach Italien zu bringen, um es dort zu veröffentlichen.

Di Fornari wie auch di Marino waren Genueser Adlige und gehörten zur ligurischen Popolari-Partei. Beide starben noch vor der Veröffentlichung der *Historie* im Jahr 1571. Dass zwei Genueser Adlige an der Publikation der Chronik interessiert waren, ist bei Abwägung der Umstände nicht erstaunlich, denn sie gehörten zur politischen Opposition der Stadtregierung. Seit Beginn des 16. Jahrhunderts waren Einfluss und Mitspracherecht der guelfischen Adelspartei kontinuierlich geschwunden, um dann – in der Folge der misslungenen Verschwörung des Gian Luigi Fieschi 1547 – in der Alleinherrschaft des habsburgtreuen Flottenkommandanten Andrea Doria zu enden. (Gian Luigi Fieschis tragisches Ende wurde von Friedrich Schiller in der Tragödie *Die Verschwörung des Fiesko zu Genua* verarbeitet.) Die Familie Doria sorgte durch Blutrache und Enteignung dafür, dass den Fieschi und weiteren Vertretern des alten Adels in der Folge die Machtgrundlage in Ligurien entzogen wurde.

Johann Baptist di Marino war vom Scheitern des Aufstands unmittelbar betroffen: Er, der in den Jahren vor der Verschwörung noch Senator gewesen war, wurde seines Amtes enthoben. Auch die Familie di Fornari wurde entmachtet: Ein Doge namens di Fornari musste nach dem Umsturzversuch nach Frankreich ins Exil gehen. Baliano di Fornari leitete in Genua das Spital und Armenhaus *Ospedale di Pammatone*, eine Institution, die zum Klosterbezirk von Santo Stefano gehörte. Die Familie des Entdeckers hatte einst in der Nachbarschaft dieses Spitals gelebt und gehörte wie die di Fornaris zur Gefolgschaft der Fieschi. Kolumbus selbst bezeichnet auf seiner vierten Reise einen mitreisenden Fieschi als Abkömmling „einer der wichtigsten Familien Genuas" und „Verwandten".

Die Kontakte zwischen dem Entdecker, der Familie Fieschi und dem Genueser Adel lassen vermuten, dass die Publikation von Hernando Colóns *Historie* verschiedenen Interessen diente: Zum einen wurde durch die Erinnerung an die bedeutsamen Taten seines Landsmannes Christoph Kolumbus indirekt Andrea Dorias Ansehen als Kommandant der genuesischen Flotte geschmälert. Zum anderen ging es um die Erbrechte der Kolumbus-Nachkommen. Doch warum realisierte Giuseppe Moleto, der Hauslehrer Gonzagas, am Ende die Publikation? Kamen hier die familiären Beziehungen der Genueser Fieschi zur Fürstenfamilie Gonzaga zum Tragen? Man weiß es nicht, kann dies nur vermuten.

Alfonso Ulloa, Glücksritter und Übersetzer

In Zusammenhang mit der Veröffentlichung der *Historie* spielt Alfonso Ulloa eine wichtige Rolle. Er übersetzte die Chronik in Venedig ins Italienische. Der Spanier verfügte über ein erstaunlich großes Beziehungssnetz: von der Habsburger Führungselite dies- und jenseits der Alpen über die Herzogsfamilie Gonzaga bis hin zu Verlegern und Autoren, die ihrerseits den oben erwähnten Moleto oder Hernando Colón selbst gekannt hatten. Ulloa hatte wohl auch Kontakte zu Kreisen des römischen Klerus und zum alten, entmachteten Genueser Adel.

Alfonso Ulloa stammte aus der Stadt Cáceres in der spanischen Extremadura. Sein Geburtsjahr ist nicht bekannt, doch dürfte er um das Jahr 1530 geboren sein. Ulloa genoss eine ausgezeichnete Ausbildung und studierte sehr wahrscheinlich in Toledo, wo er sich nachweislich nach 1539 aufhielt.[28] Spätestens Ende der vierziger Jahre ging er nach Italien, wo er dem kaiserlichen Heer beitrat. Zwischen 1550 und 1552 unterstand er Ferrante di Gonzaga, über den er später die *Vita del Valorissimo e Gran Capiano Don Ferrante Gonzaga, Principe di Molfetta* (1563) veröffentlichte.

In den frühen fünfziger Jahren taucht Ulloa in Venedig auf. Als Neffe des einflussreichen spanischen Feldherrn Alvaro de Sande erhielt er dort einen Vertrauensposten an der Seite des spanischen Botschafters Juan de Mendoza. Doch bereits im Herbst 1552 kam es offensichtlich zu einem Eklat: Ulloa wurde zusammen mit einem weiteren Spanier und einem Italiener verhaftet und der Verschwörung bzw. Doppelspionage zu Gunsten Frankreichs angeklagt. Juan de Mendoza forderte vor Gericht die Todesstrafe für seinen ehemaligen Sekretär, da dieser die Aufständischen von Siena und den Fürsten von Salerno zu einem Umsturz gegen die Habsburger angestachelt habe. Ulloa wies seinerseits die Anschuldigung zurück und führte aus, dass Mendoza selbst den Fürsten zum Überlaufen auf die französische Seite veranlasst habe.[29] Trotz der Entschiedenheit, mit der Mendoza gegen den Angeklagten plädierte, kam Ulloa frei – dank seiner guten Beziehungen. So setzte sich Erzherzog Ferdinand von Österreich für Ulloas Freilassung ein. Nach seiner Freilassung wandte sich Ulloa dem Buchdruck zu. In den zwei Jahrzehnten bis zu seinem Tod im Jahr 1570 edierte, übersetzte und verfasste er in Venedig über siebzig Schriften und Bücher: Er übertrug Paolo Giovios *Diàlogo de las empresas militares y amorosos* (1558) - ein Zweigespräch über Krieg und Liebe - ins Spanische, edierte Homers *Odyssee* (1553) sowie Marc Aurels *Libro áureo* (1553) und Ariosts *Orlando furioso* (1556), um nur einige zu nennen. Seit Beginn der sechziger Jahre betätigte er sich selbst als Autor: Er schrieb u. a. eine *Vita* Karls V., eine Biographie König Ferdinands I. von Habsburg und drei historische Abhandlungen über die Kriege der Habsburger, darunter die für ihn verhängnisvollen „Kommentare" zum Kriegsgeschehen in den Niederlanden. Bereits in den frühen sechziger Jahren wollte Ulloa keine weiteren Übersetzungsaufträge mehr annehmen, um sich ganz seinen eigenen Studien zuzuwenden; dies zumindest beteuert er im Begleitwort zu Barros Chronik *Asia*, die er 1562 vom Portugiesischen ins Italienische übertragen hatte.[30] Der Vorsatz hatte aber offensichtlich keine Gültigkeit für Hernando Colóns Chronik, die er in der Folge in Venedig übersetzte. Wer vermittelte ihm den Übersetzungsauftrag?

Eine Spur führt zu dem Arzt und Historiker Paolo Giovio (1483-1552), in dessen Nachlass das älteste und wohl authentischste Kolumbus-Porträt gefunden wurde, ein kleinformatiges Ölbild mit der Aufschrift COLOMBVS LYGUR NOVI ORBIS REPTOR. Es ist anzunehmen, dass Giovio - er soll Hernando Colón persönlich gekannt haben - gern auch dessen Manuskript sein eigen genannt hätte. Denn Giovio war ein leidenschaftlicher Sammler von Biographien und Porträts berühmter historischer Persönlichkeiten: Dichter, Könige, Herzöge und Feldherren, aber auch Seefahrer wie Amerigo Vespucci oder Magalhães (Magellan) hingen als Ölgemälde in seiner Galerie, und in seiner Bibliothek findet sich noch heute ein Teil der entsprechenden Lebensbeschreibungen. In seinem Palazzo in Como schuf er eine Sammlung, die schon im 16. Jahrhundert illustre Besucher anlockte: beispielsweise Ferrante di Gonzaga oder Hernán Cortéz.

Möglich, dass Giovio Alfonso Ulloa als Übersetzer empfahl, doch kann er sich nicht im Besitz des Manuskripts befunden haben. Hernando Colón vollendete die Chronik erst kurz vor seinem Tod, und danach verblieben die Unterlagen bis 1560 in Spanien - Las Casas benutzte sie noch Mitte des 16. Jahrhunderts für seine eigene Chronik.

Das älteste Kolumbus-Gemälde befindet sich im Museo Civico des Palazzo Giovio in Como und wird Bartolomeo Suardi (1465–1530) zugeschrieben (siehe Frontispiz).[31] Dieser war nach dem Wegzug Bramantes und Leonardo da Vincis zum führenden Künstler der Stadt Mailand aufgestiegen. Der auch Bramantino genannte Kunstmaler Suardi erhielt 1508 von Papst Julius II. della Rovere den Auftrag, in einem der vatikanischen Säle acht Fresken berühmter Persönlichkeiten zu malen. Er tat dies zeitgleich mit Michelangelo (Deckengemälde) und Raffael (Fresken). Nach dem Tod des Papstes 1513 mussten die Fresken jedoch übermalt werden, weshalb sie Suardi, so wird angenommen, in der Folge auf Leinwand übertrug. Darunter soll sich auch das Porträt von Kolumbus befunden haben.

In Venedig machte sich Ulloa an die Übersetzung der *Historie*. Doch noch während der Arbeit geriet er 1568 in Gefangenschaft, musste seine Studierstube mit einer Zelle des berüchtigten Gefängnisses Valier tauschen, des „Towers" der venezianischen Dogen. Als Grund für seine Festnahme wurde angegeben, Ulloa habe fünf Jahre zuvor eine Drucklizenz des Zehnerrats der Dogen gefälscht, um die Veröffentlichung eines von der Inquisition verbotenen Buches in hebräischer Sprache zu ermöglichen. Einiges spricht dafür, dass es im Fall von Ulloa nur vordergründig um eine fehlende Lizenz ging und tatsächlich andere Gründe zur Anklage führten. Während des harten Winters (1568/1569) im feuchtkalten Kerker erkrankte er schwer. Ulloa starb im Gefängnis Valier ein knappes Jahr vor der Veröffentlichung der Chronik – vermutlich an Tuberkulose. Da die Übersetzungsarbeiten in sein letztes Lebensjahrzehnt fielen, ist nicht auszuschließen, dass eventuelle Ungenauigkeiten den beschwerlichen Gefängnisbedingungen wie dem Mangel an zusätzlichen Informationsquellen und Nachschlagewerken zuzuschreiben sind. Oft wählt Ulloa eine sehr wörtliche Übersetzung, so dass das spanische Original durchscheint. Die „Holprigkeiten" im Italienischen und das Fehlen des sonst üblichen Begleitbriefes deuten darauf hin, dass Ulloa seine Arbeit noch nicht vollendet hatte, als er 1570 starb.

Wohin das spanische Manuskript der *Historie* vor oder nach dem Tod Ulloas gelangte, bleibt unklar. Denkbar, dass es – zusammen mit der Übersetzung – an Giuseppe Moleto ging, der von Guglielmo Gonzaga mit der Drucklegung beauftragt worden war. Doch wohin es danach gelangte, ist unklar. Am nahe liegendsten ist, dass es von der venezianischen Behörde nach dem Tod Ulloas bei der Räumung seiner Zelle beschlagnahmt wurde.

Da das Manuskript nicht ohne Wert war, wurde es möglicherweise weitergereicht. Philipp II. hatte kurz nach der Publikation den gesamten Mittelmeerraum unter seine Kontrolle gebracht – die Venezianer waren seiner *heiligen Liga* beigetreten und halfen mit, den Sieg gegen die Osmanen bei Lepanto 1571 herbeizuführen. Deshalb kann nicht ausgeschlossen werden, dass das Original wieder nach Spanien kam. Auch gibt es eine erhellende Korrespondenz zwischen dem dritten Herzog von Alba (Fernando Álvarez de Toledo) mit Peter Ernst von Mansfelt, seinem damaligen Waffenbruder im niederländischen Krieg. Wie seinem Brief vom 28. Mai 1570 zu entnehmen ist, versprach der Herzog, den spanischen Konsul in Venedig anzuweisen, Ulloa in seiner Zelle zu verhören und all seine Bücher (*todos libros*) zu beschlagnahmen.[32] Allerdings ist fraglich, ob Ulloa 1570 überhaupt noch im Besitz des heute verschollenen Manuskripts von Hernando Colón war. In Bezug auf den Verbleib des Originals gibt es nämlich noch eine weitere Bemerkung des Herzogs und diese führt auf eine Spur, die in eine ganz andere Richtung deutet: nämlich nach Rom. Der Herzog wies in seinem Brief an Mansfelt nämlich auf die Drucklegung eines *librillo* hin und betonte, dass der spanische Schreiberling *Alonço Ulloa* ein Sekretär des Kardinals von Santa Cruz gewesen sei.[33] Der vom Herzog erwähnte Kardinal von Santa Cruz wurde in seiner Zeit auch Próspero Publicola genannt. Und der war im Jahr 1460 mit Ulloa und Baliano di Fornari nach Sevilla gereist, um von Luís Colon das Manuskript entgegenzunehmen.

Die Übersetzung und Veröffentlichung der umstrittenen Chronik des Hernando Colón wurde also von verschiedenen Personen vorangetrieben: Von Vertretern des Genueser Adels, von Fürsten dies- und jenseits der Alpen, und von einem Gelehrten und Glücksritter. Alfonso Ulloa, der noch unter Karl V. in den Genuss einer humanistischen Ausbildung gekommen war und den die Aufbruchstimmung in Spanien geprägt hatte, erlebte einen dramatischen Kurswechsel: Statt kulturellem Pluralismus und Meinungsvielfalt waren plötzlich Zensur und Kriegsrecht angesagt. Die italienischen Hafenstädte waren unter Philipp II. aufgerufen, die spanische Armada mit ihren Flotten im Kampf gegen die Osmanen zu unterstützen – da waren die Glücksritter aus den eigenen Reihen, die je nach Beziehung bereit waren, gegnerische Dienste anzunehmen, nur Sand im Getriebe einer immer perfekter funktionierenden Kriegsmaschinerie. Nach dem Einlenken des Genueser Flottenkommandanten Andrea Doria in die Politik Philipps II. musste selbst das reiche Venedig seine Unabhängigkeit aufgeben.

Die Publikation von Büchern war in der Mitte des 16. Jahrhunderts eine nicht immer ungefährliche Angelegenheit. Das Drucken und Vertreiben von Büchern, insbesondere von jüdischen und arabischen sowie von Pamphleten und reformatorischen Flugblättern, wurde von der Obrigkeit zur Zeit der Gegenreformation durch Zensur und restriktive Drucklizenzen kontrolliert. Nach der Erfindung des Buchdrucks durch Johannes Gutenberg Mitte des 15. Jahrhunderts hatte sich das Verfahren, mit beweglichen Metalllettern zu arbeiten, in kurzer Zeit über ganz Europa verbreitet. Überall entstanden frühe Werkstätten, neben Mainz (wo Gutenberg herkam) in Bamberg und Straßburg (seit 1460), in Köln (seit 1464/1466), Basel (1467) sowie in Augsburg (1468); bis 1470 kamen Venedig, Neapel, Nürnberg und Paris dazu. Zu Zentren des Buchdrucks entwickelten sich Oberitalien und die Niederlande, wo es 1480 bereits elf verschiedene Druckorte gab. Die serielle Reproduktion von Texten barg aber auch agitatorisches Potenzial. Dies wurde im 15. Jahrhundert zuerst von der Kirche, zu Beginn des 16. Jahrhunderts aber auch zunehmend von Humanisten und Reformatoren dazu genutzt, in bis dahin nicht bekanntem Maße die Öffentlichkeit zu mobilisieren.

Vor dem Hintergrund dieser politischen Veränderungen drängt sich die Frage auf, ob Alfonso Ulloa, der zeitweise im Verdacht anti-spanischer Agitation stand, seine Übersetzertätigkeit dazu genutzt haben könnte, dem Werk eine bestimmte Einfärbung zu verpassen. Gegen eine solche Fälschungs- oder auch nur Verfälschungsabsicht sprechen allerdings die Aufzeichnungen von Bartolomé de Las Casas: Der Dominikaner hatte seine Aufzeichnungen bereits abgeschlossen, als das Manuskript Hernando Colóns 1560 Spanien verließ. Und dennoch sind die Aussagen deckungsgleich. Vergleicht man die beiden Werke in Bezug auf umstrittene Punkte des frühen Lebenslaufs, wird klar: Alfonso Ulloa hatte trotz widriger Umstände professionelle Arbeit geleistet. Tatsächlich genießt er als Herausgeber vieler wertvoller Renaissancewerke, als sprachgelehrter Humanist und Übersetzer in der Romanistik noch heute ein hohes Ansehen, und so spricht selbst Rumeu de Armas, der Verfechter der Fälschungsthese, Alfonso Ulloa vom Verdacht einer Verfälschung der Inhalte von Hernando Colóns Chronik frei.[34]

Luís Colón (1522–1572)

Nach dem Testament von Christoph Kolumbus sollte Luís Colón in Übersee als Vizekönig regieren. Doch er war von Anfang an nicht mehr in der Lage, die Rechte und Pflichten seines Erbes wahrzunehmen. Bereits wenige Jahre nach dem Tod seines Vaters Diego 1526 schränkte der über die lateinamerikanischen Kolonien bestimmende Indienrat seine Privilegien drastisch ein – auf die noch heute vorhandenen Titel der Herzogtümer Veragua (Panama) und Jamaika. Luís Colón war zu dieser Zeit vier Jahre alt und stand unter der Vormundschaft seiner Mutter María de Toledo y Rojas, die (anscheinend widerstandslos) zu allem ihre Einwilligung gab. Nach dem Regierungsantritt von Philipp II. wurden Luís Colóns Rechte weiter eingeschränkt, bis es im Jahr 1556 zu einem ‚Gnadenerlass' kam, der ihm gerade noch eine jährliche Rente und ein paar Kronlizenzen zur Deckung der Lebenskosten zugestand.

Luís plante das Schiffstagebuch der ersten Entdeckungsfahrt von 1492 zu publizieren und erhielt dafür vom Indienrat 1554 auch eine Drucklizenz.[35] Doch diese war zeitlich beschränkt, und es gelang ihm nicht, innerhalb der vorgegebenen Zeit einen Verleger zu finden – die Frist lief ab, ohne dass es zu einer Herausgabe kam. Auch das Werk seines Onkels Hernando Colón wollte Luís veröffentlichen. Doch dem Entdecker-Enkel waren bald die Hände gebunden, und dies im wahrsten Sinn des Wortes. Wie aus einem Gerichtsprotokoll hervorgeht, wurde er während eines Aufenthalts am königlichen Hof in Valladolid im September 1558 wegen des Verdachts auf Bigamie verhaftet. Der 36-jährige Admiral Luís Colón wurde – mit Einwilligung des Kronrichteramtes – am 1. Januar 1559 nach Simancas, eine besonders sichere Festung, überstellt.

Der Kronrichter verurteilte Luís Colón im August 1563 zu einer weiteren zweijährigen Haftstrafe mit anschließendem zehnjährigem Exil. Auch wurde ihm verboten, in die Nähe des Hofes zu kommen oder nach *las Indias* zu reisen. Die ersten fünf Jahre des Exils sollte er unter Arrest in der spanischen Festung Oran zubringen.

Um die verwickelte Vorgeschichte der Anklage zu verstehen, lohnt sich ein Rückblick in die Zeit, als Luís Colón eine unbeschwerte Kindheit und Jugend im Alcazár de Colón, dem elterlichen Palast in Santo Domingo, verbrachte. Im Gegensatz zu seinem Großvater wuchs Luís im Luxus auf: Er kleidete sich in kostbare Stoffe und war von einem eigenen „Hofstaat" umgeben, bestehend aus einem Hausmeister, einem Koch, verschiedenen Bediensteten, Handwerkern und einer größeren Anzahl schwarzer Sklaven. In dieser materiell unbeschwerten Zeit verliebte er sich in Maria de Orozco, die vermutlich aus der Familie eines Pagen stammte. Luís gab ihr das Eheversprechen, als seine Mutter, – die verwitwete Vizekönigin María de Toledo y Rojas – in Spanien weilte, um ihre jüngeren Kinder standesgemäß zu verheiraten. Als leibliche Cousine des verstorbenen Königs Ferdinand von Aragon knüpfte sie für ihren Nachwuchs erfolgreich Kontakte, die in einem Fall sogar zu einer Ehe mit einem Nachkommen der illustren Königsdynastie von Avis führte. Mit der geplanten Liebesheirat ihres ältesten Sohnes, für den sie andere Pläne hatte, war sie ganz und gar nicht einverstanden. Sie sorgte prompt dafür, dass Maria de Orozco nach Honduras abgeschoben wurde, wo sie mit dem Schatzmeister Francisco de Castellanos verheiratet wurde.

Kurz vor dem Tod seiner Mutter im Jahr 1549 heiratete Luís Colón auf ihren Wunsch eine Frau namens Maria de Mosquera. Sie stammte aus einer einflussreichen Familie aus Granada. Nach der Geburt zweier Töchter wollte Luís sich am spanischen Hof für seine ererbten Rechte einsetzen und reiste 1552 nach Kastilien-León. Während seines Aufenthalts in Valladolid wurde er zum gern gesehenen Gast der Gräfin Beatrice von Lemos, die ihn mit ihrer Tochter Ana de Castro Ossorio zu verkuppeln suchte.[36] Luís schenkte Ana kostbaren Schmuck, eine barocke Goldtruhe, verschiedene Gobelins, teure Tischgarnituren, mit Goldbordüren verziertes Bettzeug und vieles mehr.[37] Er bemühte sich nun um eine Annullierung seiner Ehe und begründete seinen Antrag damit, dass er zum Zeitpunkt der Eheschließung mit Maria de Orozco verheiratet gewesen sei.[38] Der Abt der Kathedrale von Santo Domingo leitete den Antrag auf Annullierung der Ehe nach Rom weiter. Dort herrschten zu jener Zeit unklare Machtverhältnisse: 1555 starben zwei Päpste kurz nacheinander: Julius III. und der ehemalige Konzilsabgeordnete Marcellus II. – beide hatten sie sich einer radikalen Kurienreform verschrieben. Unter dem nachfolgenden Papst Paul IV. aus dem Neapolitaner Adelsgeschlecht Caraffa wurde der Antrag von Luís Colón sang- und klanglos *ad acta* gelegt. Die Zeiten, in denen die Familie Colón im Vatikan auf die Gunst savonesischer Päpste hatte zählen können, gehörten der Vergangenheit an. Pater Gorricio aus Sevilla, der am päpstlichen Hof zuweilen für die Colónes antichambriert hatte, war lange tot. Und auch der portugiesische Botschafter zu Rom – immerhin Großmeister des Christusordens – hatte im Vatikan offensichtlich keinen Einfluss; Luís Colón hatte ihm Bestechungsgelder zukommen lassen.[39]

Das Ausbleiben des päpstlichen Segens hinderte Luís Colón nicht daran, in Valladolid seine Beziehung zu Ana Castro de Ossorio fortzuführen. Er hatte die Rechnung allerdings ohne die einflussreichen Verwandten seiner Gemahlin Maria de Mosquera gemacht. Der Mosquera-Clan erreichte, dass der „Fall“ Luís Colón einem gewissen Juan Mosquera de Molina aus Granada übertragen wurde. Er war Gründungsmitglied und Abt der ersten Jesuitenschule in Spanien und hatte es im Orden noch zu Lebzeiten des Ignatius von Loyola zu Rang und Namen gebracht. Als Ratsherr von Valladolid und Kerkermeister der Festung von Simancas verfügte er über exzellente Beziehungen zu Rom.

Die Brüder der Gesellschaft Jesu berichteten über Luís Colón, der inhaftierte Admiral sei „einer der zügellosesten Menschen der Welt“, dem man „Ungeheuerlichkeiten“ nachsage. Anfänglich habe er sich gegenüber der Gesellschaft Jesu sehr abweisend benommen und sogar die Beichte verweigert. Sein Verhalten habe sich aber geändert, als der jesuitische Generalkommissar Francisco de Borja ihn in der Zelle aufgesucht und durch intensive Gespräche bekehrt habe.[40] Diese „Bekehrung“, die man vielleicht auch als Anpassungsversuch interpretieren kann, brachte der Gesellschaft Jesu beträchtliche materielle Vorteile. So gelobte Luís Colón nicht nur, in Übersee ein Jesuiten-Kollegium zu gründen, er schenkte dem Orden auch die gesamte, von seinem Onkel Hernando Colón stammende Erbschaft. Zwar waren die Häuser an der Puerta de Goles in Sevilla in der Zwischenzeit heruntergekommen und wurden von den Jesuiten nach der Schenkung 1559 sogleich abgestoßen, doch die Renaissance-Bibliothek war von unschätzbarem Wert. Hoch erfreut berichtete der Sekretär der spanischen Jesuitengemeinschaft nach Rom, Luís Colón habe dem Orden eine der berühmtesten Bibliotheken geschenkt.[41] Die Dominikaner übernahmen die Bibliothek schließlich von den Jesuiten; im 16. Jahrhundert wanderten die Bestände von der Puerta de Goles in das Dominikanerkloster St. Paul und von dort in das Domkapitel von Sevilla. Die von *Fernandina* in *Colombina* umbenannte Sammlung verfügt heute nur noch einen Bruchteil ihres ursprünglichen Umfangs: Von geschätzten 15 300 Büchern sind noch rund 5000 erhalten.

Luís Colón ließ nichts unversucht, um freizukommen. Auf allen großen Plätzen in Valladolid und Rom ließ er öffentlich verkünden, dass er sich zu seiner Ehe mit María de Mosquera bekenne.[42] Doch die Hoffnung, dass sich damit die Anklage erübrige und er aus dem königlichen Gefängnis von Simancas entlassen werde, erfüllte sich nicht. Das öffentliche Bekenntnis bestätigte aber immerhin seine beiden Töchter als Erbinnen. Zwar nützte dies der älteren Tochter María wenig: Sie war von Philipp II. in ein Kloster gesteckt worden, wo sie auf sämtliche Erbansprüche verzichten musste. Die Nachfolge des Christoph Kolumbus ging auf Luís' jüngere Tochter über. Sie musste allerdings, da sie ihren Cousin Cristóbal Colón y Toledo heiraten wollte, auf einen päpstlichen Dispens warten (die beiden Urenkel des Entdeckers waren Verwandte ersten Grades). Als 1578 der einzige aus dieser Verbindung hervorgegangene Sohn starb, erhob die jüngere Tochter Francisca Colón y Pravia Anspruch auf die Herzogtümer; sie berief sich auf einen Passus in Kolumbus' Testament, demzufolge das Erbe auf eine Frau übergehen könne, falls keine männlichen Nachfolger mehr vorhanden seien. Es folgten langwierige Prozesse um das Erbe, die sich über Generationen zogen. Ende des 18. Jahrhunderts entschied ein Gericht schließlich zu Gunsten Mariano Colóns de Toledo, der sich damit gegen die Linie der Berwick-Alba durchsetzen konnte.

Im Oktober 1565 verschlechterte sich der Gesundheitszustand von Luís Colón: Schmerzhafte Fieberkrämpfe, Lähmungserscheinungen und Gicht plagten ihn. Alle Anträge auf Revision des Urteils und Freilassung blieben jedoch erfolglos. Anfang Februar 1572 starb Luís Colón im Alter von fünfzig Jahren. Er hat nicht mehr erfahren, dass sein jüngerer Bruder Cristóbal Colón im Sommer 1571 auf der Rückreise aus Peru ums Leben gekommen war. Und auch die Nachricht seiner eigenen Begnadigung durch Philipp II. sowie die Tatsache, dass die *Historie* seines Onkels in Venedig 1571 erschienen war, erreichte ihn nicht mehr.

Bartolomé de Las Casas: Anwalt der Indios

Bartolomé de Las Casas (ca. 1474–1566) hielt sich Mitte des 16. Jahrhunderts im Archiv von Simancas auf, um für seine aufwändige *Historia de las Indias* zu recherchieren. Dass er den dort inhaftierten Kolumbus-Enkel Luís Colón besuchte, liegt auf der Hand; immerhin kannte er ihn aus unbeschwerteren Zeiten im *Alcazár de Colón* in Santo Domingo.

Eine einigermaßen objektive Einschätzung von Bartolomé de Las Casas fällt bis heute schwer: Zu schockierend ist seine Berichterstattung, zu destruktiv die Wirkungsgeschichte seiner bis heute polarisierenden Kampfschrift *Brevísima relación de la destrucción de las Indias occidentales* (Kurzgefasster Bericht von den Verwüstungen der Westindischen Länder, Titel im Folgenden abgekürzt: *Brevísima relación*).

Als Chronist ist Las Casas durchaus ernst zu nehmen. Bezüglich Christoph Kolumbus konnte er sich auf mindestens 31 Handschriften des Entdeckers stützen, von denen heute höchstens noch 13 im Original erhalten sind. Allerdings darf man von ihm keine objektive Darstellung der Ereignisse erwarten.

Bartolomé de Las Casas wurde vermutlich 1474 in Sevilla geboren. Sein Vater, ein christlicher Kaufmann aus Tarifa im Süden Andalusiens, und mehrere seiner Onkel hatten Christoph Kolumbus auf die zweite Entdeckungsfahrt begleitet; er selbst war vor Ort, als Kolumbus' Schiffe im Juni 1496 zurückkehrten. Las Casas studierte Jura und Theologie in Salamanka und wurde Mönch. 1502 reiste er nach *las Indias*, wo er unter der Regierung von Nicolás de Ovando (1502–1509) an einem Feldzug zur Eroberung von Española teilnahm, er war also ein Augenzeuge der *conquistas* (Eroberungen).

In drei Gedenkschriften an Kardinal Jiménez de Cisneros kritisiert Las Casas wenige Jahre später die schlechten Lebensbedingungen der

Abb. 32: Porträt von Bartolomé de Las Casas (Archivo General de Indias, Sevilla)

Indios in den so genannten Repartimientos bzw. Encomiendos (Landzuteilungen an Konquistadoren). Nach einem Rom-Aufenthalt (1506/1507) nahm er seine missionarische Tätigkeit in Übersee auf. Die Mission wurde hauptsächlich von den Bettelorden, zunächst insbesondere von den Franziskanern, geleistet. Las Casas bezeichnet die Franziskaner retrospektiv als gute Menschen; allerdings hätten sie die (schlimmen) Zustände zu freimütig akzeptiert und sich darauf beschränkt, vornehme Indiokinder zu unterweisen, zu lehren und zu bekehren.[43]

Auf Ovando folgte die Regierungszeit des Vizekönigs und Kolumbus-Erben Diego Colón (1509–1515), von dem Las Casas eine einträgliche Encomienda zugesprochen erhielt. Er beteiligte sich in der Folge am Feldzug des Diego Velázquez zur Unterwerfung Kubas. Doch im Jahr 1514 verzichtete er auf das ihm zugeteilte Land und trat fortan vehement für die Rechte der Indios ein. Wie kam es zu diesem Wandel vom Saulus zum Paulus? Die ‚Bekehrung' steht wohl in Zusammenhang mit der Ankunft von vier Dominikanern im September 1510, unter ihnen Las Casas' späterer Lehrer Pedro de Córdoba sowie der „sehr beherzte" und „begnadete Redner" Antón Montesinos.[44] Die Dominikaner interessierten sich sogleich für die Zustände auf der Insel; insbesondere beschäftigte sie die Frage, wie es in weniger als zwei Jahrzehnten nach der Ankunft der Spanier zu einem solch großen Bevölkerungsrückgang der Indios habe kommen können. Vor Ort hatten sie einen Informanten namens Juan Garcés. „Dieser Mann, den man ‚Fray' Juan Garcés und in der Welt Juan Garcés nannte und den ich gut kannte, offenbarte den Ordensbrüdern besonders anschaulich die abscheulichsten Grausamkeiten, die er und alle übrigen an diesen unschuldigen Menschen in den Kriegen und im Frieden (wenn man das überhaupt Frieden nennen könnte) begangen hatten und bei denen er Augenzeuge war."[45] Dominikaner (und Franziskaner) schrieben zwischen 1517 und 1519 mehrere Briefe an den Hof, in denen sie sich bei ihren Schilderungen auf Garcés beriefen. Die Schilderungen der Gräueltaten in Las Casas' *Brevísima relación* gehen für die erste Phase der Kolonisation ebenfalls auf diesen (nicht ganz unzweifelhaften) Gewährsmann zurück.[46]

An einem Adventssonntag (21.12.1511) kam es in Santo Domingo zu einer Predigt, die in die Weltgeschichte eingehen sollte. Las Casas, obwohl selbst nicht anwesend, beschreibt das Ereignis in seiner *Historia de las Indias* anschaulich: Zuerst seien alle Siedler und Encomenderos der Stadt von den Dominikanern zusammengerufen worden, dann sei der Mönch Antón Montesinos auf die Kanzel gestiegen und habe in seiner Predigt *Ego vox clamatis in deserto* (Ich bin die Stimme eines Rufenden in der Wüste) die „unfruchtbare Wüste des Gewissens der Spanier“ sowie die drohende Verdammnis beschworen: „Nachdrücklich sprach er eine ganze Weile mit sehr beunruhigenden und fürchterlichen Worten über diese Stimme [Christi], so dass sie am ganzen Leibe zitterten und es ihnen schien, als stünden sie schon vor Gottes Gericht [...] Diese Stimme, sagte er, tut euch kund, dass ihr alle der Grausamkeit und Tyrannei wegen, die ihr gegen diese unschuldigen Menschen gebraucht, in Todsünde seid und in ihr lebt und sterbt.“[47] Mit seiner Predigt bekehrte Montesinos zwar niemanden; die Bedeutung der Predigt lag vielmehr darin, dass sie eine Art Trendwende markierte, die nicht zuletzt zur Bekehrung von Las Casas selbst führte.

Las Casas’ tief greifender Wandel zum ‚Anwalt der Indios‘ ist nicht nur Ausdruck einer zunehmend öffentlich geführten Diskussion über Völker-, Natur- und Menschenrechte; sie vollzog sich auch vor dem Hintergrund der Glaubensvorstellungen, die in Europa die Reformation auslösten. Angesichts der Zustände in der Neuen Welt war Las Casas überzeugt, von Gott auserwählt worden zu sein, die Seelen der Indios zu retten. Dieses Sendungsbewusstsein führte dazu, dass er in dem Kampf für die Rechte der Indios, den er nun mit der Feder statt mit dem Schwert führte, die Position eines Anklägers einnahm.

Im Jahr 1514 reiste Las Casas zusammen mit Antón Montesinos nach Spanien, wo er durch Vermittlung von Fray Diego de Deza an den königlichen Hof kam. Es folgte eine lange Audienz mit dem im Sterben liegenden Ferdinand von Aragon (23. Dezember 1515), die für Las Casas und die Sache der Indios jedoch wenig brachte. Seine Hoffnung richtete sich auf den jungen Karl I. (den späteren Karl V.), dessen Ankunft aus Flandern erwartet wurde.

Der Hof war ein Tummelplatz verschiedenster Interessenvertreter: Die Anhänger Ferdinands von Aragon mit dem Kronratsmitglied Juan Rodríguez de Fonseca an der Spitze hatten die Macht der „Kolumbisten“, der Kolonisten und Anhänger des Admirals und Vizekönigs Diego Colón, hintertrieben. Bartolomé de Las Casas verteidigt das erbliche Vizekönigtum der Familie Colón, indem er betont, dass der Vertrag von Santa Fé zwischen Christoph Kolumbus und den *Reyes Católicos* (1492) nach wie vor als gültig zu betrachten sei. Dass Montesinos in seiner Aufsehen erregenden Predigt nicht nur über die Ausbeutung der Indios, sondern auch über die zweifelhafte Rechtsgrundlage der spanischen Krone öffentlich nachdachte, ist wohl kein Zufall; dieses Thema kam noch Jahrzehnte später in den berühmten *relaciones* (Vorlesungen) des Juristen Francisco de Vitoria an der Universität zu Salamanka zur Sprache. Las Casas betont die moralische Integrität von Diego Colón: Dieser habe sich während seiner Regierung um Gerechtigkeit und Zusammenarbeit mit den Mönchen bemüht und sei sich seiner Verantwortung bewusst gewesen. Tatsächlich hatte Las Casas versucht, mit Diego Colón verschiedene Projekte zu verwirklichen wie etwa die Schaffung eines indianischen Adelsstandes (inklusive Aufnahme in einen Ritterorden), Projekte, die nie realisiert werden konnten.

Die Gültigkeit des Vertrags von Santa Fé aus dem Jahr 1492, der auch den Erben des Kolumbus weit reichende Privilegien zusprach, war seitens der spanischen Krone in Frage gestellt. Der Regierungsjurist Juan López de Palacios Rubios (1450–1524) hatte geltend gemacht, dass der Vertrag von Santa Fé ohne Einwilligung des Papstes unterzeichnet worden sei und dass die spanische Krone 1492 gar nicht ermächtigt gewesen sei, Kolumbus derartige Zugeständnisse bezüglich der künftigen Kolonialgebiete zu machen. Palacios Rubios berief sich auf die alten Lehensbeziehungen Aragons zum Papst und die Tatsache, dass Alexander VI. das entdeckte Gebiet bereits 1493 den *Reyes Católicos* geschenkt hatte. Um die Eroberungen für die Krone zu reklamieren, wurde das so genannte *Requerimiento* eingeführt.

Das Verlesen des *Requerimiento* diente weniger der Indoktrination der Ureinwohner – letztere verstanden ja anfänglich ohnehin kein Kastilisch –, denn der formalen Legitimierung des Besitzes gegenüber anderen (europäischen) Mächten. Las Casas verurteilte das *Requerimiento* als „üble Posse"; die Landnahme in Übersee sei eine „gewaltsame Invasion grausamer Tyrannen", die vom „göttlichen Gesetz und allem menschlichen Recht zu verurteilen" sei.[49]

Das Kolumbus-Bild von Las Casas ist vor dem Hintergrund der langsamen Entmachtung der Familie Colón zu sehen. Las Casas bemüht

Das Requerimiento (Aufforderung, Bekanntgebung) wurde 1513 von Ferdinand von Aragon in Auftrag gegeben und von dem Juristen Juan López de Palacios Rubios ausgearbeitet. Es handelt sich um einen Text, der den Indios laut vorgelesen wurde und u. a. folgende Aufforderung zur Unterwerfung enthielt: „Alle Völker auf Erden wurden von Gott einem Mann namens Petrus anvertraut, damit er ihr Oberhaupt sei und alle ihm gehorchten [...] Einer dieser Päpste [Alexander VI.] machte als Herr der Welt diese Inseln und das Festland den Katholischen Königen zum Geschenk [...]"[48] Rubios verweist diesbezüglich auf „bestimmte Dokumente", gemeint war eine Schrift des Erzbischofs von Ostia, der im 13. Jahrhundert den Papst in seiner Funktion als Stellvertreter Christi zur Unterwerfung aller ‚Ungläubigen' ermächtigt hatte. Auch andere Kirchenrechtler (Aegidius Romanus, Heinrich von Segusio) hatten an der Wende vom 13. zum 14. Jahrhundert den Herrschaftsanspruch Roms über den gesamten Erdkreis und die darauf lebenden Heidenvölker postuliert. Dieses imperialistische Gedankengut aus Kreuzzugszeiten bildete zusammen mit der theokratischen Auslegung der Bullen Papst Alexanders VI. die rechtliche Grundlage für die nach 1513 einsetzende Landnahme Lateinamerikas.

sich in seiner *Historia de las Indias*, die er zwischen 1527 und 1563 in mehreren Etappen verfasste, den besonderen Stellenwert des „alten Admirals" für die Geschichte der Entdeckungen herauszuarbeiten. Gleichzeitig geht er mit ihm aber auch hart ins Gericht. So wirft er Kolumbus Verstöße gegen das Natur- und Völkerrecht vor; auf seine Veranlassung seien rechtswidrige Tribute eingeführt und viele Indios quasi versklavt worden und in der Folge gestorben.[50] Trotz dieser Kritik fällt Las Casas' Darstellung des Genueser Seefahrers insgesamt positiv aus. Er beschreibt Kolumbus als ernsten, liebenswürdigen und umgänglichen Menschen, der regelmäßig gebetet, gefastet und gebeichtet habe. Kolumbus gilt ihm gar als Prophet, der von Gott für die koloniale Herrschaft in Übersee und – damit zusammenhängend – für das endzeitliche Missionswerk auserwählt worden sei.[51]

Den auf Kolumbus folgenden Gouverneur Francisco de Bobadilla treffe dagegen eine schwerwiegende Schuld: Er habe das Wüten der Spanier erst zugelassen und die *hidalgos* (Ritter) in der „ständigen Todsünde des verruchten Konkubinats" leben lassen.[52] Noch schlimmer sei jedoch

Nicolás de Ovando gewesen. Dieser habe das Herrschaftssytem der Spanier eingeführt und die Zuteilung von Indios vorgenommen. Das sah folgendermaßen aus: Die Behörden Spaniens in der Neuen Welt wiesen den Siedlern Land und Besitz zu, wozu jeweils eine gewisse Zahl von einheimischen Arbeitskräften gehörte – im Gegenzug mussten die Siedler Abgaben an den Staat leisten. Bei der Übergabe wurden die Indios per amtlichem Schrieb der Fürsorge (und zwar der Fürsorge für Leib und Seele) ihrer neuen Dienstherren anvertraut. Das System firmierte unter dem Begriff der *encomienda* (von span. *encomendar* = anvertrauen). Per definitionem waren die Indios also keine Sklaven, de facto wurden sie jedoch ausgebeutet und behandelt wie Sklaven. Las Casas beschreibt die verheerenden Folgen für die Indios: Die Männer seien vor Hunger und Arbeit erschöpft, abgezehrt und kraftlos gewesen, die Frauen hätten nicht mehr stillen können, seien unfruchtbar geworden (siehe S. 148).

Nach dem Tod von Ferdinand von Aragon 1514 kam es zu einem Machtwechsel am spanischen Hof: Flämische Beamte des späteren Kaisers Karl V. tauchten am Hof auf. Sie hatten ein großes Interesse, die „Fernandisten" zu entmachten. Bartolomé de Las Casas kam ihnen in dieser Situation mit seinem leidenschaftlichen Plädoyer gerade recht. Las Casas verurteilte die so genannten *Leyes de Burgos* (Gesetze von Burgos), die 1512 noch von Ferdinand von Aragon unterzeichnet worden waren und für die Zeit an sich fortschrittlich sind[53], als zu wenig weit reichend. Auch vereitelte er den Versuch von Kardinal Cisneros, die zerstrittenen Parteien auf Española („Fernandisten", „Kolumbisten", Ordensleute) durch die Entsendung von drei Hieronymiten-Padres nach Española zu versöhnen. Las Casas bezichtigte die Mönche der Kollaboration mit den Siedlern und Eroberern, reiste nach Spanien zurück und fand Gehör bei Hadrian von Utrecht, dem späteren Reformpapst Hadrian VI. (1522–1523). Nach einer langen Unterredung mit Kardinal Jiménez de Cisneros wurde Las Casas von diesem schließlich 1517 zum Anwalt (*procurador*) bzw. Schutzherrn (*protector universal*) für Westindien ernannt. Dieser Titel und ein jährliches Gehalt ermächtigten ihn, seinen Kampf für die Indios nun auch von Amtes wegen zu führen.

Unter der Last der Verantwortung und auch Verkennung der sich schnell verändernden Realitäten kam es allerdings zu Fehlentscheidungen. So sprach Las Casas sich beispielsweise dafür aus, die Indios als Arbeitskräfte durch Sklaven aus Schwarzafrika zu ersetzten; er berief sich auf das damals weit verbreitete, aristotelische Bild der robusten, zu harter körperlicher Arbeit befähigten Sklaven, dem die Schwarzen besser zu entsprechen schienen als die Indios. Kaum war sein Vorschlag umgesetzt, sollte ihn Las Casas auch schon bereuen. Nicht nur, dass einigen Afrikanern auf Española die Flucht gelang und sie in Banden die Gegend unsicher machten, es zeigte sich alsbald auch, dass die Siedler hohe Beträge für Sklaveneinfuhr-Lizenzen zu bezahlen hatten und zu verarmen drohten. Die Lizenzen waren für die meist ausländischen Investoren wiederum höchst ertragreich. Wie Las Casas in seiner *Historia de las Indias* erwähnt, konnte Karl V. mit diesem Geld seine Stadtschlösser in Madrid und Toledo erbauen.[54] In der Folge entwickelte sich ein menschenverachtender Sklavenhandel zwischen Afrika und Amerika, der im Laufe der Jahrhunderte ein gigantisches Ausmaß annahm.

Im Jahr 1522 trat Las Casas nach reiflicher Überlegung in den Dominikanerorden ein. Er betrieb theologische und ethnographische Studien, die sich später in umfangreichen Schriften zur Verteidigung der Indios niederschlugen. Die Auffassung, dass es sich bei den Indios um minderwertige Lebewesen bzw. um „Sklaven von Natur" oder *homunculi* (schwache Menschen) handle, wies er klar zurück. Darin stimmt er mit dem Rechtsgelehrten Francisco de Vitoria überein, der im Jahr 1539, nach der Entdeckung der Hochkulturen Mexikos und Perus, in seinen *relectiones* zu Salamanka die Indios bezüglich ihres Menschseins den Europäern gleichstellte.

In seiner *Apologética Historia Sumaria* (Kurze apologetische Geschichte) versucht Las Casas auch das Argument der Menschenopfer und des Kannibalimus als scheinbar „gerechten Kriegsgrund" der Spanier zu entkräften. Er zieht Parallelen zwischen den religiösen Bräuchen der Indios und dem Götzendienst der alten Ägypter, Griechen und Römer.[55] Der Brauch, Menschen zu opfern oder zu essen, sei zwar ein Verstoß gegen das Naturrecht und eine „Bestialität", der mit einer Änderung der religiösen Einstellung, d. h. mit Mission, begegnet werden müsse; doch sei Kannibalismus ein erklärbares „Phänomen", das sich keineswegs auf die Neue Welt beschränke.[56]

In den Jahren 1542/1543 gewinnt Las Casas Einfluss auf die Amerikapolitik Karls V. (1520–1555). Er übt Kritik am Indienrat und beeindruckt

Karl V. mit seiner leidenschaftlichen Berichterstattung so sehr, dass der Kaiser höchstpersönlich eine *visita* (Inspektion) des *Consejo de Indias* (Indienrats) vornahm. Las Casas arbeitete die *Leyes Nuevas de las Indias* (Neuen Gesetze Indiens) aus, in denen sowohl die Zuteilung als auch die Vererbung von Encomiendas verboten wurden; dies lief faktisch auf eine Auflösung des Encomienda-Systems hinaus. Im gleichen Zeitraum, in dem die *Leyes Nuevas* redigiert und veröffentlicht wurden, schloss Las Casas am 8. Dezember 1542 in Valencia seine *Brevísima relación* ab, mit dem Ziel, den Leser, und das heißt insbesondere den gekrönten Leser Karl V., zu bewegen. Es ging Las Casas mit seiner flammenden Anklageschrift in erster Linie darum, das System der *conquistas*, mit deren Verbot er in seinen *Leyes Nuevas* nicht durchgedrungen war, zu verurteilen. Die Schrift appelliert eindringlich an das Gewissen und das Verantwortungsgefühl Karls V. und schildert exemplarisch die grausame Eroberung Españolas, gefolgt von einem Abriss der nicht minder schockierenden Ereignisse auf Puerto Rico, Jamaika, Kuba, in Mittel- und Südamerika, inklusive Florida und Peru. Hart verurteilte er auch das zerstörerische Wirken der Deutschen in Venezuela, die dort die Interessen des Augsburger Handelshauses des Welser vertraten.

In seiner Funktion als Bischof von Chiapas (1543–1550) versuchte Las Casas die *Leyes Nuevas* mit Hilfe einer heftig umstrittenen Bußpastorale durchzusetzen. Wie aus seinem *Confesionario* (Handbuch für Beichtväter) hervorgeht, sollten die Spanier die Absolution erst nach einer notariell beglaubigten Restitution (Wiedergutmachung) gegenüber den Indios erhalten. Damit stieß er bei den Encomenderos und Verwaltungsbeamten auf größten Widerstand; bereits am 20. Oktober 1545 mussten die *Leyes Nuevas* revidiert werden.[57] Las Casas galt fortan als gefährlicher Unruhestifter, und es blieb ihm nichts anderes übrig, als 1547 nach Spanien zurückzukehren. Im Jahr 1552 entschloss er sich dazu, die *Brevísima relación* zu veröffentlichen. Die Schrift sollte eine Gegendarstellung zu der – ebenfalls 1552 im Druck erschienenen – *Hispania victrix* des Chronisten Francisco López de Gómara abgeben, der darin vor allem die Position der Konquistadoren vertrat.

Nach dem Tod Karls V. (1556) wurde Bartolomé de Las Casas als Bischof der Diözese Chiapas vom Indienrat abgelöst. An eine Weiterführung seiner Projekte zum Schutz der Indios war nicht mehr zu denken.

Unter Philipp II. änderten sich die politischen Umstände, Las Casas musste nun offensichtlich um den Erhalt seiner umfangreichen Geschichte der Neuen Welt fürchten; er verfügte in seinem Testament, dass das Manuskript der *Historia de las Indias* bis zu Beginn des 17. Jahrhunderts im Kloster von San Gregorio in Valladolid unter Verschluss zu halten sei.[58] Las Casas starb 1566, vermutlich im Alter von 92 Jahren. Fünf Jahre später, 1571, beschlagnahmte die Behörde des Indienrats sein Manuskript. Bereits zuvor war die eiserne Truhe der Familie Colón im Kloster von Las Cuevas zu Sevilla konfisziert worden; in ihr befanden sich alle wichtigen Papiere des verstorbenen Admirals – darunter auch der Vertrag von Santa Fé.[59] Las Casas' *Historia de las Indias* blieb die folgenden Jahrhunderte unveröffentlicht. Noch 1865 wurde das Fehlen einer Erstausgabe von Las Casas' Werk mit dem „schwerfälligen Stil", den „unangebrachten Ausschweifungen" und der „Extravaganz und Zusammenhangslosigkeit der Ideen" gerechtfertigt.[60]

Es brauchte den politischen Druck der sich vom spanischen Mutterland ablösenden Kolonien, dass es im Jahr 1875 doch noch zu einer Erstausgabe der *Historia de las Indias* kommen konnte.[61] Las Casas' Werk stieß in Spanien allerdings nicht auf Akzeptanz. Der Historiker Menéndez y Pelayos bezeichnete den Mönch als „gewalttätig und ungehobelt im Denken, jähzornig und cholerisch im Temperament sowie störrisch und grob im Fanatismus seiner Schule".[62] Dahinter steckt der Vorwurf, Las Casas sei ein Nestbeschmutzer und Querulant gewesen, dem es an Achtung gegenüber seinem Heimatland gefehlt habe. Tatsächlich hatte die *Brevísima relación* dem Ansehen Spaniens sehr geschadet. Geschürt durch die Religionskriege in den Niederlanden und die anti-katholischen Ressentiments zur Zeit der spanischen Besetzung in der zweiten Hälfte des 16. Jahrhunderts, war der Appell an das Gewissen Karls V. zur so genannten Schwarzen Legende mutiert, zur propagandistischen Waffe gegen die Habsburgermonarchie. Das negative Bild der spanischen Konquistadoren – Las Casas nennt die Spanier Tyrannen und grausame Wölfe, Tiger und Löwen (*lobos y tigres y leones crudelísimos*) – sollte quer durch Europa und weit über das Zeitalter der Aufklärung hinaus wirksam bleiben.

Kennzeichnend für die propagandistische Bedeutung der *Brevísima relación* in Europa ist die Tatsache, dass es in der zweiten Hälfte des 16.

und im 17. Jahrhundert zu rund 60 Übersetzungen und Neuauflagen kam: davon 29 ins Niederländische, 13 ins Französische (in Antwerpen) und je sechs ins Englische und ins Deutsche; hingegen kam es nur zu zwei spanischen sowie drei italienischen und lateinischen Auflagen. In der heißen Phase des niederländischen Unabhängigkeitskampfes, der schließlich zur Abspaltung und Gründung der Vereinigten Niederlande führte, diente Las Casas' Schrift dem besonderen Zweck, den Gegner einer bestialischen Grausamkeit zu bezichtigen.[63] Auch nach der Gründung der West-Indischen Compagnie (1621) und dem Beginn des kolonialen Aufstiegs der Niederlande hatte die *Brevísima relación* noch lange nicht ausgedient. Die englischen Übersetzungen der Schrift von Las Casas, die nach dem Sieg über die spanische Armada (1588) einsetzten, verfolgten nun nicht zuletzt das Ziel, den eigenen Aufstieg zur Seemacht ideologisch zu untermauern und den Kaperkrieg gegen die spanische Silberflotte zu legitimieren. Die deutschen Übersetzungen wiederum fielen ins Vorfeld des Dreißigjährigen Krieges (1618–1648) und standen in der Tradition polemischer, anti-spanischer Flugschriften. Die Ausgaben waren nun mit den berühmten Kupferstichen des protestantischen Glaubensflüchtlings Theodor de Bry illustriert (Frankfurt ab 1590), was den Absatz und die publizistische Wirksamkeit noch einmal zu steigern vermochte. Ausgehend von dieser Wirkungsgeschichte folgte eine national und religiös bedingte, lang anhaltende Kontroverse über das Ausmaß der Brutalität der Spanier bei der Eroberung Amerikas. Aus der *Brevísima relación* entstand im Laufe der Zeit ein politischer Mythos, dessen sozialpsychologische und politische Dimension bis in die jüngste Zeit (1992) nachwirkt; Las Casas' Bericht zur Rettung der Indios verlangt deshahalb mehr denn je nach einem Rückblick in die eigene – europäische und globale – Vergangenheit.[64]

Nachwort

Christoph Kolumbus' Mythologisierung setzte bereits zu seinen Lebzeiten ein und wurde nach seinem Tod fortgesetzt: Im Barockzeitalter verschwammen alle historischen Bezüge und es kam zur religiösen Überhöhung und Glorifizierung des Entdeckers. Erst zur Zeit der Aufklärung wurde er als historische Figur fassbar – im Sinne eines selbstständig denkenden und handelnden Individuums. Die historischen Quellen, die der Geschichtsschreibung dabei als Grundlage dienten, wurden ab der Mitte des 19. Jahrhunderts allerdings den Prämissen des aufkommenden Nationalismus unterworfen. Die Metamorphose nahm ihren Lauf und zu Beginn des 20. Jahrhunderts zeigte sich der Entdecker Amerikas erstmals als eine aus dem Kleinbürgertum aufgestiegene, merkantile Heldengestalt. Damit bot er Stoff für eine neue, der Epoche entrückte Identifikation. Mehrere Textstellen, darunter insbesondere solche aus dem familiären Umfeld des Kolumbus, wurden diesem Prozess geopfert.

Betrachtet man die Chroniken und Dokumente heute und stellt sie in den Kontext der spätmittelalterlichen Geschichte, so finden sich interessante Hinweise sowohl zur politischen Einbettung der Familie Colombo zu Genua als auch zum frühen Lebenslauf. Der Genueser Seefahrer gehörte demnach zu einer Schicht der Söldner, Gelehrten und Gesandten, die im 15. Jahrhundert äußerst mobil waren und in einem internationalen bzw. europäisch-abendländischen Kontext dachten und handelten. Die politische Landschaft Europas war damals von zahlreichen Splitterstaaten geprägt, und es verging oft kein Tag ohne Kriegserklärung und Friedensschluss. Christoph Kolumbus gelang es (aus heutiger Perspektive betrachtet) mit seiner epochalen Reise, die scheinbare Aussichtslosigkeit seiner Epoche in einen kreativen Prozess umzumünzen. Doch welches waren die entscheidenden Ursachen und auslösenden Faktoren?

Geht man davon aus, dass es sich beim Projekt der Entdeckung von *las Indias* um einen innovativen Prozess handelt, könnte dieser durch ein Zusammenwirken von gegensätzlichen Prinzipien in Gang gebracht worden sein. Der Kreativitätsforscher Gottlieb Guntern geht bei der Entstehung und Entwicklung von Innovationen von einer Verzahnung von „Chaos und Ordnung", „Freiheit und Strukturzwang" sowie von „Zufall und Gesetz" aus. In der Tat bewegte sich der Werdegang des Genueser Seefahrers im Spannungsfeld höchst unterschiedlicher Faktoren: Kolumbus führte einerseits ein autonomes, ungebundenes Leben zur See, er genoss auf dem Ozean größtmögliche Freiheit und ließ sich von einer – die Renaissance kennzeichnenden – *curiositad* (Neugierde) leiten. Andererseits waren ihm die Hände durch strenge, mittelalterliche Gesetze und Strukturen gebunden; es hätte ihm beispielsweise nichts genützt, auf eigene Faust den Atlantik zu überqueren und einen florierenden Handel mit *las Indias* zu initiieren; solche privatwirtschaftlichen Initiativen hätten damals, selbst wenn sie eigenfinanziert gewesen wären, ohne offiziellen Auftrag der Krone nicht die geringste Chance auf Erfolg gehabt.

Christoph Kolumbus' Weiterkommen hing stark von zufälligen Ereignissen ab, vom Wechselbad der politischen Ereignisse in der zweiten Hälfte des 15. Jahrhunderts: So führte ein Machtwechsel in Genua dazu, dass Kolumbus' Familie die Stadt verlassen musste. Die Gebrüder Colombo beteiligten sich an den diversen Erbfolgekriegen und gerieten dadurch in den Sog der kriegerischen Wirren; diese prägten auch nach dem offiziellen Ende des Hundertjährigen Kriegs den Alltag. Kaum hatte sich der Genueser Seefahrer im Dienste der Anjous profiliert, starb diese alte Dynastie aus und die Provence fiel an den französischen König. Nach dessen Tod lösten sich alte Kriegsallianzen auf und eingeschworene Feinde wurden zu Verbündeten. Kennzeichnend für die verworrenen Verhältnisse der damaligen Zeit ist die verlustreiche Seeschlacht am Kap von San Vicente im Jahr 1476, die für Kolumbus in einer Konfrontation mit den eigenen Landsleuten gipfelte. Diese Konfrontation bewegte sich im Spannungsfeld der Feindschaft zwischen dem König von Frankreich und dem Herzog von Burgund, dem Krieg zwischen Aragon und der Provence sowie der alten Rivalität zwischen Venedig und Genua.

Diese Faktoren des politischen Chaos und Zufalls sowie der persönlich erlebten Turbulenzen und Wechselbäder vermögen die innovativen Kräfte des Kolumbus jedoch kaum zu erklären. Betrachtet man nämlich die Lebensläufe anderer Persönlichkeiten wie etwa des Kolumbus-Enkels Luís Colón oder des *Historien*-Übersetzers Alfonso Ulloa, so wird ersichtlich, dass die damalige Zeit zwischen Renaissance und Barock reich an abenteuerlichen Figuren war, deren Werdegang oft von einem Tag auf den anderen eine unverhoffte Kehrtwende nahm. Kolumbus war wahrlich nicht der einzige, dessen Biographie großen Schwankungen unterlag. Was bei ihm jedoch zusätzlich ins Gewicht fällt, ist seine charismatisch-prophetische Argumentationsweise. Kolumbus, der selbst Halt in Regeln und Riten suchte und seinen Alltag darauf ausrichtete, schuf damit einen Gegenpol zum allgemeinen „Chaos" seiner Epoche. Besondere Beachtung verdient in diesem Zusammenhang sein mystisches Weltbild, das von einem alten abendländischen Traum und fundamentalistisch anmutenden Glaubensvorstellungen geprägt gewesen war. Durch eine Argumentation, welche die üblichen Auslegungen der heiligen Schrift überstieg, wollte er der christlichen Vorherrschaft im Nahen Osten mit dem Zentrum Jerusalem in einer einzigen, großen Anstrengung – der Entdeckung Indiens – zum Durchbruch verhelfen. Inwiefern der Entdecker von der praktischen Umsetzbarkeit der von ihm geäußerten, religiösen Prämissen überzeugt war, ist schwer zu beurteilen; nebst seinem persönlichen Ringen um das Seelenheil spielte wohl auch die ideologisch-propagandistische Ausrichtung seiner Ziele eine gewisse Rolle. Die Kreuzzugs-Ideologie war immer noch stark verbreitet und prägte das Handeln der klerikalen und adligen Oberschicht im frühen 16. Jahrhundert.

In Christoph Kolumbus' Schriften spiegelt sich die religiöse Vielfalt des ausgehenden 15. Jahrhunderts: Er stellte sein Projekt in einen übergeordneten, geistig-visionären Kontext und bediente sich der spirituell-religiösen bzw. ideologischen Rhetorik seiner Zeit. Er stellte seine Taten in einen direkten Zusammenhang mit den Prophezeiungen des Alten und Neuen Testaments und glaubte zu jenen „Auserwählten" zu gehören, denen das Verständnis und die Fähigkeit der Interpretation von Bibeltexten gegeben war – ein zutiefst reformatorisches Denken, das im 15. Jahrhundert auch in den Ländern südlich der Alpen weit verbreitet gewesen war. Entgegen der Annahme der Wissenschaftler des 19. Jahrhunderts, die am liebsten über die irrationalen und widersprüchlichen Aspekte des Genuesen hinwegsahen und seine diesbezüglichen Äußerungen als naiv-mittelalterliche Phantasievorstellungen abtaten, sollte Kolumbus' Handeln vielleicht gerade in dieser Hinsicht als kreativ eingestuft werden: Seine Argumentation, so bizarr sie heute auch erscheinen mag, führte zu derjenigen religiösen Untermauerung des Unternehmens, die letztlich den Ausschlag zur Durchführung gab. Christoph Kolumbus spaltete den Klerus und vermochte die gottesfürchtige Königin Isabella von Kastilien für seine Sache zu gewinnen. Folglich kann diese „ideologische" Ebene der Argumentation mindestens so effizient eingestuft werden wie das von seinem Sohn eingebrachte und von Alexander von Humboldt überlieferte wissenschaftliche Sammeln von Indizien bezüglich der Realisierbarkeit einer Atlantiküberquerung.

Die Tatsache, dass die Entdeckungsfahrt im Grunde genommen ebenso gut von anderen Seefahrern – darunter Konkurrenten mit wesentlich mehr Geld und Einfluss – hätte durchgeführt werden können, bestärkt das Ausschlaggebende der zusätzlichen Argumentation im religiösen Bereich. Diese verschmolz mit den humanistischen Zielen der Renaissance zu einem explosiven Ganzen. So eigenwillig und radikal-kompromisslos Kolumbus' Auslegungen der Bibel zum Teil auch waren, sie wurden ihrer ursprünglich prophetischen und mystischen Ausrichtung schon kurze Zeit nach seinem Tod wieder beraubt und in eine propagandistische Missions-Ideologie umgemünzt. Letztere diente der Legitimierung der spanischen Landnahme und fand in der von Las Casas heftig kritisierten Unterwerfung der Indios durch das Vortragen des *Requerimientos* (Bekanntgebung der Landnahme) einen ersten zynischen Ausdruck.

Doch nicht nur politisch-militärische Sachzwänge und religiös-ideologische Vorstellungen spielten bei der Entdeckung Amerikas eine Rolle. Der wirtschaftliche Druck wurde zum eigentlichen Motor der epochalen Veränderungen: Die Expansion des Osmanischen Großreiches in der Levante behinderte die Geschäfte der abendländischen Kaufleute im lukrativen Indien- und Asienhandel entlang der Seidenstraße; Edelmetalle, Seidenstoffe, Gewürze und Heilmittel aus dem Osten waren nur noch unter erschwerten Bedingungen erhältlich. Die Handelsschranken galten ganz besonders für Frankreich und Genua, die von einem Zugang zum Fernen Osten – ersehnter Ausweg aus der politischen und wirtschaftlichen Sackgasse – nur noch träumen konnten. Eine Hinwendung zum Westen, zum atlantischen Ozean, war nicht zuletzt eine Frage des wirtschaftlichen und politischen Überlebens. Die Ursache dafür, dass es am Ende des Mittelalters zur maritimen Expansion und zu einem neuen Zeitalter kam, liegt folglich in einem Zusammenspiel von religiösen (Utopie-)Vorstellungen, militärischen Realitäten und wirtschaftlichen Sachzwängen.

Es kann nicht geleugnet werden, dass die Entdeckungsfahrt, die Christoph Kolumbus mit aller Kraft propagiert und initiiert hatte, die Welt veränderte: Der amerikanische Kontinent, Jahrhunderte, wenn nicht Jahrtausende lang sich selbst überlassen und unberührt, wurde entdeckt, erobert, unterdrückt und seiner Kultur beraubt. Dies und das ungeheuerliche Ausmaß an Menschenopfern, welche die Expansion Europas in Übersee forderte, kam 1992 anlässlich des 500-jährigen Jubiläums der ersten Reise oft zur Sprache. Doch was geschah mit Europa: Wem gereichten die Schätze aus Übersee zum Nutzen? Wurde der Hunger bekämpft, breitete sich Reichtum unter der Bevölkerung aus? Wenn man die vielen Kriege des 16. Jahrhunderts betrachtet, insbesondere die Glaubenskriege, die selbst mit dem Dreißigjährigen Krieg noch kein Ende fanden und mehr als ein Drittel der Gesamtbevölkerung dahinrafften, muss man dies verneinen. Das Gold aus *las Indias* wurde in erster Linie dazu eingesetzt, die neuen Machtstrukturen des Kronkapitalismus durchzusetzen; auch wurden kirchliche Kontrollmechanismen wie die Inquisition und das heilige Offizium eingeführt. Dies brachte unter dem Diktat der neuen Weltmacht, des Reichs der nie untergehenden Sonne Philipps II., ungeahnte Opfer – und dies keineswegs nur in materieller Hinsicht. Auch diese Realität wurde in späteren Jahrhunderten vergessen.

Die Tatsache, dass Christoph Kolumbus im Lauf der Zeit zu einem „unlösbaren Rätsel“ oder gar Politikum wurde, kann nicht davon abhalten, nach auslösenden Faktoren, persönlichen Motiven und historischen Ursachen zu forschen. Im Hinblick auf die jüngste Vergangenheit und Gegenwart erinnert das 16. Jahrhundert mit den beiden verfeindeten Hegemonien Frankreich und Spanien-Habsburg an die Machtblöcke der Nachkriegszeit des 20. Jahrhunderts samt ihren Konsequenzen: Spionage und Bespitzelung durch einen übermächtig erscheinenden Staatsapparat, politische und ideologische Polarisierung, Agententum und Gegenagententum etc. Umgekehrt weist das vorhergehende 15. Jahrhundert – Nährboden der Entdeckungsfahrt Kolumbus' – manche strukturelle Eigenschaft des beginnenden 21. Jahrhunderts auf: Wie im ausgehenden Spätmittelalter ist kein Ende der regionalen Aufsplitterung zu erkennen und der wirtschaftliche Überlebenskampf geht Hand in Hand mit einer länderübergreifenden Konsolidierung von Macht; so trägt die internationalisierte Führungselite von heute Züge der dynastisch miteinander verbundenen Machtträger der damaligen Zeit.

Anhang

Stammtafel der Familie Colombo/Colón

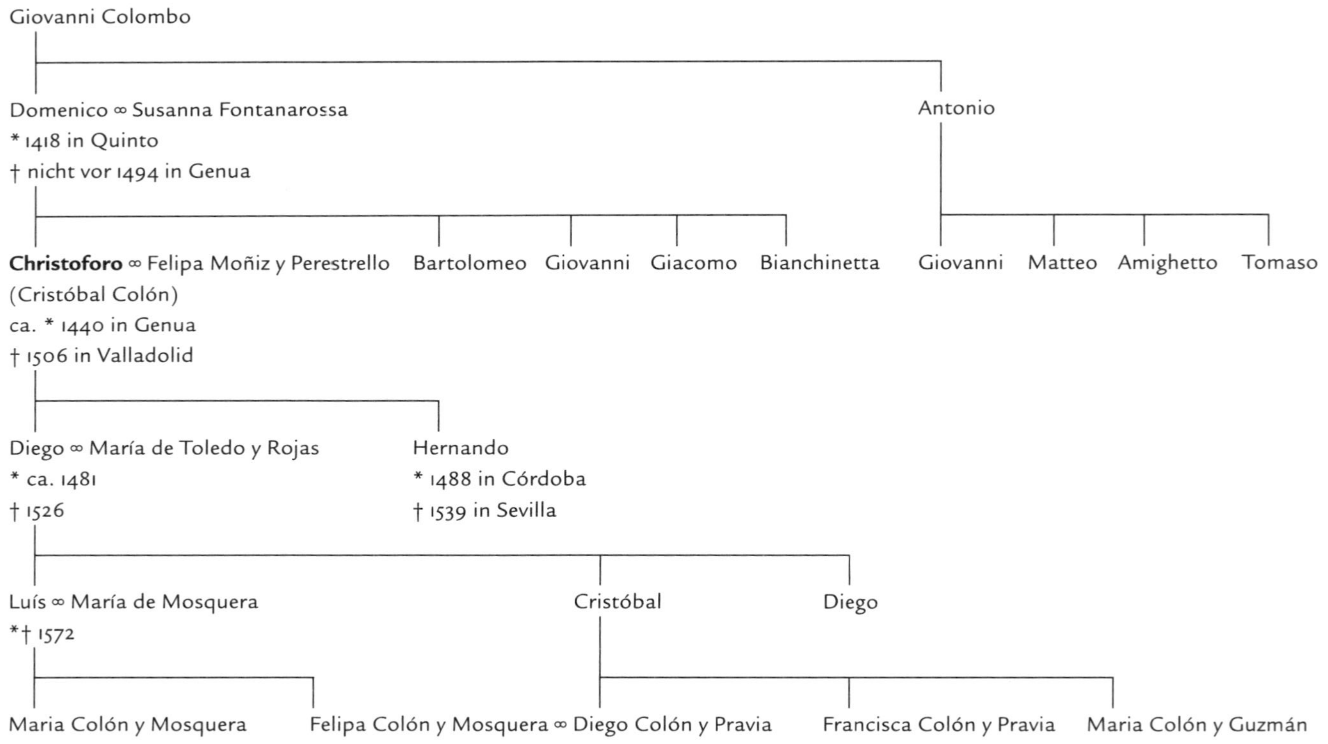

Die Kolumbus-Geschichtsschreibung

Die Kapitel zum Leben des Christoph Kolumbus stützten sich auf Quellen, die bis in die Zeit des Kolumbus zurückgehen. Dabei kamen einige Aspekte zum Vorschein, die der heutigen Kolumbus-Geschichtsschreibung weit gehend widersprechen. Dies hat seinen Grund: Unter dem Deckmantel der Befreiung eines Helden von seinen legendenhaften Zügen und Ausprägungen trieb die Historiographie seit Ende des 19. Jahrhunderts die Entmythologisierung des Entdeckers von Amerika sukzessive voran. Dabei kam es zur ‚Abschleifung' einer der bedeutendsten historischen Figuren der Weltgeschichte, denn alles scheinbar Unkonforme in den Chroniken – vor allem der Kolumbinischen Tradition – wurde verurteilt. Dieser Prozess hinterließ am Ende des 20. Jahrhunderts eine Entdeckerfigur ohne Ecken und Kanten und ohne historische Einbettung. Hat die Geschichtsschreibung ihr Ziel verfehlt und – willentlich und unwillentlich – einer neuen Mythologisierung Vorschub geleistet? Wenn kaum Konkretes von einer historischen Figur übrig bleibt, stehen bekanntlich Tür und Tor offen für die unterschiedlichsten Interpretationen.

Zeitgeist und Forschung sind bei den Publikationen über Kolumbus eng miteinander verknüpft und man kann durchaus von einer Wechselbeziehung zwischen kollektiver Aufnahme und Geschichtsschreibung sprechen. Letztere war und ist nie frei von zeitgenössischen Einflüssen, Fragestellungen und Anforderungen. Doch welche Wertungen wurden im Laufe der Jahrhunderte vorgenommen, welche Tendenzen lassen sich speziell in der spanischen und italienischen Geschichtsschreibung feststellen? Die nachfolgenden Erläuterungen sind als Hintergrundinformation gedacht und skizzieren nur die wichtigsten Eckpfeiler und Wendepunkte in der nunmehr bereits 500-jährigen Überlieferung.

Christoph Kolumbus geriet bereits kurz nach seinem Tod in Vergessenheit; außer seinem Sohn Hernando Colón und dem kämpferischen Bartolomé de Las Casas war kaum jemand gewillt, an die Verdienste des Seefahrers und Entdeckers zu erinnern. Zwar entstanden einige namhafte Chroniken zur frühen Entdeckungsgeschichte, doch befassten sich diese nicht mit der Biographie des Entdeckers, sondern mit allen Ereignissen nach 1492. Die im Kronvertrag von Santa Fé 1492 zugesicherten, erblichen Privilegien – Admiral, Vizekönig, Gouverneur aller neu zu entdeckenden Gebiete – wirkten „im Reich der nie untergehenden Sonne" Kaiser Philipps II. wie ein

Relikt aus einer längst überkommenen Epoche, in der die Könige eine vergleichsweise noch eher beschränkte Macht hatten. Vergeblich kämpften die Nachkommen und Anhänger des Kolumbus um eine Würdigung seiner Entdeckungsfahrt und um den Erhalt der umfangreichen königlichen Privilegien, die das Vertragswerk von Santa Fé auszeichnen.

Zur Zeit der Aufklärung und der Französischen Revolution wurde Christoph Kolumbus unverhofft wieder populär. In einer Epoche revolutionärer Umwälzungen und der grundlegenden Infragestellung absolutistischer Monarchie idealisierte man ihn als Einzelkämpfer, welcher der Krone die Stirn zu bieten gewagt hatte sowie als Individuum, das der ganzen Menschheit Verdienst brachte. Den Höhepunkt seiner Popularität erreichte der Genueser Seefahrer allerdings erst am Ende des 19. Jahrhunderts, und dies in einem wiederum anderen, durchwegs nostalgischen Kontext: Als ginge es darum, das drohende Ende der europäischen Kolonialzeit hinauszuzögern, beschwor man die großartigen Leistungen des Christoph Kolumbus. Es zeigte sich zum letzten Mal das ungebrochene Sendungsbewusstsein und Überlegenheitsgefühl der Alten Welt gegenüber der Neuen. Um der schwindenden Vormachtstellung in Lateinamerika entgegenzuwirken, wurde in Spanien die so genannte paniberische Bewegung ins Leben gerufen, und 1917 erhob die Regierung den Tag der Entdeckung Amerikas, den 12. Oktober, zum *Dia de la Raza* (Tag der Rasse) – zu einem Nationalfeiertag zur Förderung der ethnischen, religiösen und kulturellen Identität dies- und jenseits des Atlantiks.[1]

Aber auch in Italien, Frankreich und nicht zuletzt in Deutschland, das unter Kaiser Wilhelm II. eine beispiellose Aufrüstung der Marine betrieb, war man vom Entdecker Amerikas begeistert. Autoren und selbst ernannte Dramatiker begannen, den Genueser Seefahrer zu heroisieren, und es entstanden allein im deutschsprachigen Raum zwischen 1892 und 1914 rund ein Dutzend Kolumbus-Dramen, gefolgt von weiteren Werken in der Zwischen- und Nachkriegszeit; sie präsentierten Kolumbus als willensstarken, tatkräftigen Flottenkapitän bis hin zum machtlosen Zweifler.[2]

Zu Beginn des 20. Jahrhunderts erreichte die auf Benzoni zurückgehende Parabel vom *Ei des Kolumbus* große Verbreitung, wonach der Genueser Seefahrer die Kugelform der Erde vor bornierten Gelehrten mit dem Aufschlagen eines Eis „bewiesen" haben soll.[3] Auch die Abstammung bzw. Standeszugehörigkeit von Christoph Kolumbus wurde zu Beginn des 20. Jahrhunderts neu definiert bzw. dazu verwendet, eine volksnahe Helden- und Identifikationsfigur zu schaffen. Ein Aufsteiger aus einfachem Hause entsprach sowohl dem Idealbild des amerikanischen *Selfmademan* als auch dem Führerbild des damals in Europa aufkommenden Faschismus.

In den 1920er- und 1930er-Jahren nahm die Kolumbus-Historiographie dann definitiv chauvinistisch-nationalistische Züge an. Dabei standen sich zwei grundsätzlich verschiedene Einschätzungen gegenüber: auf der einen Seite die eher negative spanische, auf der anderen Seite die positiv wertende italienische Kolumbus-Forschung. In Spanien stand man Kolumbus skeptisch gegenüber, weil er gegen Lebensende in Konflikt mit Ferdinand von Aragon und Isabella von Kastilien geraten war. Denn die *Reyes Católicos* waren zu Symbolfiguren des spanischen Einheitsstaates geworden. In Italien hingegen wurde er als heimatliebender Held gefeiert, der mit hehren Zielen auszog, um der alten Welt den Weg in eine neue Zukunft zu weisen. Die Emigrantenmetropole Genua mit ihrem florierenden Überseehafen scheute zu Beginn der dreißiger Jahre des 20. Jahrhunderts keinen noch so großen Aufwand, die visionären Aspekte ihres Cristoforo Colombo bzw. dessen Verdienste für die Menschheit in ihrem Sinn herauszustreichen.

Diese gegensätzlichen Einschätzungen führten dazu, dass der Entdecker Amerikas im Lauf des 20. Jahrhunderts zu einem Helden voller innerer Widersprüche wurde. Die Überzeichnung der beiden Pole – Christoph Kolumbus als hehrer Held versus Christoph Kolumbus als korrupter, machtbesessener Gouverneur – waren der Mythenbildung besonders förderlich. Vor allem aber führten sie zu zwei verschiedenen historiographischen Hauptlinien in der Kolumbus-Forschung.

Die spanische Historiographie

Die ablehnende Haltung der spanischen Geschichtsschreibung gegenüber Christoph Kolumbus am Ende des 19. und zu Beginn des 20. Jahrhunderts basierte u. a. auf der Erkenntnis, dass der Genueser Seefahrer sich unmöglich zum spanischen Nationalhelden machen ließ. Denn Kolumbus fühlte sich in Kastilien laut eigenen Aussagen als „armer" und zugleich „beneideter Ausländer", und dies waren keineswegs bloße Phrasen.[4] Da man in der frühen Kolonialzeit in Spanien (nicht ganz zu Unrecht) befürchtete, dass der Reichtum aus Übersee ins Ausland abfließen könnte, traf die fremdenfeindliche Stimmung – Juden, Muslime, Zigeuner wurden in Kastilien immer unerwünschter – insbesondere auch die Ausländer. Wie aus den königlichen *Real Cedulas* (Verordnungen) hervorgeht, lehnte man einen Antrag des Kolumbus auf ein kirchliches Amt für seinen jüngeren Bruder Diego ab, da dieser zur Zeit seiner Entdeckung 1492 noch keine zehn Jahre in Kastilien gelebt habe und deshalb als *extranjero* (Ausländer) zu betrachten sei.[5] Dasselbe galt auch für Kolumbus. Gemäß Bartolomé de Las Casas hatte Fremdenfeindlichkeit in gewisser Hinsicht auch zur Entmachtung des Kolumbus in Übersee geführt; die spanischen Adligen hätten ihre Befehlsverweigerung gegenüber dem Entdecker, so Las Casas, damit begründet, dass sie Vorgesetzten fremder Herkunft keinerlei Rechenschaft schuldig seien.[6]

Die spanische Geschichtsschreibung setzte bei ihrer Suche nach einer nationalen Identifikationsfigur lieber auf die *Reyes Católicos* Isabella von Kastilien und Ferdinand von Aragon oder aber auf die Legende des *piloto anónimo,* demzufolge ein unbekannter Kapitän iberischer Herkunft den Genueser Seefahrer einst über die richtigen Längen- und Breitengrade informiert haben soll. Obwohl diese Legende bereits vom Hofchronisten Fernández de Oviedo 1539 als unwahr bezeichnet worden war[7], kam ihr in der spanischen Geschichtsschreibung des 19. und 20. Jahrhunderts große Beachtung zu. Zusammen mit der These, Kapitän Martín Alonso Pinzón habe den Kurs auf der ersten Entdeckungsfahrt 1492 bestimmt, ließ sich damit eine entscheidende Beteiligung spanischer Seefahrer an der Entdeckung Amerikas rekonstruieren. Zu Beginn des 16. Jahrhunderts hatten die Nachkommen des Kapitäns Anspruch auf die königliche Prämie für die erste Landsicht erhoben und gegen die Erben des Kolumbus prozessiert.

Es fehlte aber auch nicht an Versuchen, aus Christoph Kolumbus einen veritablen Spanier zu machen, zumal es in den USA, auf Haiti, auf Kuba und in vielen Ländern Europas während der Feierlichkeiten von 1892 zu einem eigentlichen Entdecker-Kult gekommen war – Denkmäler, Statuen und Historiengemälde sind Überbleibsel dieser einstigen Popularität. Der „Run“ auf die kolonialpolitisch bedeutsame „Heldenfigur“ verleitete García de la Riega dazu, zwischen 1898 und 1914 eine galizisch-jüdische Abstammung des Kolumbus zu propagieren.[8] Obwohl sich bereits wenige Jahre danach herausstellte, dass es sich bei seinen „Urkunden von Pontevedra“ um Fälschungen großen Stils gehandelt hatte, war die spanische Herkunft noch lange nicht vom Tisch: Ab 1927 folgte der Peruaner Luis Ulloa mit der katalanischen Herkunft des Entdeckers. Diese *Catalanidad* des Kolumbus, die noch heute die erstaunlichsten Publikationen hervorbringt[9], verschmolz in der Nachkriegszeit mit der These einer jüdischen Abstammung.

In Salvador de Madariagas Kolumbus-Monographie des Jahres 1940 spiegelt sich sowohl diese *Catalanidad* als auch die Skepsis der nationalen Geschichtsschreibung Spaniens gegenüber dem Ausländer Kolumbus: Nach einer anfänglichen Heroisierung des Seefahrers in Zusammenhang mit einer jüdisch-katalanischen Abstammung ereiferte sich Madariaga im zweiten Teil des Buches über den „egoistischen und überheblichen Admiral“, dessen „Hochmut und Unzugänglichkeit“ nur noch von der „Unverschämtheit“ seines Sohnes Diego Colón übertroffen worden sei.[10] Bezüglich der *Reyes Católicos* kommt der Schriftsteller hingegen zu einer erstaunlich positiven Einschätzung: Die Entmachtung des Genueser Seefahrers im Jahr 1500 habe der spanischen Nation gedient und sei somit der hohen politischen Verantwortung des Herrscherpaares anzurechnen. Diese Charakterisierung durch Madariaga ist nicht zuletzt deshalb fragwürdig, weil der Eroberer Mexikos, Hernán Cortés, von ihm vergleichsweise glorifiziert wird. Norbert Rehrmann hält in diesem Zusammenhang fest: „Im Unterschied zur Cortés-Biographie, die gleichsam einen makellosen Helden inszeniert, bleibt das Portrait des Kolumbus [...] auffallend widersprüchlich, [...] der Autor präsentiert genau genommen zwei Kolumbus: einen von der Vorsehung bestimmten Helden und einen skrupellosen Egoisten."[11]

Sarah Leibovici, Jane Frances Amlers und Simon Wiesenthal (*Segel der Hoffnung*) versuchten, die von Madariaga initiierte jüdische Abstammung zu untermauern, allerdings mit teilweise weit hergeholten, bis in den esoterisch-kabbalistischen Bereich hineinreichenden Argumenten.[12] Zu den Hauptargumenten der jüdischen These gehört, dass die Juden 1492 aus Kastilien vertrieben wurden und der Schatzmeister Aragons ein konvertierter Jude gewesen sein könnte. Die jüdische Abstammungsthese hielt sich in der zweiten Hälfte des 20. Jahrhunderts mehrere Jahrzehnte lang und wurde erst wieder aufgegeben, als der Entdecker, insbesondere in den USA, zum Urheber des amerikanischen Ethnozids bzw. zum skrupellosen Holocaust-Verursacher stigmatisiert wurde. Die israelische Kolumbus-Forschung sah sich aufgrund dieses Zeitgeistwandels im Vorfeld der Fünfhundertjahrfeier (1992) zum Umdenken veranlasst und stellte ihre Recherchen in der zweiten Hälfte der achtziger Jahre ein. Ende Oktober 1990 erschien in der *Jerusalem Post* ein Artikel, der diese Trendwende untermauerte: Christoph Kolumbus habe meist mit Christo-ferens (Christus-Träger) unterschrieben und könne folglich kein Jude gewesen sein. Nach dieser Distanzierung war es ein Leichtes, die jüdischen Abstammung endgültig zu widerlegen.[13]

Enseñat de Villalonga hielt 1999 eine jüdische Abstammung für überholt, eine iberische Herkunft jedoch nach wie vor für wahrscheinlich: Kolumbus soll zwar in Genua geboren, doch in Portugal aufgewachsen sein und zwar als Mitglied der Adelsfamilie Colonne. Um den Entdecker Amerikas mit diesem Geschlecht in Übereinstimmung zu bringen, scheut Enseñat sich nicht, sämtliche Vor- und Nachnamen der Gebrüder Colón abzuändern.[14] Damit folgt er dem unrühmlichen Beispiel balearischer Kolumbushistoriographen, die gleichfalls die geschichtlichen Fakten dem gewünschten Herkunftsort anzupassen pflegen. Dies ist erstaunlich, wenn man bedenkt, dass es in den Quellen genügend Hinweise dafür gibt, dass der Entdecker Amerikas aus der in Genua bzw. Savona wohnhaften Familie Colombo stammte. Die portugiesische Herkunft wurde übrigens bereits zuvor beschrieben, wobei der

Autor Barreto Kolumbus nicht als ein Abkömmling der Familie Colonne, sondern als ein Geheimagent des portugiesischen Königs Johann II. sieht.[15]

Die Genueser Schule

Die Fälschungen des Celso García de la Riega zu Beginn des 20. Jahrhunderts, die eine spanische Herkunft hatten glaubhaft machen wollen, und die anschließende Behauptung eines iberisch-jüdischen Kolumbus provozierten die italienische Kolumbus-Forschung. Vom eigenen Nationalgefühl beflügelt, präsentierte die so genannte Genueser Schule 1932 im Monumentalwerk *Christoph Kolumbus, Dokumente und Beweise seiner Genueser Herkunft* eine ganz und gar auf Genua zentrierte Entdeckerfigur. Wie dem Vorwort zu entnehmen ist, wollte die Stadt Genua allen ausländischen Historikern entgegenwirken, die „[...] sich an die Riesengestalt des Christoph Kolumbus anklammerten in der Absicht, Italien eine der erhabensten Kulturgestalten zu rauben".[16] Die genuesischen „Beweise" zielten in erster Linie darauf ab, ein auf Nationalbewusstsein abgestimmtes Kolumbusbild zu schaffen, wobei angeblich „unwiderlegbare Dokumente" eine zentrale Bedeutung einnahmen. Diese wurden von der Genueser Schule mit dem Hinweis auf absolute Echtheit präsentiert: „Keine angebliche Entdeckung von anderslautenden Dokumenten, keine widerlegende Beweisführung wird die historische Wahrheit, die sich strahlend aus diesen Seiten erhebt, zerstören oder abschwächen können. [...] Die hier in ihrer authentischen und ursprünglichen Form gesammelten Dokumente nicht anerkennen, hieße, das Licht der Sonne leugnen wollen."[17] Mit dieser Tonalität suchte man einer kritischen Betrachtung des einen oder anderen Schriftstückes vorzubeugen. Dies muss insbesondere für das so genannte Assereto-Dokument vermutet werden, welches 1904 von einem gewissen Ugo Assereto unter Notariatsakten gefunden worden war. Es handelt sich um eine mehrtägige juristische „Befragung", der sich Kolumbus angeblich in einer Genueser Notariatsstube im Jahr 1479 unterzogen hatte und die in der feierlichen Schlusserklärung des Christoph Kolumbus gipfelt, er sei ein „Bürger Genuas" und „27 Jahre alt".[18] Inhaltlich verteidigt der Seefahrer ein misslungenes Geschäft: Ein gewisser Di Negro habe ihn in Lissabon mit dem Ankauf einer Fracht Zucker beauftragt; darauf seien die Preise in die Höhe gestiegen, weil sein Auftraggeber den Restbetrag nicht rechtzeitig überwiesen habe.[19]

Die umfangreiche notarielle Akte – je sieben Blätter *folio recto* und *folio verso* – steht allerdings in keinem juristischen Kontext. So konnte keine entsprechende Einvernahme des erwähnten Di Negro, keine Befragung der Geschädigten oder gar ein Gerichtsurteil gefunden werden. Das regelmäßige und schwungvolle Schriftbild der ersten vier Doppelseiten lässt zudem nicht auf den vorgegebenen Umstand *ad hoc* gemachter Notizen in einer spätmittelalterlichen Notariatsstube schließen. Der diesbezüglich am meisten echt wirkende Eintrag befindet sich in der Mitte eines Blattes, das mit römisch V gekennzeichnet ist und nachträglich eingeklebt worden war.[20] Da hier ein *Lodisius* und *Paolo de Nigri* erwähnt werden und Kolumbus in seinem Testament den Erben der Genuesen Luis Centurión und Paulo Negro tatsächlich Geld vermacht hatte, könnte dieser Eintrag zu Beginn des 20. Jahrhunderts dazu verwendet worden sein, weitere Ausführungen hinzuzufügen.

Auf der Grundlage des Assereto-Dokuments entwickelte sich in der ersten Hälfte des 20. Jahrhunderts die so genannte *Genovesità* des Entdeckers von Amerika. Eine Überprüfung des Dokuments wurde von Paolo Emilio Taviani, Doyan der Genueser Schule in der Nachkriegszeit, für nicht notwendig erachtet: Die technischen Möglichkeiten für eine Fälschung seien 1904 noch gar nicht vorhanden gewesen.[21] Von nun an war klar: Der Entdecker Amerikas hatte bis zu seiner Ankunft in Kastilien in keinen anderen Diensten als in denjenigen der Genueser Handelshäuser Centurione und di Negri gestanden. Seinen erfolgreichen Werdegang hatte er ausschließlich den Handelsgesellschaften seiner Heimatstadt zu verdanken; als Genueser Kaufmann war er in die Levante und bis nach England gereist, dank der Hilfe seiner Landsleute hatte er auf der Iberischen Halbinsel Fuß gefasst etc. Da das Geburtsdatum durch das Assereto-Dokument auf das Jahr 1451 erhöht werden konnte, erübrigten sich zudem alle quälenden Fragen bezüglich der Seefahrervergangenheit.

Trotz dieser extensiven Interpretation dürfen die Verdienste der Kolumbus-Forschung nicht grundsätzlich in Frage gestellt werden. Ohne deren aufwändige Queleditionen und -kommentare wäre eine fundierte, kritische Betrachtung heute gar nicht mehr möglich. Das Vorgehen, nichtkonforme Aussagen auszugrenzen, um sie durch passendere zu ersetzen, ist weder eine Besonderheit der italienischen noch der spanischen Historiographie: Auch andere Länder neigen dazu, an den überkommenen Nationalmythen des späten 19. und frühen 20. Jahrhunderts festzuhalten. Und wenn die nationale Geschichtsschreibung auf (äußeren) Druck hin revidiert wird, folgt die nächste Einschränkung des historischen Blickwinkels: Heute wie gestern werden nur spezifische Facetten der Vergangenheit präsentiert.

Anmerkungen

Einleitung

1 Rumeu 1991, S. 17 und 1992a, S. 107.

2 Z. B. Stannard 1992, Forbes 1992 und z. T. auch Sale 1991.

3 Wehle 1995, S. 160, Anm. 15.

4 Goertz 1995, S. 114.

I. Mysteriöse Ursprünge

1 Bernáldez 1856, Kap. 131.

2 Colón 1984, S. 277.

3 Colombo 1992, Kp. IV: „[...] e piú oltre dice, che cominicò a navigar di quattordici anni, e che sempre seguì il mare."

4 Vgl. Anhang: Die Kolumbus-Geschichtsschreibung, Genueser Schule: Das Assereto-Dokument

5 Bernáldez: „[...] un hombre de tierra de Génova", cit. in: Streicher 1930, S. 4.

6 Vgl. Protokoll der königl. camera : „Cristóbal Colón ginovés, natural de Saona", cit. in: ibidem.

7 Kolumbus: „siendo yo nacido en Génoba", in: Colón 1984, S. 192, S. 196.

8 Colombo 1992, Kap. 1.

9 Bartolomeo Colombo hatte eine engl. Seekarte mit: „Janua, cui patria est, nomen cui Bartolomaeus Columbus de terra Rubra, opus edidit istud Londonijs [...]" unterzeichnet. Vgl. Las Casas 1956, Kap. 2. sowie Colombo 1992, Kap. 11.

10 Hernando Colón: „[...] ch'essendo i suoi maggiori del regal sangue di Gierusalemme." In: Colombo 1992, Kap. 1

11 Hernando Colón: „[...] y a Flisco, que es de los principales de su tierra, y por poner tanto deudo conmigo." In: Colón 1984, S. 332 (deudo bedeutete im 15. Jh.: verwandt, Verwandter).

12 Gallo 1911, S. 81.

13 Z. B. Venzke 1992, S. 11.

14 Pérez 1989, S. 228.

15 Weitere Randbemerkungen in: Gaius Plinius (dem Jüngeren), Plutarch, Abraham Zacuth und einer Bibelkonkordanz (15. Jh.).

16 Weitere Autoren wären: Aristoteles, Averroes, Avicenna, Erathostenes, Marinus von Thyros, Strabon, Plutarch, Seneca, Ovid, Solinus, Julius Capitolinus, Ambrosius, Roger Bacon, John Mandeville, Thomas von Aquin, Nicolaus von Lyra, Peter Comestor, Franz von Meyronnes.

17 Varela 1992, S. 65.

18 Spotorno 1823, S. X.

19 Giovanni de Camerana hieß auch der Hausmeister von Königin Eleonora von Anjou, die zur Besiegelung des Friedens von Caltabelotta (1302) den aragonesischen König Federico III. heiratete.

20 Spotorno 1823, S. X. Als Geburtsort kommt noch ein Stadthaus an der vicolo di Mulcento nahe des Klosters Santo Stefano in Frage. Der Ort „nella contrada di Porta Sant' Andrea" entspricht extra portam. Verschiedene Verträge mit Kolumbus' Vater aus den Jahren 1451–1465 und 1489 wurden an diesem Ort unterzeichnet.

21 Desimoni 1894, S. 19 sowie Harrisse 1884, S. 166.

22 Baldassare war ein Untertan der Fürstenfamilie Gonzaga von Mantua und mit den Colombos aus Piacenza verwandt; letztere besaßen Land im Fontanabuona-Tal, wo sich Giovanno Colombos Herkunftsort Mocònesi befand.

23 Vignaud 1905, S. 65. Laut den Aussagen von Luca Colombo, des Lehnsherrn von Cuccaro.

24 Poli 1892, S. 24 f. Gemäß de P. lässt sich Kolumbus auf einen Egidio Coulon zurückführen, der gegen Ende des 14. Jahrhunderts eine Kompanie genuesischer Armbrustschützen befehligte.

25 Hoppeler 1897, S. 172 f.

26 Colombo 1992, Kap. 1. Vgl. Tacitus (Annalen, 12) sowie Dio Cassius (Historiarum Romanorum).

27 Dieses Siegel wurde bei Jean de Collombey (1267) und Pierre, einem Kirchendiener der Abtei Saint Maurice, festgestellt.

28 Saint Maurice geht auf die Legende des heiligen Mauritius und die Christenverfolgungen unter dem römischen Kaiser Diokletian zurück. Die Legende beschreibt eine militärische Auseinandersetzung zwischen römischen Soldaten und einer christlich-ägyptischen thebäischen Legion im Grenzgebiet der Teilreiche Gallien-Italien. Saint Maurice war in der Mero-

winger- und Burgunderzeit einer der bedeutendsten Pilgerorte und erhielt in Karolingerzeit die Diözese Aosta. Die Bewohner der Täler hatten dieselben burgundischen Wurzeln und sprachen dieselbe Sprache, ein vom Latein abgeleitetes Franco-Provençalisch.

29 Carlen 1963, S. 112 f.

30 Grémaud 1875, S. 512 f.

31 Heers 1997, S. 128 f.

32 Milani 1973, Appendix.

33 Taviani 1985, S. 243 (Akte vom 22. 9. 1470).

34 Roncière 1914, S. 303 ff.

35 Colombo 1992, Kap. IV, S. 8.

36 Jerónimo Zurita (Anales de la corona de Aragon), cit. in: Büdinger 1886, S. 44, Anm. 5. Die Genueser Seefahrer konnten sich auf ein Handelsabkommen mit Tunis aus dem Jahr 1433 stützen.

37 Vgl. Magnaghi 1932 sowie Caraci 1989, S. 121. Umstände wie eine Winternacht, hohe Windgeschwindigkeit oder Bewölkung blieben unberücksichtigt. Die Formulierung „all apparir del sole“ (als sich die Sonne zeigte) muss sich nicht auf den Sonnenaufgang beziehen.

38 Vgl. Amengual 1990, Castellnou I Grau 1989, Costa-Amic 1989 u. a.

39 Davidson 1997, S. 28.

40 Colón 1984, S. 277.

41 Taviani 1985, S. 282; Rossi 1952; Kissling 1965.

42 Colón 1984, S. 55.

43 Kolumbus 1970, S. 102 f.

44 Roncière 1914, S. 312.

45 Colón 1984, S. 313.

46 Columbus 1932, S. 208 f.

47 Colón 1984 , S. 314.

48 Kolumbus 1943, S. 196 f.

49 Später wurde eine Kopie eines angeblichen Antwortschreibens von Gallo gefunden. Nach Lobesworten an den „hochberühmten und vielgeliebten Mitbürger“ versichert Gallo, er werde Kolumbus’ Sohn Diego dem „Grad und der Stellung seines Hauses“ entsprechend behandeln – ein zweifelhaftes Angebot, wenn man bedenkt, dass Gallo die Colombos 1506 als „plebejisch“ bezeichnete. Vgl. Columbus 1932, S. 223.

50 Columbus 1932, S. 216 f.; Colón 1984, S. 347 f.

II. Unter Korsaren

1 Colón 1984, S. 271.

2 Las Casas 1956, S. 716.

3 Colón 1984, S. 196.

4 Ibidem, S. 355. Las Casas berichtet, dass die Spanier nicht auf Kolumbus hörten, der einen Sturm vorhergesagt hatte.

5 Colombo 1992, Kap. V, S. 10.

6 Hernando Colón: „Quanto al principio, & alla causa della venuta dell'Ammiraglio in Ispana, & di essersi egli dato all cose del mare, ne fu cagione un'huomo segnalato del suo nome, & famiglia, chiamato Colombo ...", in: ibidem.

7 Roncière 1914, S. 334, Harrisse 1874, S. 10.

8 Harrisse 1874, S. 11.

9 Salvagnini 1894, S. 181–240; Harrisse 1874, S. 77–130.

10 Simon de Pharès: „Coullon, qu'il a plus fait en son temps que ne fist homme en mer, puis le temps messire Bertrand du Guesquien, aliter de Glesquin, et fut plus craint que homme vivant en la coste de Normandie." Cit. in: Roncière 1914, S. 333 und Salvagnini 1894, S. 157.

11 Palencia 1975, II, Buch 24, Kap. 7, S. 243.

12 Ibidem.

13 Ludwig XI. (le Rosier des guerres), cit. in: Gaussin 1976.

14 Salvagnini 1894, S. 160.

15 Ibidem.

16 Ibidem, S. 188.

17 Pietro Mocenigo cit. in: ibidem, S. 189.

18 Salvagnini 1894, S. 189, Anm. 3.

19 Roncière 1914, S. 359 f.

20 Colombo 1992, Kap. V, S. 11.

21 Palencia 1975, Buch 27, Kap. 4–6, S. 308 ff.

22 Sabellico beschreibt einen Sieg von Columbus dem Jüngeren über vier venezianische Galeeren (1485) und lobt die freundliche Aufnahme der Geschädigten durch den portugiesischen König Johann II.

23 Die Opfer gehörten zur burgundischen Galeasse Bechalla, zur Sqarzafica, oder zu einem Schiff Nicolò Spinolas. Vgl. Salvagnini 1894, S. 163, S. 202, S. 206, S. 208, S. 141; sowie: Palencia 1975, Buch 27, Kap. 5 und Roncière 1914, S. 373.

24 Vitale 1955, Bd. I, S. 163.

25 Palencia 1975, S. 310 f.

26 Mit dem Mord wurde ein gewisser Bartolomeus Richardin beauftragt, doch der verschwand mit dem Vorschuss von 32 Dukaten, ohne den Mord auszuführen.

27 Salvagnini 1894, S. 208.

28 Ibidem, S. 209. Gregor Lomelinus ersetzte Guido Visconti.

29 Kolumbus gedachte in seinem Testament (1501) noch der Nachkommen der in der Schlacht geschädigten Genueser Kaufleute Di Negro und Spinola.

30 Salvagnini 1894, S. 167.

31 Ibidem, S. 132, Anm. 3.

32 Cit. in: ibidem, S. 131. Leibniz wurde wegen seiner Einflechtung des Vornamens Christoph von dem Franzosen Nicolas Toynard eines Besseren belehrt.

33 Alessandro Geraldini (Itinerarium ad regiones equinoctiales, Rom 1631). Cit. in: Salvagnini 1894, S. 146.

34 Büdiger 1886, S. 4.

35 Harrisse 1874, S. 19, Anm. 1. H. verwendet den Plural majestatis, um einen Eintrag im Registro delle avarie von 1476 zu widerlegen. Vgl. auch Peragallo 1884 und 1885.

36 Salvagnini 1894, S. 130.

37 Diese Bezeichnung „widerlegte" er mit der Bemerkung, es handle sich wohl um eine Verwechslung des berühmten Entdeckers mit den französischen Freibeutern (was für 1485 unmöglich ist).

38 Salvagnini 1894, S. 165 f. S. hält Harrisse vor, er habe die Satzzeichen falsch transkribiert: Der Punkt hinter „e dicto Saonese" gehöre nicht nach hinten, sondern nach vorn; daraus ergäbe sich: „[...] era Columbo cum le soe nave, e dacordiò. e dicto Saonese [...]" Der erste Satz spreche vom französischen Admiral Casenove, der zweite von einem (anderen) Savoneser Seefahrer.

39 Taviani 1985, S. 289 f.

40 Caraci 1989, S. 119 ff. und S. 123.

III. Lusitanien und Andalusien

1 Colombo 1992, Kap. V, S. 11 f. und Las Casas 1956, Bd. 1, Kap. 4, S. 34. Las Casas spricht von einem Kloster der Heiligen (monasterio que se decía de

Santos), der Übersetzer der Chronik Hernando Colóns von einem Konvent todos Santos (Allerheiligen).

2 Thacher 1903, Bd. 1, Teil 2, S. 405 f. Der Brief muss an eine oder mehrere Persönlichkeiten am Hof gerichtet gewesen sein. Im Tonfall war er ähnlich emotional wie der Brief an Juana de la Torres (1500).

3 Colombo 1992, Kap. V, S. 11 f.

4 Schmitt 1984, S. 279, 281.

5 Harrisse 1884, S. 272f. Vgl. auch Bartocci 1995, S. 82f. Bartocci zufolge könnte Kolumbus' Mutter Susanna de Fontanarossa mit den Perestrellos verwandt gewesen sein.

6 Schmitt 1984, S. 278.

7 Colombo 1992, Kap. V, S. 11 f.; sowie Thacher 1903–1904, Bd. 1, S. 403.

8 Vgl. Diego Colóns Testament, cit. in: Harrisse 1884, S. 281, Anm. 2. Vgl. auch: ibidem, S. 277, Anm. 3. In einer weiteren Kapelle waren die Nachkommen Perestrellos aus erster Ehe, Hizeu Perestrello und ihr Gemahl Pedro Correa da Cunha, bestattet.

9 Colón 1984, S. 357.

10 Schmitt 1984, S. 218 ff. Durch Sklaveneinfuhr kam es auf Madeira zu einer florierenden Zuckerrohrproduktion.

11 Ibidem, S. 231ff.

12 Die Kanarischen Inseln (lat. Insulae Fortunatae) waren von dem Genuesen Lanzarote Marozello, dann von dem Franzosen Béthencourt (Anfang des 15. Jahrhunderts) wiederentdeckt worden; die kastilische Königin Katharina, Witwe Heinrichs III., begann die Inselgruppe zu kolonisieren. Nach 1430 hatte sich Heinrich der Seefahrer erfolglos um die Übernahme der Kanaren bemüht.

13 Columbus 1991, Bd. 2, S. 112 f.

14 Mehrere Wortteile sind nicht mehr lesbar: „(Homine)s de Catayo uersus oriens uenierunt. (N)os uidi(mi)mus multa notabilia et (spe)cialiter in Galuei Ibernie uirum et (ux)orem in duobus lignis arreptis ex mirabili (for)ma." In: Colón 1984, S. 9.

15 Brincken 1992, S. 142 f. Die bis auf Aristoteles zurückgehende Vorstellung, die Erde sei an Polen und Äquator unbewohnbar, wurde von Pierre d'Ailly (1350–1420) in dessen Legenden zur Grenzbeschreibung in Frage gestellt.

16 Colombo 1992, Kap. 4.

17 Thile oder Thule stand im Altertum für ein nicht genau umrissenes Gebiet im Nordwest-Atlantik, ab dem 11. Jahrhundert war damit Island gemeint; 1558 wird erstmals Frislandia erwähnt. Vgl. Rumeu 1973a, S. 423.

18 Brincken 1992, S. 131 f.

19 Tornoë 1965, S. 51, S. 56f., S. 18. An der Ostküste Grönlands soll es im 15. Jahrhundert eine kleine dänische Siedlung gegeben haben (isländische Annalen listen 1448 neun Kirchen und Kongregationen auf). Nach Tornöe waren die meisten Grönländer nach Kanada ausgewandert; Handelsbeziehungen zwischen Grönland und „Vineland" sind durch alte „Quittungen" von Elch-, Schwarzbär- und Otterfellen und anderen, aus Kanada stammenden Produkten belegt.

20 Ruddock 1970, S. 184. Es seien die Männer von Bristol gewesen und nicht Kolumbus, die von den Erfahrungen der Wikinger profitiert hätten.

21 Graefe 1955, S. 154. Die spanisch-arabische Elle (0,4886 m) ergibt „nur" eine Differenz von 12 Metern.

22 Colombo 1930, Anhang D, S. 333. Pessagno 1926, S. 568 ff.

23 Colombo 1992, Kap. 9, S. 20.

24 Vgl. die Randnotiz Kolumbus' im Buch *Ymago Mundi*, in: Colón 1984, S. 10.

25 Colón 1984, S. 89, S. 167; Las Casas 1956, Kap. 4, S. 35 („navegó algunas veces"); Colombo 1992, Kap. IV („Spesse volte navigando da Lisbona a Guinea").

26 Grimm 1995, S. 74, erwähnt die „methodisch gesteuerte curiositas (Neugier) Kolumbus' als Kennzeichen der nachmittelalterlichen Welterfassung".

27 Colombo 1992, Kap. 9. Heinrich der Seefahrer habe den Kapitän wegen dessen verfrühter Abfahrt getadelt (er war misstrauisch geworden und wieder abgesegelt).

28 Augustinus, *De imagine mundi*, Buch 1, Kap. 36 (in Patrologia Latina), cit. in Hennig 1940, S. 171 sowie Grimm 1995, S. 82 f.

29 Der Fluss Ohio fließt von Osten nach Westen. Vgl. Schmitt 1984, Bd. I, S. 17, Anm. 34.

30 Schmitt 1984, Bd. I, S. 21.

31 Brincken 1992, S. 127. Der Ire Virgil von Salzburg proklamierte im 8. Jahrhundert die Kugelgestalt der Erde.

32 Bitterli 1991, S. 50. In Wahrheit beträgt die Distanz zwischen den Kanarischen Inseln und Japan rund 10 000 Seemeilen.

33 Piri Re'is schreibt, dass er für das „Antilia-Gestade" (Westindien) die Karte des „Kolon-bo" (Kolumbus) verwendet hätte. Ein spanischer Sklave, dessen Schiff von Türken gekapert worden war, war angeblich dreimal mit Kolumbus gefahren. Auf seinem Schiff befanden sich auch Papageienfedern, Obsidianmeser etc. aus „Indien". Vgl. Kahle 1933, S. 46.

34 Wolfszettel 1995, S. 52 f.

35 Columbus 1991, Bd. 1, S. 52 f.

36 Madariaga 1966, Kap. X (Anfang).

37 Ibidem (Schluss).

38 Colón 1984, S. 357.

39 Las Casas: „salió Cristóbal Colón de Portugal lo más secreto que pudo, temiendo que el rey lo mandara detener." In: Las Casas 1956, Bd. I, S. 157.

40 Ibidem.

41 Cit in: Salvagini 1894, S. 150, Anm. 5.

42 Columbus 1991, Bd. 1, S. 60 f.

43 Salvagnini 1894, S. 132. Vgl. die Bemerkung Cristoforo Colombo corsaro (venezianisches Staatsarchiv, Miscellanea codici, n. 122, c. 187). Kolumbus stand noch Ende 1504 in Briefkontakt mit Papst Julius II. della Rovere, dem Neffen und Nachfolger Sixtus' VI. Vgl. Colón 1984, S. 345.

44 Colombo 1992, Kap. V, S. 10.

45 Ibidem, S. 10f.

46 Harrisse 1874, S. 52 f.

47 Vgl. Georg Paläolog, cit. in: Roncière 1914, S. 415.

48 Vgl. Georg Paläolog, cit. in: ibidem.

49 Salvagnini 1894, S. 173 ff.

50 Harrisse 1921, Bd. I, S. 4, spricht von sieben Jahren Englandaufenthalt. Vgl. auch Ballestros 1945, der davon ausgeht, dass Bartolomeo 1485–1488 in England weilte.

51 Taviani 1995, S. 475.

52 Colombo 1992, Kap. XI.

53 Thacher 1903–1904, Bd. 1, Teil 2, S. 400.

54 Bernáldez 1856, Kap. 118.

55 Varela 1988, S. 46, S. 53f.

56 Torre y del Cerro 1984, S. 55, S. 61.

57 Columbus 1991, Bd. 1, S. 59.

58 Gil/Varela 1984, S. 144f. In einem Brief vom 19. 3. 1493 an Kardinal Mendóza schrieb sich Luís de Cerda das Verdienst zu, den Genuesen mit seiner Gastfreundschaft an der Abreise nach Frankreich oder Portugal gehindert zu haben.

59 Gemäß Las Casas und Hernando Colón. Harrisse 1884, Bd. 1, S. 330, 332, 337; Roncière 1914, S. 395.

60 Columbus 1991, Bd. 1, S. 67. Der Vertrag befindet sich im Original im Archivo de la Corona de Aragón in Barcelona.

61 Varela 1988, S. 50.

62 Pérez 1989, S. 231.

IV. Las Indias

1 Kolumbus' Enkel Luís Colón bemühte sich 1554 vergeblich um die Veröffentlichung des Logbuchs; danach verschwand das Original.

2 Columbus 1991 (hier verwendet); Caddeo führte Textpassagen aus Las Casas von der dritten Person wieder in die erste Person Einzahl zurück. Vgl. auch Kolumbus 1980, Navarrete 1825 (Erstausgabe), De Lollis 1892, Columbus 1999.

3 Mondfeld 1991, S. 16 f. Mondfeld zufolge konnte nur die kleinere Pinta in so kurzer Zeit umgetakelt werden.

4 Columbus 1991, S. 84.

5 Ibidem, Bd. 1, S. 79 ff.

6 Ibidem, S. 82.

7 Ibidem, S. 98.

8 Anghiera 1972, S. 27 (1. Dek., 1. Buch).

9 Columbus 1991, Bd. 1, S. 106.

10 Ibidem, S. 104.

11 Ibidem, S. 106.

12 Ibidem, S. 110.

13 Nachkommen der Kariben, die sich selbst Kalihna bzw. Galibi nennen, leben noch heute in Venezuela, Guyana, Suriname und Nordbrasilien.

14 Ibidem, S. 157, Eintrag vom 23. November 1492.

15 Ibidem.

16 Ibidem, S. 174.

17 Ibidem, S. 111.

18 Ibidem, S. 107.

19 Ibidem, S. 204.
20 Augustinus, cit. in: Wimmer 1979, S. 72.
21 Thomas von Aquin (*Contra Gentiles*, Lib. III, c. 81), cit. in: ibidem, S. 73. Auch der spanische Kronjurist Juan Ginés de Sepúlveda, der gewiefteste aller Gegenspieler des Bartolomé de Las Casas, sollte sich später nicht zuletzt auf Aristoteles berufen.
22 Columbus 1991, Bd. 1, S. 125.
23 Ibidem, S. 130.
24 Ibidem, S. 131.
25 Ibidem, S. 164.
26 Ibidem, S. 196.
27 Ibidem, S. 198.
28 Ibidem, S. 212.
29 Ibidem, S. 242.
30 Ibidem, S. 243.
31 Ibidem, S. 256 f.
32 Dabei könnte es sich um eine Originalfassung des Kolumbusbriefes gehandelt haben, denn dieser datiert auf den 15. Februar und nimmt knappe drei Wochen später (4. März) Bezug auf den – noch folgenden – Sturm vor Lissabon.
33 Ibidem, S. 272.
34 Ibidem, S. 273.
35 Diese Sequenz ist auch überliefert in: Adao Da Fonseca und Ruiz Asensio (Hg.), Corpus Documental del Tratato de Tordesillas, Doc. 123, cit. in: Schneider 2005, S. 7, Anm 24.
36 Colón 1984, S. 138.
37 Kolumbus 2001, S. 167. Navarrete (1825) hatte diese kritische Schlussbemerkung weggestrichen; sie findet sich aber im Originaltext (Nationalbibliothek Madrid).
38 In Spanien wurden zwei Abschriften gefunden: an Gabriel Sánchez und an den Schatzmeister Luís de Santángel gerichtet. (Einer der Briefe wurde am 13. Juni 1991 für viel Geld in New York bei Sotheby's versteigert.) Das Original gelangte an die *Reyes Católicos*, von ihnen ist die Antwort überliefert, dass sie Kolumbus' Meldung zur Kenntnis genommen hätten und große Freude über ihren Inhalt gehabt hätten.

39 Titel: *Epistola Cristofori Colom: de insulis in mari Indico nuper inventis.* Vgl. Columbus 1991, Bd. 2, S. 340.

40 Neuber 1992, S. 126. Colón 1984, S. XIV.

41 Vgl. Christof Dipper, „Guanahaní, 12. Oktober 1492: Der welthistorische Augenblick", in: Dipper/Vogt 1993, S. 135–163.

42 Lücken konnten durch den Fund des libro Copiador teilweise geschlossen werden. Vgl. Rumeu 1992, S. 138.

43 Columbus 1991, Bd. 2, S. 84. Cuneos Brief wurde 1780 als Kopie in Bologna gefunden.

44 Richard Konetzke, Colección de Documentos, Bd. 1, S. 2f., cit. in: Konetzke 1988, S. 166.

45 Ibidem, S. 102.

46 Anghiera 1972, S. 61 (1. Dek., Buch 3). Laut Hernando Colón hatten auch die Einwohner von Española gemeinsamen Besitz.

47 Columbus 1991, Bd. 2, S. 51.

48 Ibidem, S. 53

49 Ibidem, S. 48.

50 Ibidem, S. 52.

51 Las Casas 1966, S. 20.

52 Columbus 1991, Bd. 2, S. 50.

53 Bartolomeo hatte eine Expedition in den Westen von Española unternommen, wo er von dem Stammesfürsten Anacauchoa und dessen Schwester Anacaona freundlich empfangen und bewirtet wurde. Die Spanier leisteten dem Kaziken militärische Hilfe in seinem Krieg gegen die Anwohner des Naiba-Flusses. Als Gegenleistung dafür erhielten sie Hanf, Brot und Baumwolle – nicht genug Vorräte, um die Spanier vor Hunger und Krankheit zu bewahren. Als rund 300 Christen erkrankten, brachte Bartolomeo sie bei verschiedenen Indiostämmen unter. Dadurch aber wurden die für die Indios tödlichen Infektionen übertragen. Krankheit und Hunger waren ein Problem, mit dem Bartolomeo kämpfte, Meuterei und Aufstand das andere: Francisco Roldán, von Kolumbus zum Bürgermeister bzw. Alcálde Mayor erhoben, widersetzte sich Bartolomeo und kontrollierte mit seinen Männern bald mehrere Indiodörfer in der Nähe der Siedlung Isabella.

54 Phillips 1985, S. 176 f.

55 Columbus 1991, Bd. 2, S. 108.

56 Ibidem, S. 126.
57 Ibidem, S. 132.
58 Ibidem, S. 169.
59 Ibidem, S. 170.
60 Belisar: oströmischer Feldherr von Kaiser Justinian, der 559 Konstantinopel vor dem Ansturm der Hunnen rettete.
61 Columbus 1991, Bd. 2, S. 104.
62 Ibidem, S. 205.
63 Ibidem, S. 206.
64 Ibidem, S. 211 sowie Milhou 1983, S. 269, 211.
65 Es handelt sich um drei Skizzen, die zusammen eine Weltkarte ergeben. Bartolomeo arbeitete nach dem Tod seines Bruders in Rom zusammen mit dem venezianischen Kartographen Alessandro Zorzi an einer Veröffentlichung des Briefberichts der vierten Reise; die Skizzen sind heute in Kopie in einem Traktat Zorzis (Florenz 1522) überliefert.
66 Ibidem, S. 144.
67 Ibidem, S. 246 f.
68 Ibidem, S. 248.

V. Das heilige Grab zu Jerusalem

1 Colombo 1992, Kap. 12.
2 Columbus 1997, S. 22.
3 Colón 1984, S. 287; Columbus 1997, S. 290.
4 Columbus 1997, S. 11 ff.
5 Ibidem, S. 8. Hernando Colón benutzte den *libro* für seine heute verlorene Abhandlung *Colón de concordia* (1511), die er an Jiménez de Cisneros sandte.
6 Morales cit. in: Milhou 1983, S. 250.
7 Colón 1984, S. 264.
8 Milhou 1983, S. 221f.
9 Kolumbus: „Digo que el Espíritu Santo obra an cristianos, judíos, moros y en todos otros de todo seta, y no solamente en los sabios, más en los inorantes [...]“ In: Colón 1984, S. 279.
10 Kolumbus: „A este mi deseo fallé a Nuestro Señor muy propicio y ove d'El para ello espírito de inteligençia.“ In: Colón 1984, S. 277f.
11 Columbus 1991, Bd. 2, S. 176.

12 Ibidem, S. 281. Die Schlüsselposition Spaniens beim Wiederaufbau des heiligen Tempels zu Jerusalem geht auf die aragonesische Ve mundo-Prophezeiung von Arnald de Vilanova zurück. Der Spanier Vilanova hatte sich im späten 13. Jahrhundert in Sizilien aufgehalten und war dadurch mit der Theologie des Kalabreser Zisterzienserabtes di Fiore in Kontakt gekommen. Aus Pierre d'Aillys *De concordia Astronomie veritatis et narrationis historice* (1483) konnte Kolumbus entnehmen, dass nach dem Ende des Islams mit dem Erscheinen des Antichristen zu rechnen sei.

13 Moffit Watts 1985, S. 111; sowie Colón 1984, S. 203.

14 Jesaia 60, 65.

15 Das Buch wurde 1510 gedruckt. Vgl. Milhou 1983, S. 296f.

16 Vgl. Kolumbus' astrologische Wetterprognosen (Bordbucheintrag 13.I.1493) sowie Hernando Colóns Bericht der vierten Reise (Vorhersage einer Mondfinsternis).

17 Colombo 1992, Kap. 1, S. 3.

18 Columbus 1991, Bd. I, S. 84.

19 Columbus 1997, S. 71.

20 Ibidem, S. 70.

21 Moffit Watts 1985, S. 87 f.

22 Anghiera 1972, 1. Dek., Buch IV, S. 70.

23 Columbus 1991, Bd. 2, S. 112.

24 Ibidem, S. 220.

25 Ibidem, S. 221.

26 Im Ersten Buch der Könige (9: 26 und 22: 48), in der Ersten Chronik (29: 1–4), in den Psalmen (45: 10) und bei Jesaia (13: 12).

27 Herodot (Historiae, IV, 152, 1–3) berichtet von der Reise des samischen Schiffsherrn Kolaios, der Mitte des 7. Jahrhunderts v. Chr. von Tharsis einen phantastischen Gewinn mitgebracht habe.

28 Kolumbus 1943, S. 250.

29 Milhou 1983, S. 131.

30 Columbus, Bd. 2, S. 221.

31 Ibidem, Bd. 1, S. 144.

32 Milhou 1983, S. 125.

33 Kolumbus 1943, S. 190.

34 Fernández de Oviedo 1959, Bd. 117, S. 120b-121a, l., 5, Kap. 3.

35 Columbus 1991, Bd. 2, S. 127 f.

36 Ibidem, S. 124.
37 Ibidem, S. 128.
38 Ibidem, S. 125.
39 Anghiera 1972, 1. Dek., Buch 6, S. 85.
40 Milhou 1983, S. 253.
41 Ibidem.
42 Columbus 1991, Bd. 2, S. 208.
43 Ibidem, S. 214 f. Varela 1984, S. 323
44 Columbus 1991, Bd. 2, S. 176.
45 Colombo 1992, Kap. 2, S. 6.
46 Milhou 1983, S. 204, S. 238.
47 Ibidem, S. 243 ff.
48 Münzer 1924, Bd. 84, S. 200 f.
49 Gribaudi 1938, S. 7.
50 Pérez 1989, S. 346 ff.
51 Ibidem.
52 Kolumbus 1943, S. 63.
53 Ibidem, S. 319.
54 Ibidem, S. 219.
55 Ibidem, S. 317.
56 Colombo 1930, App. 1, S. 376; Taviani 1985, 248 f. Vgl. auch die Interpretation: Cristiani - Mori - Giudei für XMY von G. Pisarino, cit. in: Bartocci 1995, S. 80.
57 Streicher 1928, S. 211 f.
58 J. B. Charcot , A. Sanguineti, cit. in: Tonneau 1952, S. 149, S. 155.
59 Vgl. *Valerii Probi Grammatici de interpretandis Romanorum litteris* (o. Ort und Jahr, in Sammelband, zusammen mit Kolumbusbrief 1494).
60 Las Casas 1956, Bd. 1, Kap. 29–30.
61 Colombo 1992, Kap. 3.
62 Ibidem, Kap. 1, S. 2.
63 La Rábida war vor der Reconquista eine Moschee. Vgl. Lunardi 1952, S. 453.
64 Las Casas 1956, Bd. I, S. 497.
65 Ecoutez-moi (21. April 1934), S. 21, cit. in J. Charpentier, *Die Templer*, S. 173.
66 Dennoch spekulierte Louis Charpentier wenige Jahrzehnte später über einen Zusammenhang des Entdeckers mit dem besagten Orden. Der Autor führt in seinem Buch *Macht und Geheimnis der Templer* aus, dass der legen-

däre Silberbesitz der Tempelritter gar nicht aus dem Orient, sondern aus dem Westatlantik stamme: Die Templer hätten nämlich auf ihrer Suche nach den legendären Gold- bzw. Silberminen Salomos lange vor Kolumbus den Atlantik überquert. Allerdings gibt es keinerlei Beweise für eine präkolumbianische Entdeckung Mexikos. Auch die aztekische Überlieferung – nach der indianischen Quetzalcoatl-Legende waren einst weiße Götter mit einem Rückkehrversprechen in Richtung Osten abgereist – reicht nicht aus, um diese Hypothese zu stützen.

67 Robertson 1777, Irving 1828.

68 Humboldt 1836, Bd. 1, S. 107 f.

69 Moffit Watts 1985, S. 83.

70 Ibidem.

VI. Überlieferung und Zensur: Die Erben

1 Colombo 1992, Kap. 108, S. 246.

2 Cocchia 1877 (Inschrift: *Illtre y Esdo Varon – Dn Cristoval Colon – D. de la A. Per Ate*)

3 Gallo 1911, S. 81.

4 Colombo 1992, Kp. 3.

5 Columbus 1932, S. 69.

6 Gallo 1911, S. XXIII.

7 Colombo 1992, Kp. 2.

8 Originaltitel: *HISTORIE del S. D. Fernando Colombo; nelle quali s'ha particolare, & vera relatione della vita, & de' fatti dell' Ammiraglio D. Christoforo Colombo, suo padre: Et dello scoprimento, ch'egli fece dell' Indie Occidendali, dette MONDO NUOVO, hora possedute dal Sereniss. Re Catolico: Nuovamente di lingua Spangnuola tradotte nell' Italiana dae S. Alfonso Ulloa, CON PRIVILEGIO. In Venezia, MDLXXI. Apresso Francesco de' Franceschi Sanese.*

9 E. F. Navarrete „„Noticias para la vida de D. Hernando Colón", in: Col. de doc. inéd., Bd. 16, S. 349). Sowie: Navarrete 1825, Bd. 1, S. LXIX–LXX.

10 Häbler 1895, S. 233.

11 Harrisse 1871

12 Vignaud, der die Chronik als „erste und wichtigste Quelle bezeichnete", sowie D'Avezac und Paragallo waren mit Harrisse nicht einig.

13 In: Colón 1932, S. 41.

14 Rumeu et al. 1991, S. 17.

15 Colón 1984, S. 177 f.
16 Columbus 1991, Bd. 2, S. 211.
17 Colón 1984, S. 339.
18 Vgl. den Erlass in: Rumeu 1973a, S. 25.
19 Rumeu et al. 1991, S. 56 ff.
20 Neuber 1992, S. 133 f.
21 Rumeu 1973a, S. 52.
22 Cit. in: Rumeu 1973a, S. 19
23 Harrisse 1971, S. 159.
24 Diaz/Orejón 1941, S. 13 und Dok. IX, XVII, X, XV, XVI.
25 In: Fernández de Oviedo 1959, Bd. I, S. 66 (Buch 3, Kp. 22)
26 Harrisse vermutete als Grund für die plötzliche Rückkehr nach Ligurien ein genuesisches Gesetz, das seit 1528 bedeutenden Politikern eine Abwesenheit von mehr als einem Monat verbot.
27 Vgl. das Protokoll in: Fernández Martín 1986, S. 93–94.
28 Rumeu 1973b, S. 33. Der Hinweis findet sich in Ulloas *Vita dell'invittissimo imperatore Carlo Quinto* (fol. 68 v.).
29 Rumeu 1973b, S. 39 ff.
30 Cit. in: Büdinger 1886, S. 8.
31 Fossati 1893, S. 17.
32 Morel-Fatio 1913. Die Briefe wurden im Archiv Farnese (Neapel) gefunden.
33 Rumeu 1973a, S. 446.
34 Ibidem, S. 376.
35 Rumeu 1992, S. 130.
36 Der Onkel von Felipa Moñiz, Lope Dias de Lemos, stammte auch aus diesem Geschlecht.
37 Fernández Martín 1986, S. 25 f.
38 Ibidem, S. 19.
39 Vgl. das Protokoll von F. Cerón , cit. in: Fernández Martín 1986, S. 22.
40 Cit. in: Fernández Martín 1986, S. 31f.
41 Ibidem, S. 33.
42 Cit. in: Ibidem, S. 37.
43 Las Casas 1995, S. 208 f.
44 Las Casas 1995, S. 224 f.
45 Ibidem, S. 223.

46 Ibidem, S. 224, Anm. 3. Garcés wurde auf der Insel wegen Mordes gesucht. Er hatte bei den Dominikanern Zuflucht gesucht, Buße geleistet und um die Kutte eines Laienbruders gebeten.

47 Ibidem, S. 226 f.

48 P. Rubios, cit. in: Pérez 1989, S. 243.

49 J. Manzano Manzano, *La Incorporación de las Indias a la Corona de Castilla*, S. 114; cit. in: Konetzke 1965, S. 40, Anm. 38.

50 Las Casas 1995, S. 195 f.

51 Las Casas 1956, S. 12.

52 Ibidem, S. 203.

53 Die Leyes von Burgos regelten zum Schutz der Indios Wohnung, Nahrungsmittel, Arbeitszeit, Urlaub, Arbeitsreduktion bei Schwangerschaft etc.

54 Las Casas 1995, S. 282, Anm. 38

55 Ibidem, S. 401.

56 Ibidem, S. 414. Gründe für Kannibalismus können sein: Überlebenskampf in einer existenziellen Notlage; radikales Rachebedürfnis zur vollständigen Vernichtung des Feindes; Bedürfnis, Proteinmangel zu decken (insbes. beim Fehlen von Nutztieren).

57 Ibidem, S. 30 f.

58 Ibidem, S. 20.

59 Büdinger 1886, S. 21. B. bezieht sich auf Harrisse.

60 Las Casas 1956, Bd. I, S. XLVI. Der Kubaner José Antonio Saco bezeichnete diese Einwände als skandalöse Hinhaltetaktik.

61 Ibidem, S. XLV. Die Erstausgabe des Werks erfolgte durch den Marqués de la Fuesanta del Valle und D. J. Sancho Rayon in Madrid 1875/1876.

62 Rehrmann 1990, S. 29.

63 Las Casas 1995, S. 40.

64 Ibidem, S. 44. (vgl. M. Sievernich, Die Brevísima als „Fürstenspiegel“, S. 27–44)

Die Kolumbus-Geschichtsschreibung

1 Vgl. Schubert 1994 (B. N. Rehrmann, Die panhispanische Bewegung; W. L. Bernecker, „1492“ und die Folgen).

2 Bucher 1989.

3 Benzoni 1565, Buch 1, Kp. 5, cit. Hennig 1940, S. 109.

4 Streicher 1930, S. 12 („pobre y extranjero“; „envidiado extranjero“).

5 Real Cedula vom 8.2.1504 (Navarrete 1825–37, Bd. 2, S. 300), cit. in: Ibid., S. 11 f.

6 Las Casas 1956, Buch 1, Kp. 20: „[...] puesto que como el Almirante y sus hermanos eran extranjeros y solos y gobernaban a gente española que aunque a sus naturales señores es subjectísima, pero menos humilde y paciente y más dura de cerviz para tener sobre sí superiores de estraña nación.“

7 Oviedo: „para mi yo lo tengo por falso“; cit. in: Hennig 1940, S. 111, Anm. 373. Davidson 1997, S. 97 f.

8 Vgl. García de la Riegas Vortrag: *Colón español y judío* (1898) und seine Abhandlung: *Colón español, su origen y su patria* (1914).

9 Vgl. Castelnou I Grau 1989, Amengual 1990 usw.

10 Rehrmann 1990, S. 22.

11 Ibidem, S. 21.

12 Zu S. Wiesenthal vgl. Heyden 1994, S. 10.

13 Vgl. G. Böhm 1992.

14 Enseñat de Villalonga 1999, S. 61 ff., S. 100. E. stützt sich auf ein Dok. des Sizilianers L. M. Sículo (1530), der einen Pedro Colon nennt; letzterer soll seinen Namen auf Cristoforo abgeändert haben.

15 Barreto 1988 und die Widerlegung durch F. Mauro, cit. in: Houriez 1994.

16 Vgl. das Vorwort von G. Monleone und G. Pessagno, in: Columbus 1932.

17 Vgl. E. Broccardi (Senator, Podestà), cit. in: Ibidem.

18 Die Aussage vom 25.8.1479, „27 Jahre alt“ zu sein, wurde mit einem Eintrag vom 31. Oktober 1470 kombiniert, worin er sich als volljährig bzw. als „über 19 Jahre alt“ bezeichnete.

19 Assereto 1904, Roncière 1927, 3. Bd., S. 63–68 sowie Streicher 1930, Anhang. Gemäß dem Archivar der Sala Colombiana, Agostino Agosto, war die Handschrift 1990 zu bedeutend, um eingesehen werden zu dürfen.

20 Vgl. den Eintrag (23. 8. 1479) in: Columbus 1932, S. 137 ff. (fotograph. Abb.).

21 Taviani 1987 und 1985, S. 18. Es gab bereits vor 1904 raffiniert gefälschte Kolumbus-Briefe (vgl. Harrisse 1890, S. 50 f.); oft wurde bei Fälschungen auf unbeschriftete, alte Blätter zurückgegriffen und spätestens seit Anfang des 20. Jahrhunderts ließ sich auch die Zusammensetzung der Tinte chemisch verändern.

Literatur

Quellen

Ailly 1930 ▪ Pierre d'Ailly, *Ymago Mundi (Texte latin et trad. franç. des quatre traités cosmographiques de d'Ailly et des notes mariginales de Christophe Colomb)*, 3 Bde., Paris 1930

Anghiera 1972 ▪ Peter Martyr von Anghiera, *Acht Dekaden über die Neue Welt*, Bd. I, Darmstadt 1972

Barros 1932 ▪ João Barros, *Asia*, Antonio Baiao (Hg.), Coimbra 1932

Benzoni 1565 ▪ Girolamo Benzoni, *Historia del mundo nuevo*, Venedig 1565

Bernáldez 1856 ▪ Andrés Bernáldez, *Historia de los Reyes Católicos D. Fernando y Da. Isabel*, 2 Bde., Granada/Zamora 1856

Colombo 1930 ▪ Fernando Colombo, *Le historie della vita e dei fatti di Cristoforo Colombo, 2 Bde.*, Rinaldo Caddeo (Hg.), Mailand 1930

– Ders. 1992 ▪ Fernando Colombo, *Historie del S. D. Fernando Colombo* (Faksimile-Ausgabe), Rom 1992

Colón 1942 ▪ Hernando Colón, *Historia del Almirante Don Cristóbal Colón*, M. Serrano y Sanz (Hg.), Madrid 1942

– Ders. 1951 ▪ Cristóbal Colón, *Libro de los privilegios del Almirante Don Cristobal Colon*, Ciríaco Pérez-Bustamente (Hg.), Madrid 1951

– Ders. 1984 ▪ Cristóbal Colón, *Textos y documentos completos, relaciones de viajes,cartas y memoriales*, Consuelo Varela (Hg.), Madrid ²1984

– Ders. 1989 ▪ Cristóbal Colón, *Libro copiador de Cristóbal Colón. Correspondencia inedita con los Reyes Católicos sobre los viajes a America*, Antonio Rumeu de Armas (Hg.), Madrid 1989

Columbus 1932 ▪ Christoph Columbus, *Dokumente und Beweise seiner Genueser Herkunft*, deutsch-englische Ausgabe, Stadt Genua (Hg.), Genua 1932

– Ders. 1991 ▪ Christoph Columbus, *Dokumente seines Lebens und seiner Reisen*, 2 Bde., Friedemann Berger (Hg.), Leipzig 1991

– Ders. 1996 ▪ Christoph Columbus, *The Book of Privileges issued to Christopher Columbus by king Fernando and queen Isabel 1492–1502*, hg. von Geoffrey Symcox und Helen Nader, Berkeley/Oxford 1996

- Ders. 1997 • Christoph Columbus, *The Book of Prophecies edited by Christopher Columbus*, hg. von Geoffrey Symcox und Roberto Rusconi, Berkeley/Oxford 1997
- Ders. 1999 • Christoph Columbus, *A Synoptic Edition of the log of Columbus' first voyage*, hg. von Geoffrey Symcox und Luciano Formisano, Turnhout 1999
- Ders. 2000 • Christoph Columbus, *Der erste Brief aus der Neuen Welt*, Latein.-Dtsch., mit d. span. Text d. Erstdrucks im Anhang, übers. u. hg. v. Robert Wallisch, Ditzingen 2000
- Ders. 2001 • Christoph Columbus, *Schiffstagebuch*, aus d. Span. u. mit einem Nachw. v. Roland Erb, Leipzig 2001

Del Castillo 1898 • Quartiellerz R. Del Castillo, *Documento inédito del siglo VI. Ref. a D. Fernando Colón*, Madrid 1898

Díaz/Orejón 1941 • José Hernandez Díaz/Antonio Muro Orejón (Hg.), *El testamento de Don Hernando Colón y otros documentos para su biografía*, Sevilla 1941

Enseat de Villalonga 1999 • Alfonso Enseat de Villalonga, *La vida de Cristoforo Colonne: una biografía documentada. Los años oscuros 1446–1484*, Valladolid 1999

Farina/Tolf 1992 • Luciano F. Farina/Robert W. Tolf (Hg.), *Columbus documents, Summaries of Documents in Genoa*, Detroit 1992

Fernández de Oviedo 1959 • Gonzalo Fernández de Oviedo y Valdez, „Historia general y natural de Las Indias", *Biblioteca de autores Españoles* 117–119, Madrid 1959

Gallo 1911 • Antonio Gallo, „Commentarii de rebus Genuensium et de navigatione Columbi", *Rerum Italicarum Scriptores, Raccolta degli storici Italiani dal cinquecento al millecinquecento*, ordinata da L. A. Muratori, nuova edizione, Bd. 23, G. Carducci, V. Fiorini (Hg.), Città di Castello 1911

Gómara 1946 • Francisco López de Gómara, „Primera parte de la Historia general y natural de las Indias", *Biblioteca Autores Españoles*, Bd. 22, Madrid 1946

Grémaud 1875 • Jean Grémaud (Hg.), *Documents relatifs à l'histoire du Valais*, Lausanne 1875

Herrera 1730 • Antonio de Herrera y Tordesillas, *Décadas de las Indias*, Bd. 1, Madrid 1730

Kolumbus 1943 • Christoph Kolumbus, *Entdeckungsfahrten, Reiseberichte und Briefe von der zweiten, dritten und vierten Entdeckungsfahrt nach Amerika 1493–1506*, Zürich/Leipzig 1943
- Ders. 1970 • Christoph Kolumbus, *Das Bordbuch 1492. Leben und Fahrten des Entdeckers der neuen Welt in Dokumenten und Aufzeichnungen*, Robert Grün (Hg.), Tübingen/Basel 1970

– Ders. 2001 • Christoph Kolumbus, *Schiffstagebuch*, Leipzig 2001

Las Casas 1552 • Bartolomé de Las Casas, *Brévissima relación de la destrucción de las Indias occidentales*, Sevilla 1552

– Ders. 1956 • Bartolomé de Las Casas, *Historia de las Indias*, André Saint-Lu (Hg.), Caracas 1956

– Ders. 1966 • Bartolomé de Las Casas, *Kurzgefasster Bericht von den Verwüstungen der Westindischen Länder*, Hans Magnus Enzensberger (Hg.), Frankfurt 1966

– Ders. 1989–98 • Bartolomé de Las Casas, *Obras completas*, Paulino Castañeda Delgado (Hg.), 14 Bde., Madrid 1989–98

– Ders. 1994–97 • Bartolomé de Las Casas, *Werkauswahl*, 3 Bde., hg. von Mariano Delgado, Paderborn 1994–97

Luzio 1993 • Alessandro Luzio, *L'Archivio Gonzaga di Mantova. La corrispondenza familiare, amministrativa e diplomatica dei Gonzaga*, Bd. 2, Mantova 1993

Münzer 1924 • Jerónimo Münzer, „Viaje por España y Portugal en los años 1494 y 1495", in: *Boletín de la academia de la Historia* (1924), S. 200f

Navarrete 1825–37 • Martín Fernández de Navarrete (Hg.), *Colección de viajes y descubrimentos que hicieron por mar los Españoles desde final del siglo XV*, 5 Bde., Madrid 1825–37

Palencia 1975 • Alonso de Palencia, „Crónica de Enrique IV", II, *Biblioteca de autores Españoles*, Buch 27, Madrid 1975

Salvagnini 1894 • Alberto Salvagnini, „Cristoforo Colombo e i Corsari Colombo", in: *Raccolta di Documenti e Studi*, Teil 2, Bd. 3, Rom 1894, S. 128–248

Schmitt 1984 • Eberhard Schmitt (Hg.), *Dokumente zur Geschichte der europäischen Expansion*, Bd. I, München 1984

Spotorno 1823 • Giovanni Battista Spotorno, *Codice diplomatico Colombo-Americano. Raccolta di Documenti, originali e inediti, spettanti a Cristoforo Colombo alla scoperta ed al Governo dell' America*, Genua 1823

Literatur

Amengual 1990 • B. J. Amengual, *El descubridor del nuevo mundo, la verdad de Joan Colom*, Mallorca 1990

Angreville 1861 • Jacques-Etienne d'Angreville, *Numismatique vallaisanne, époque mérovingienne*, Supl. 11/12, Genf 1861

Arranz Márquez 1982 • Luis Arranz Márquez, *Don Diego Colón. Almirante, Virrey y Gobernador de las Indias*, Madrid 1982

Assereto 1904 • Ugo Assereto, „La data della nascità di Colombo accertata da un documento nuovo", in: *Giornale storico e letterario della Liguria* (1904), S. 5–16

Astrana 1929 • Marín L. Astrana, *Cristóbal Colón, su patria, sus restos y el enigma del descubrimiento de América*, Madrid 1929

Bartocci 1995 • Umberto Bartocci, *America: una rotta templare, sentieri segreti della storia*, Milano 1995

Ballestros 1945 • Antonio Ballestros y Beretta, *Cristóbal Colón y el descubrimiento de América*, 2 Bde, Barcelona/Buenos Aires 1945

Barreto 1988 • Augusto Mascarenhas Barreto, *O Portugês Cristóvao Colomb. Agente secreto do Rei Dom Joao II.*, Lissabon 1988

Berg/Averkorn 1995 • Dieter Berg/Raphaela Averkorn, „Eschatologie und Franziskanertum", in: Wehle 1995, S. 115–152

Bignardelli 1960 • Ignazio Oreste Bignardelli, „Le Historie di don Fernando Colombo", in: *L'Universo 2* (1960), S. 401–406

Bitterli 1991 • Urs Bitterli, *Die Entdeckung Amerikas. Von Kolumbus bis Alexander von Humboldt*. München 1991

Böhm 1992 • Günter Böhm, „El supuesto origen judío de Cristóbal Colón: una reevaluación", in: Heydenreich 1992, Bd. I, S. 47–83

Brigham 1990 • Kay Brigham, *Christopher Columbus: his life and discovery in the light of his prophecies*, Barcelona 1990

– Ders. 1998, „The Importance of the Book of Prophecies in Understanding Columbus", in: Schnaubelt/Fleteren 1998, Einleitung

Brincken 1992 • Anna-Dorothee von den Brincken, *Fines Terrae. Die Enden der Erde und der vierte Kontinent auf mittelalterlichen Weltkarten*, Schriften der Monumenta Germaniae Historica 36, Hannover 1992

Bucher 1989 • Corina Bucher, *Christoph Kolumbus, Mythos und Wirklichkeit, das Bild des Entdeckers in Geschichtsschreibung und Literatur zur Zeit des deutschen Imperialismus (1892–1914)*, Liz. Uni Zürich, 1989

Büdinger 1886 • Max Büdinger, „Acten zu Columbus' Geschichte von 1473–1492. Eine kritische Studie", in: *Sitzungsberichte der phil.-hist. Cl. der kaiserl. Akad. der Wissenschaften*, Wien 1886, S. 3–54 [635–686].

Canoutas 1943 • Seraphim G. Canoutas, *Christopher Columbus. A Greek nobleman*, New York 1943

Caraci 1930 • Giuseppe Caraci, „Piraterie colombiane e piraterie geografiche", in: *Civiltà Moderna 6* (1930), S. 1170–1191

– Ders. und Illaria L. Caraci 1976 • Giuseppe und Illaria L. Caraci, „Il Latino di Colombo“, in: *Atti I Convegno Internazionale di Studi Americanisti* (Genua 1976), S. 107–117

– Dies. 1989 • Illaria L. Caraci, *Colombo vero e falso, La costruzione delle Historie fernandine*, Genua 1989

Carlen 1963 • L. Carlen, „Die Kreuzzugsbewegung im Wallis“, in: *Zeitschrift für Schweizerische Kirchengeschichte* 57 (1963), S. 107–119

Castelnou I Grau 1989 • J. M. Castelnou I Grau, *Cristòfor Colom, Català*, Barcelona 1989

Catz 1993 • Rebecca Catz, *Christoph Columbus and the Portuguese, 1476–1498*, Westport/London 1993

Cocchia 1877 • R. Cocchia, *Descubrimiento de los verdaderos Restos de Cristóbal Colón*, Santo Domingo 1877

Colón de Carvajal 1992 • Anunciada Colón de Carvajal, „Cristóbal Colón y su familia (1492–1992)“, in: *España y Génova, Genova e la Spagna, el Mediterráneo y América, Cristóbal Colón: La nave y el mar*. Ausstellung in Genua, Madrid 1992

Costa-Amic 1989 • Bartomeu Costa-Amic, *Colom, Catalán de Mallorca sobrino de los Reyes Católicos*, Mexico 1989

Dalarun 2005 • Jacques Dalarun (Hg.), *Das leuchtende Mittelalter*, Darmstadt 2005

Davidson 1997 • Miles H. Davidson, *Columbus Then and Now: a Life Reexamined*, London 1997

Desimoni 1894 • Cornelio Desimoni, „Questioni Colombiane“, in: *Raccolta di Documenti e Studi*, Teil 2, Bd. 3, Rom 1894, S. 7–126

Dipper/Vogt 1993 • Christof Dipper, Martin Vogt (Hg.), *Entdeckungen und frühe Kolonisation* (THD-Schriftenreihe Wissenschaft und Technik Bd. 63), Darmstadt 1993

Edson/Savage-Smith/Brincken 2005 • Evelyn Edson, Emilie Savage-Smith, Anna-Dorothee von den Brincken, *Der mittelalterliche Kosmos. Karten der christlichen und islamischen Welt*, Darmstadt 2005

Fastenrath 1895 • Johannes Fastenrath, *Christoph Columbus. Studien zur spanischen vierten Centenarfeier der Entdeckung Americas*, Dresden/Leipzig 1895

Fernández Martín 1986 • Luis Fernández Martín, „El Almirante Luís Colón y su familia en Valladolid (1554–1611)“, in: *Cuadernos colombinos* 13 (1986)

Flint 1992 • Valerie Flint, *The Imaginative Landscape of Christopher Columbus*, Princeton 1992

Forbes 1992 • J. Forbes, *Kolumbus und andere Kannibalen. Die indianische Sicht der Dinge*, Wuppertal 1992

Fossati 1891 • Francesco Fossati, *Il Ritratto di Cristoforo Colombo nel Museo Giovio*, Como 1891

– Ders. 1893 • Francesco Fossati, *I Ritratti del Museo Giovio e in particolare quello di Cr. Colombo*, Florenz 1893

Frear Keeler 1981 • Mary Frear Keeler (Hg.), *Sir Francis Drake's West Indian Voyage 1584–86*, London 1981

Friede/Keen 1971 • Juan Friede/Benjamin Keen (Hg.), *Bartolomé de Las Casas in History*, Illinois 1971

Gaussin 1976 • Pierre-Roger Gaussin, *Louis XI, un roi entre deux mondes*, Paris 1976

Gil/Varela 1984 • Juan Gil/Consuelo Varela, *Cartas particulares a Colón y relaciónes coetáneas*, Madrid 1984

– Ders. 1992 • Juan Gil/Consuelo Varela, „La financiación del primer viaje colombino", in: *España y Génova, Genova e la Spagna, el Mediterráneo y América, Cristóbal Colón: La nave y el mar.* Ausstellung in Genua, Madrid 1992, S. 123–128

Goertz 1995 • Hans-Jürgen Goertz, *Umgang mit Geschichte. Eine Einführung in die Geschichtstheorie*, Hamburg 1995

Graefe 1955 • Hanns Graefe, „Die Islandfahrt des Columbus vom Jahre 1477", in: *Erdkunde, Archiv für wissenschaftliche Geographie*, Bd. 9, Heft 1/4 (Bonn 1955), S. 153–156

Gribaudi 1938 • P. Gribaudi, „Il Padre Gorricio amico e confidente di Cristoforo Colombo", in: *Bollettino della Reale Diputazione Subalpina di Storia*, Bd. 17, (1938), S. 2–87

Grimm 1995 • Reinhold R. Grimm, „Das Paradies im Westen", in: Wehle 1995, S. 73–113

Häbler 1895 • Konrad Häbler, „Die Columbus-Literatur der Jubiläumszeit", in: *Histor. Zeitschrift* 74 (1895), S. 231ff.

Harrisse 1871 • Henry Harrisse, *Fernando Colón. Historiador de su padre, ensayo critico*, Sevilla/Tarrasco 1871

– Ders. 1874 • Henry Harrisse, *Les Colombo de France et d'Italie, fameux marins du XVe siècle, 1461–1491*, Paris 1874

– Ders. 1875 • Henry Harrisse, *L'Histoire de Christophe Colomb attribueé a son fils Fernand*, Paris 1875

– Ders. 1879 • Henry Harrisse, *Les sépultures de Christophe Colomb. Revue critique du premier rapport officiel publié sur ce sujet*, Paris 1879

– Ders. 1884 • Henry Harrisse, *Christophe Colomb, son origine, sa vie, ses voyages, sa famille, ses descendants ...*, Paris 1884

– Ders. 1890 • Henry Harrisse, *Cristoforo Colombo e il banco di San Giorgio*, Genova 1890

– Ders. 1892 • Henry Harrisse, *Christophe Colomb devant l'histoire*, Paris 1892

– Ders. 1921 • Henry Harrisse, *Bibliotheca Americana Vetustissima*, Bd. 1, Leipzig 1921

Held 2001 • Klaus Held, *Treffpunkt Platon. Philosophischer Reiseführer durch die Länder des Mittelmeers*, Ditzingen ³2001

Heers 1961 • Jacques Heers, *Gênes au XVe siècle. Activité économique et problèmes sociaux*, Paris 1961

– Ders. 1981a • Jacques Heers, *Christophe Colomb*, Paris 1981

– Ders. 1981b • Jacques Heers, *Esclaves et Domestiques au Moyen-Age dans le monde méditerranéen*, Paris 1981

– Ders. 1997 • Jacques Heers *Jacques Coeur 1400–1456*, Paris 1997

Hennig 1940 • Richard Hennig, *Columbus und seine Tat, eine kritische Studie über die Vorgeschichte der Fahrt von 1492*, Bremen 1940

Henningsen 1992 • Manfred Henningsen, „Die columbinische Wende. Anmerkungen zum Bordbuch und zu den Briefen", in: Heydenreich 1992, Bd. I, S. 27–47

Heyden 1994 • Ulrich van der Heyden, *Die publizistische Entdeckung Amerikas. Deutschsprachige Publikationen anlässlich des 500. Jahrestages der Entdeckung Amerikas durch Christoph Kolumbus; ein Literaturbericht*, Berlin 1994

Heydenreich 1992 • Titus Heydenreich (Hg.), *Columbus zwischen zwei Welten, Historische und literarische Wertungen aus fünf Jahrhunderten*, 2 Bde. (Lateinamerika-Studien 30/I und II), Frankfurt a. M. 1992

Hoppeler 1897 • Rudolf R. Hoppeler, *Beiträge zur Geschichte des Wallis im Mittelalter*, Zürich 1897

Houriez 1994 • Jacques Houriez (Hg.), *Christophe Colomb et la découverte de l'Amérique*, Paris 1994

Humboldt 1836 • Alexander von Humboldt, *Kritische Untersuchungen über die historische Entwicklung der geographischen Kenntnisse von der Neuen Welt und die Fortschritte der nautischen Astronomie im 15. und 16. Jahrhundert*, Bd. 1, Berlin 1836

Irving 1829 • Washington Irving, *A History of the Life and Voyages of Christopher Columbus*, Paris 1829

Kahle 1933 • Paul Kahle, *Die verschollene Columbus-Karte von 1498*, Berlin 1933

Kempe 1990 • Frederick Kempe, *Aufstieg und Fall Noriegas, Panamà – gefährliches Spiel mit den USA*, Wien 1990

Kissling 1965 • Hans Joachim Kissling, *Sultan Bâjezîd's II. Beziehungen zu Markgraf Francesco II. von Gonzaga*, München 1965

Konetzke 1965 • Richard Konetzke, *Süd- und Mittelamerika I*, Frankfurt a. M. 1965

Lubkin 1994 • Gregory Lubkin, *A Renaissance Court. Milan under Galeazzo Maria Sforza*, Berkeley/London 1994

Lunardi 1952 • Ernesto Lunardi, „L'importanza del monasterio di Santa Maria de la Rábida nella genesi della Scoperta d'América", in: *Studi Colombiani II* (Genua 1952), S. 451–467

Madariaga 1940 • Salvador de Madariaga, *Vida del muy magnífico Señor Don Cr. Colón*, Buenos Aires 1940

– Ders. 1966 • Salvador de Madariaga, *Kolumbus, Entdecker neuer Welten*, Bern/München 1966

Magnaghi 1932 • A. Magnaghi, „Pirata ad ogni costo", in: *La Cultura* (1932), S. 538–554

Magnusen 1833 • Finn Magnusen, „Om de Engelskes Handel pea Island", in: *Nordisk Tidskrift for Oldkyndighed*, Kopenhagen 1833

Manzano 1964 • Juan Manzano Manzano, *Cr. Colón, siete años decisivos de su vida, 1485–1492*, Madrid 1964

Milani 1973 • Virgil I. Milani, *The written language of Christopher Columbus*, Buffalo 1973

Milhou 1983 • Alain Milhou, „Colón y su mentalidad mesianica en el ambiente franciscanista español", in: *Cuadernos Colombinos 11* (1983), S. 7–471

Moffitt Watts 1985 • Pauline Moffitt Watts, „Prophecy and Discovery: On the Spiritual Origins of Christopher Columbus's 'Enterprise of the Indies'", in: *The American Historical Review 90* (1985), S. 73–102

Mondfeld 1991 • Wolfram zu Mondfeld, *Die Schiffe des Cristoforo Colombo 1492*, Herford 1991

Morel-Fatio 1913 • A. Morel-Fatio, „Alfonso de Ulloa et le compte Pierre-Ernest de Mansfelt", in: *Bulletin Hispanique XV* (1913), S. 445–50

Morison 1942 • Samuel Elliot Morison, *Christopher Columbus, Admiral of the Ocean Sea*, London 1942

Neuber 1992 • Wolfgang Neuber, *garriebat philomena. Die erste Columbus-Reise und ihre narrative Tradierung in Deutschland bis zum Jahr 1600*, in: Heydenreich 1992, Bd. I, S. 125–143

Pandiani 1914 • Emilio Pandiani, *Vita privata di Antonio Gallo*, Città di Costello 1914

Peragallo 1884 • Prospero Peragallo, *L'autenticità delle Historie di F. Colombo e le critiche del signor Enrico Harrisse*, Genua 1884

– Ders. 1885 • Prospero Peragallo, *Riconferma dell'Autenticità delle Historie di D. Fernando*, Genua 1885

Pessagno 1926 • Giuseppe Pessagno, „Questioni Colombiane", in: *Società Ligure di Storia Patria* (Genova 1926), S. 103 ff

Pérez 1989 • Joseph Pérez, *Ferdinand und Isabella. Spanien zur Zeit der katholischen Könige*, München 1989

Phillips 1985 • W. D. Phillips, *Slavery from Roman times to the early transatlantic trade*, Minnesota/Minneapolis 1985

Poli 1892 • Oscar de Poli, *Les Colomb au service de France*, Paris 1892

Quinn 1974 • David Beers Quinn, *England and the discovery of America, 1481–1829*, London 1974

Rehrmann 1990 • Norbert Rehrmann, „Geschichte als nationale Erbauung? Entdeckung und Eroberung Lateinamerikas im Werk von Salvador de Madriaga", in: *Acta Columbina 3* (Kassel 1990)

Robertson 1777 • Wilhelm Robertson, *Geschichte von Amerika*, (Übersetzung von J. F. Schiller), Bd. 1, Leipzig 1777

Roncière 1914 • Charles de la Roncière, *Histoire de la Marine Française*, Paris 1914

– Ders. 1924 • Charles de la Roncière, *La Carte de Christophe Colomb*, Paris 1924

– Ders. 1927 • Charles de la Roncière, *La Découverte de l'Afrique en Moyen Age*, Kairo 1927

Rossi 1952 • E. Rossi, „Scritti Turchi su Cristoforo Colombo a la scoperta dell' America", in: *Studi Colombiani II* (Genua 1952), Bd. 2, S. 563–566

Ruddock 1970 • Alwyn A. Ruddock, „Columbus and Iceland: New light on a old Problem", in: *The Geographical Journal 136*, Teil 2 (Juni 1970), S. 177–189

Rumeu 1968 • Antonio Rumeu de Armas, *La Rábida y el descubrimiento de America, Colón, Marchena, y fray Juan Pérez*, Madrid 1968

– Ders.1973a • Antonio Rumeu de Armas, *Hernando Colón, historiador del descubrimiento de America*, Madrid 1973

– Ders. 1973b • Antonio Rumeu de Armas, *Alfonso de Ulloa, Introductor de la Cultura Española en Italia*, Madrid 1973

– Ders. 1973c • Antonio Rumeu de Armas, *Itinerario de los Reyes Católicos 1474–1516*, Madrid 1973

- Ders. 1991 • Antonio Rumeu de Armas, *Canarias y el Atlantico: piraterías y ataques navales*, Madrid 1991
- Ders. et al. 1991 • Antonio Rumeu de Armas et al., *Hernando Colón y su epoca*, Sevilla 1991
- Ders. 1992 • Antonio Rumeu de Armas, „Libro Copiador de Cristóbal Colón. Manuscrito inédito sobre los viajes del descubrimiento", in: *España y Génova, Genova e la Spagna, el Mediterráneo y América, Cristóbal Colón: La nave y el mar*, Ausstellung in Genua, Madrid 1992, S. 129–140
- Ders. 1992a • Antonio Rumeu de Armas, „Las expeditiones de Colón por la ruta occidental del mar Océano en busca denla India del Gran Khan", in: *España y Génova, Genova e la Spagna, el Mediterráneo y América, Cristóbal Colón: La nave y el mar.* Ausstellung in Genua, Madrid 1992, S. 107–122

Sale 1990 • Kirkpatrick Sale, *Das verlorene Paradies. Kolumbus und die Folgen*, München/Leipzig 1990

Schmid 1966 • Gilli Schmid, „Die Rätischen Bünde in der Politik Mailands zur Zeit der Sforza", in: *95. Jahresbericht der Historisch-Antiquarischen Gesellschaft von Graubünden*, Chur 1966, S.

Schnaubelt/Fleteren 1998 • Joseph C. Schnaubelt/Frederick Van Fleteren (Hg.), „Columbus and the New World", in: *American University Studies 185*, Series 9, History, Bd. 185 (1998)

Schreiber 1956 • Georg Schreiber, *Irland im deutschen und abendländischen Sakralraum, zugleich einen Ausblick an St. Branden und die 2. Kolumbusreise*, Köln 1956

Schubert 1994 • Venanz Schubert (Hg.), *Die beiden Amerika. Kolumbus und die Folgen*, St. Ottilien 1994

Stannard 1992 • David E. Stannard, *American holocaust. Columbus and the conquest of the New World*, New York/Oxford 1992

Stelling-Michaud 1956 • Sven Stelling-Michaud, *Les relations entre le Val d'Aoste et le Valais avant 1350*, Aosta 1956

Streicher 1928 • Fritz Streicher, „Die Kolumbus-Originle (eine paläographische Studie)", in: *Ges. Aufsätze zur Kulturgeschichte Spaniens*, Bd.1, Münster 1928, S. 1–24
- Ders.1930 • Fritz Streicher, „Die Heimat des Kolumbus", in: *Gesammelte Aufsätze zur Kulturgeschichte Spaniens*, Bd. 2, Münster 1930

Taviani 1985 • Paolo Emilio Taviani, *Christopher Columbu. The Grand Design*, London 1985
- Ders. 1987 • Paolo Emilio Taviani, *La Genovesità di Colombo*, Genua 1987

Thacher 1903–1904 · John Boyd Thacher, *Christopher Columbus. His Life, His Work, His Remains als Revealed by Original Printed and Manuscript Records*, 3 Bde., New York/London 1903–1904

Todorov 1985 · Tzvetan Todorov, *Die Eroberung Amerikas, das Problem des Anderen*, Frankfurt a. M. 1985

Tonneau 1952 · Albert Tonneau, „L'enigme des chiffres de Christophe Colomb", in: *Studi Colombiani II* (Genua 1952), S. 137–180

Tornoë 1965 · Johannes Kristoffer Tornoë, *Columbus in the Arctic and Vineland literature*, Oslo 1965

Torre y del Cerro 1984 · José de la Torre y del Cerro, *Beatriz Enríquez de Harana y Cristobal Colón*, Córdoba 1984

Truffer 1971 · Bernard Truffer, *Das Wallis zur Zeit Bischofs Eduards von Savoyen-Achaia (1375–1386)*, Freiburg i. Üe. 1971

Varela 1988 · Consuelo Varela, *Colón y los florentinos*, Madrid 1988

– Dies. 1991 · Consuelo Varela, „La España que recorrió Cristóbal Colón", in: *España Colombina* (Barcelona/Madrid 1991)

– Dies. 1992 · Consuelo Varela, *Cristóbal Colón, Retrato de un hombre*, Madrid 1992

Venzke 1991 · Andreas Venzke, *Der ‚Entdecker Amerikas'. Aufstieg und Fall des Christoph Kolumbus*, Zürich 1991

– Ders. 1992 · Andreas Venzke, *Christoph Kolumbus*, Reinbek 1992

Vignaud 1905 · Henry Vignaud, *Etudes critique sur la vie de Colomb avant ses découvertes*, Paris 1905

– Ders. 1911 · Henry Vignaud, *Nouvelles études critiques sur la vie de Ch. Colomb 1476–1493*, Paris 1911

– Ders. 1921 · Henry Vignaud, *Le vrai Christophe Colomb et la légend*, Paris 1921

Vitale 1955 · Vito Vitale, *Brevario della Storia di Genova. Lineamenti storici ed orientamenti bibliografici*, 2 Bde., Genova 1955

Wawor/Heydenreich 1995 · Gerhard Wawor/Titus Heydenreich (Hg.), „Columbus 1892/1992. Heldenverehrung und Heldendemontage", *Lateinamerika-Studien 37*, Frankfurt a. M. 1995

Wehle 1995 · Winfried Wehle (Hg.), *Das Columbus-Projekt. Die Entdeckung Amerikas aus dem Weltbild des Mittelalters*, München 1995

Williamson 1962 · James A. Williamson, *The Cabot voyages and the Bristol Discovery under Henry VII.* (Hakluyt Society, 2. ser., Bd. 120), Cambridge 1962

Wimmer 1979 · Wolfgang Wimmer, *Die Sklaven. Eine Sozialgeschichte mit Gegenwart*, Hamburg 1979

Wolfzettel 1995 • Friedrich Wolfzettel, „Die Suche nach Cathay“, in: Wehle 1995, S. 43–71

Zechlin 1935 • Egmont Zechlin, „Das Problem der vorcolumbinischen Entdeckung Americas und die Columbusforschung“, in: *Historische Zeitschrift*, Bd. 151, Jg. 1935, S. 1–47

– Ders. 1952 • Egmont Zechlin, „Columbus als Ausdruck der mittelalterlich-neuzeitlichen Epochenscheide“, in: *Studi Colombiani II* (Genua 1952), S. 101–111

Namenregister

Adorno, Bernanbò 25
Ailly, Pierre d' 17, 90, 168, 174f.
Alberti, Leone Battista 189, 192
Aléman, Juan 184
Alexander VI. (Papst) 135, 176, 188, 192, 209, 232f., 242
Alfons I. Henriques (König von Portugal) 75
Alfons V. der Afrikaner (König von Portugal) 28, 40, 60, 77, 79, 81f., 85, 89, 93, 97, 99
Alfraganus 18, 84
Alvarez Chanca, Diego 139, 205
Álvarez de Toledo, Fernando 222
Alvarez Pereira, Nuño 76
Aristoteles 122
Augustinus 18, 86, 122, 165, 167, 174

Bacon, Francis 99
Barros, João de 93, 197, 220
Beaujeu, Anne de 96
Beheim, Martin 89
Benedetti, Giovanni Battista 217
Bernáldez, Andrés 13, 15, 101, 186, 125
Bobadilla, Francisco de 41–43, 110, 149f., 233
Boeckelson, Jan 172
Borja, Francisco de 226
Brabante d'Allemagna, Gerardo di 24
Brendan, Heiliger 85
Bry, Theodor de 156, 238
Buil, Juan 141, 146

Cadamosto, Alvise 79
Caddeo, Rinaldo 83, 207
Camerana, Giovanni de 19
Campofregoso, Giano 25
Carvajal, Sánchez de 148
Casenove, Guillaume de (alias Columbus Archipyrata) 40, 44–46, 50f., 54f., 58–60, 64–66, 68, 98
Caterina von Piacenza 75
Cazel, Robert de 45
Cerda, Luis de 80
Chanca, Diego Alvarez 139, 205
Cisneros, Jiménez de 161, 184–186, 228, 234
Cocchia, Rocco 202
Coeur, Jacques 25f., 35
Cola di Rienzo 181
Colombo, Antonio (Onkel von Kolumbus) 17, 25
Colombo, Antonio (Cousin von Kolumbus) 148
Colombo, Baldassare 19
Colombo, Bartolomeo (Bruder von Kolumbus) 12, 15–18, 27, 41, 87, 95, 99, 146, 149f., 152–154, 156f., 160, 167, 201
Colombo, Bianchinetta 27
Colombo, Domenico (Vater von Kolumbus) 12, 15, 17, 19, 23f., 27, 203
Colombo, Giacomo (Bruder von Kolumbus) 12, 15, 27, 150, 201
Colombo, Giovanni (Großvater von Kolumbus) 24
Colombo, Pellegrino (Bruder von Kolumbus) 27
Colombo, Vicenzo 44

Colón II., Cristóbal (Enkel von Kolumbus) 202, 228
Colón y Pravia, Francisca 227
Colón y Toledo, Cristóbal 227
Colón, Diego (Kolumbus' älterer Sohn) 35f., 42, 72, 74, 76, 100, 137, 187, 196, 201, 205, 209–211, 214, 224, 230–232
Colón, Hernando (Kolumbus' jüngerer Sohn) 7, 14–16, 18, 21, 23, 26, 43f., 46, 61f., 69f., 72–75, 83–85, 97f., 101f., 112, 118, 125, 134, 137, 139, 142, 144f., 148, 152, 154f., 158–161, 165, 167f., 173, 185f., 193f., 197, 200–216, 218–220, 222–224, 226
Colón, Luís (Enkel von Kolumbus) 168, 200–202, 208, 214f., 217, 222, 224–228, 241
Columbus Archipyrata s. Casenove, Guillaume de
Columbus der Jüngere (Georg Paläolog) 56, 60, 62, 72, 96–99,
Cortéz, Hernándo 220
Cosas, Juan de la 189
Cuneo, Michele de 139, 143, 154

Dante Alighieri 8
Desimoni, Cornelio 19, 68
Deza, Diego de 102, 231
Di Negro, Antonio 63, 66
Dias, Bartolmeu 87, 95, 133
Doria, Andrea 8, 218, 223
Drake, Francis 201
Dulmos, Fernano 94
Eduard IV. von York 40, 47, 51, 54f., 58f.
Erasmus von Rotterdam 213
Eratosthenes 90
Escobedo, Rodrigo d' 130
Este von Ferrara, Ercole d' 54
Estreitos, João 94
Eugen IV. (Papst) 91

Ferdinand (Ferrante) I. (König von Neapel) 58, 65, 68
Ferdinand I. von Habsburg 220
Ferdinand II. von Braganza 94f.
Ferdinand von Aragon 12, 18, 28–31, 33f., 40, 43, 47, 58–60, 65, 72, 76, 79, 94f., 100f., 102, 104f., 110, 137f., 146, 149, 154, 161, 166, 183, 186, 202, 209f., 219f., 225, 231, 233f.
Fernández de Navarrete, Martín 13, 74, 206
Fernández de Palencia, Alonso 7, 46, 50, 61
Fernández de Santaella 116
Fieschi, Adelsgeschlecht 9, 16f., 24, 36, 38, 215, 218
Fieschi, Bartolomeo 16, 157–159
Fieschi, Gerolamo 36
Fieschi, Gian Luigi 16, 25, 218
Fieschi, Giovanni Luigi 38
Fieschi, Matteo 26
Flavius Josephus 18, 177
Fonseca, Juan Rodríguez de 139, 149, 231
Fontanarossa, Susanna 12, 15, 24, 29
Fornari, Baliano di 200, 217f., 222

Gallo, Antonio 16, 36, 87, 200, 203f.
Gama, Vasco da 152, 154
Garcés, Juan 230

Georg Paläolog s. Columbus der Jüngere
Geraldini, Alessandro 68, 165
Giovio, Paolo 220f.
Giustiniani, Augustino 204f.
Gómara, Francisco López de 205, 236
Gonçalvez Zarco, Joam 74
Gonzaga III. von Mantua, Guglielmo 217f., 221
Gonzaga, Ferrante di 219f.
González de Mendoza, Pedro 185
Gorricio, Gaspare 167, 185, 226
Guacanagarí 127, 129f., 141, 145
Gutiérrez, Pedro 118, 130, 141

Hadrian VI. (Papst) 234
Halley, Edmund 180
Harana, Diego de 113, 130, 141
Harana, Pedro de 101, 148
Harrisse, Henry 24, 69, 207
Heinrich der Seefahrer 60, 75–79, 85, 94, 195
Heinrich IV. (König von Kastilien) 59
Heinrich VI. (König von England) 51, 54
Heinrich VII. von Tudor 96, 98–100
Henríquez de Harana, Beatrice 72, 101f., 113, 130, 137, 148, 208
Henry I. von Troyes 23
Herodot 177
Hieronimo Donato 97
Hojeda, Alonso de 139, 142
Humboldt, Alexander von 13, 81, 192, 197f., 242
Ignatius von Loyola 226
Innozenz VIII. (Papst) 165, 209
Irving, Washington 13, 197
Isabella I. von Kastilien 18, 30, 44f., 40, 59, 72, 100, 102, 105, 110, 112, 137, 142, 146, 154, 160, 166, 170, 172, 185f., 202, 209, 242
Isidor von Sevilla 18, 80, 166, 179

Jacques von Saillon 20
Jeanne de France 50
Jeanne II. von Anjou 28
Joachim di Fiore 18, 169–171, 184
Johann I. (König von Portugal, Vater Heinrichs des Seefahrers) 75f.
Johann II. (Herzog von Kalabrien) 28, 30, 56
Johann II. (König von Portugal, Sohn Alfons' V.) 60, 72, 84, 93–95, 97, 134
Johannes Regiomontanus 89
Juan (Erbprinz von Kastilien) 102, 209
Julius III. (Papst) 226

Karl der Kühne 44, 47, 49, 54, 57–59, 61f., 64–66
Karl V. 201, 211, 213, 220, 222, 231, 234–237
Karl VIII. 96, 98f.
Karl der Große 183
Kubilai Khan 90f., 116, 121, 123f., 127, 131, 136, 173

La Cosa, Juan de 128, 189, 190
Ladrada, Rodrigo de 181
Las Casas, Bartolomé de 42, 95, 102, 112, 117, 121, 125, 128, 134f., 137, 139, 145f., 148–151, 156, 161, 172, 181–183, 193f., 200, 204, 206–208, 220, 223, 228–238, 242
Las Cuevas, Beltrán de 60

Leibniz, Gottfried Wilhelm von 68, 180
Leo X. (Papst) 213
Leo XIII. (Papst) 202
Lomelinus, Gregorius 66
López de Gómara, Francisco 205, 236
López de Palacios Rubios, Juan 232f.
Ludwig von Amboise 57
Ludwig XI. (König von Frankreich) 29, 35, 40, 45, 47–51, 54–60, 65, 68, 96, 98f., 104, 188
Luther, Martin 213

Magalhães, Fernão de 111, 155, 157, 200, 220
Mansfelt, Peter Ernst von 222
Marchena, Antonio de 100, 196
Margarete von Anjou (Königin von England) 51, 54
Margarite, Pedro 139, 146
Marino, Johann Baptist di 217f.
Matthys, Jan 172, 181
Medici, Lorenzo de' 58
Méndez de Segura, Diego 152, 157–160
Mendoza, Juan de 219
Mirandola, Giovanni Pico della 168
Mogniz Perestrelo, Pietro 75
Moleto, Giuseppe 217–129, 221
Molina, Argote de 214
Moñiz Perestrello, Felipa 66, 72–76, 96, 100, 196, 201, 209
Moñiz Perestrello, Isabel 74f.
Moñiz, Diogo Gil 75
Moñiz, Egis 75
Moñiz, Gil Ayres 75f.
Moñiz, Violante 75, 100
Montesinos, Antón 230–232
Montesquieu, Charles de 68
Morales, Ambrosio de 168
Mosquera de Molino, Juan 226
Mosquera, Maria de 225–227
Muliar, Miguel 100
Muratori, Ludovico 204

Navarrete, Fernández de 13, 74, 206
Nestorius 92
Nicolas von Lyra 166f.
Nikolaus von Kues 169
Nikolaus V. (Papst) 79
Núñez, Alvar 85

Oderico, Nicolò 35, 38
Orozco, Maria de 225
Ossorio, Ana Castro de 225f.
Ovando, Nicolás de 157, 160, 228, 230, 234
Oviedo, Fernández de 151, 205, 215

Palencia, Alonso Fernández de 7
Paul IV. (Papst) 226
Pedro de Córdoba 230
Penn, William 202
Perestrello, Bartolomeu II. 74f.
Perestrello, Philippon 75
Pérez, Juan 196
Peter Martyr von Anghiera 117, 144, 176, 181, 197, 205, 209
Phares, Symon de 46
Philipp II. 202, 222, 224, 227f., 237
Philipp IV. der Schöne (König von Frankreich) 195
Piccolomini, Enea Silvio de' (Papst Pius II.) 17, 80
Pina, Ruy de 93

Pinzón, Martín Alonso 89, 106, 112, 117f., 122, 130f., 134
Pinzón, Vicente 106, 112, 118
Pio, Francisco 202
Piri Re'is 89
Pizzigani 85
Polo, Marco 17f., 123, 132, 155, 166, 173
Ponce de Léon, Juan 139
Porras, Francisco de 152, 158, 160
Privat, Maurice 196
Ptolemäus 18, 81, 86, 90, 180, 217
Publicola, Próspero 217, 222

René I. von Anjou 12, 26-30, 33, 51, 56, 70, 188
Ribarol, Francesco 101
Rivarolo, Francesco 35, 38
Robertson, William 197
Roldán, Francisco 43, 149f.
Roriz, Fernão Martins de 89
Rumeu de Armas, Antonio 9, 208, 224

Sabellico, Marc Antono 62, 97
Salvagnini, Alberto 69
Salvagnini, Enrico 69f.
Sande, Alvaro de 219
Santángel, Luís de 122, 105
Savonarola, Girolamo 172
Segovia, Rodrigo Sánchez di 118, 130
Senarega, Bartolomeo 22
Seneca 90, 167
Sforza, Galeazzo Maria 22, 45, 57, 64-66
Sixtus IV. (Papst) 97, 209
Sloterdijk, Peter 198
Spinola, Giofredo 63
Spinola, Nicolò 55
Stevin, Simon 217
Strabon 90, 179
Suardi, Bartolomeo 221

Talavera, Hernando de 102, 165, 186
Taviani, Paolo Emilio 70
Téllez, Fernán 85
Thomas von Aquin 122
Toledo y Rojas, María de 201, 205, 224f., 227
Torres, Antonio de 43, 142
Torres, Juana de la 41, 44, 148, 151, 164, 182f.
Torres, Luis de 113
Toscanelli, Paolo dal Pozzo 17, 26, 72, 82, 88-93, 116 189
Tristão, Nuño 78

Ulloa, Alfonso 208, 217, 219-224, 241
Usodimare, Antoniotto 79

Valera, Mosén Diego de 7
Valerius Probus, Marcus 193
Vallejo, Alonso de 150
Vaz Corte Real, Johannes 81
Vaz, Tristam 74
Velázquez, Diego 139, 230
Verdizzotti, Francesco 68
Vespucci, Amérigo 18, 111, 220
Vignaud, Henry 198
Village, Jean de 58
Visconti, Guido 57f., 64
Vitoria, Francisco de 232, 235

Warwick, Richard Neville 51, 54
White, Warren 157